企业解聘员工

合规指引与案例精解

涂琳芳 / 著

中国法制出版社
CHINA LEGAL PUBLISHING HOUSE

序 一

作为一名在经济法学领域深耕多年的学者，我非常高兴为我的学生撰写的《企业解聘员工合规指引与案例精解》一书作序。

在法治社会的今天，企业解聘员工已然成为一项十分敏感的和对企业与员工都充满挑战与考验的议题。因为，它涉及员工的合法权益保护、企业正常生产经营秩序的维护，如何在企业与员工之间建立一种和谐的关系，进一步而言，影响到整个社会的稳定。故此，无论国家、企业还是员工，无一不对解聘过程中的实体与程序以及方法问题给予极大的关注。尤其对于任何一家企业来说，进行合规的员工解聘不仅是法律的要求，更是对社会责任的担当。而这本书提供了详细且系统的指引，帮助企业了解在解聘员工过程中应该遵循的程序和法律要求。

本书通过对精心挑选的案例进行分析，企业可以更好地理解在不同情况下如何制订和执行员工解聘计划，如何在遵守法律的同时维护企业的利益。同时，员工可以知道如何正确地行使自己的权利，不会走入法律的误区。据我所知，研究劳动法的著述不少，但是，专门研究员工解聘的著述极少，故此，作者独具匠心，旁征博引，深入剖析，使本书不仅仅是理论性的研究成果，更是一部实践经验的分享和指导的集大成者。因此，企业和员工只有在了解相关法律规定的基础上，才能有效地完成聘用关系，避免可能出现的法律纠纷。

我相信，《企业解聘员工合规指引与案例精解》这本书将为企业管理者、人力资源专业人士和法律从业者提供宝贵的参考和指导，帮助他们更好地应对员工解聘这一复杂的问题。祝愿这本书取得成功，为解聘实践提供更多的帮助和指导！为法治社会的建设贡献一份力量。

暨南大学法学院

李伯侨 教授

2024 年 3 月 29 日

序 二

作为国信信扬律师事务所主任，我非常高兴为本单位同事所著的《企业解聘员工合规指引与案例精解》这本书作序。

在日益复杂和多变的法律环境下，企业解聘员工已然成为一项既敏感又充满挑战的任务。妥善、合规地处理解聘事务，对于企业而言，无疑是维护自身声誉、预防法律纷争的关键所在。而本书恰恰应运而生，为企业提供了详尽且深入的合规指引和案例分析，为企业提供了宝贵的参考资料，使企业能够合法合规解除与员工的雇用关系，这既能降低企业的法律风险，也能保障员工的自身权益，由此减少劳资之间纠纷。

本书系统梳理了各类解聘情形，通过对案例深入分析，并结合相关法律条文解读，进行了深入浅出的剖析，如同一盏明灯，为律师同仁照亮了前行的道路，使他们能够更为精准、高效地辅助企业妥善处理解聘难题。案例精解的部分更是凝聚了办案律师宝贵的经验积累，帮助后进律师同仁在解决实际案件时提供更具针对性和实用性的帮助。

我坚信，《企业解聘员工合规指引与案例精解》这本书将成为律师事务所的必备参考之物，为我们的团队提供重要的支持和指导。希望这本书能够帮助更多的企业和律师同仁处理解聘事务，促进法治精神的传播和落地。在此，我衷心祝愿本书能够取得成功，共同为法治精神的传播与实践贡献一份力量，为构建更加和谐、稳定的社会环境而不懈努力！

国信信扬律师事务所　主任

林泰松　博士

2024 年 3 月 29 日

序 三

作为一名企业家，我非常欣喜地为合作伙伴所著的《企业解聘员工合规指引与案例精解》这本书作序。

在企业经营中，人力资源管理是至关重要的一环。而处理员工解聘更是需要谨慎对待的重点问题。解聘员工不仅涉及企业的法律风险，更直接关系到企业的声誉和员工权益的维护。因此，对于每一位企业管理者来说，如何合规、有效地处理解聘事务，以避免可能出现的法律风险，维护企业形象和员工权益，都是一项重大的挑战。而这本书，正是为我们提供了宝贵的指引和参考。

这本书不仅详细解读了相关的法律法规等合规指引，还结合了大量的解聘员工案例进行分析，对作为企业管理者的我们来说无疑是一本宝贵的参考资料。如古人云："以铜为镜，可以正衣冠；以史为镜，可以知兴替；以人为镜，可以明得失。"此书如一块明镜，我们可以通过其更好地了解员工解聘的程序和注意事项，让我们能够从中汲取经验教训，丰富我们的管理智慧，更加从容应对各种解聘情形，确保企业的合规操作。

我坚信，《企业解聘员工合规指引与案例精解》这本书将成为企业管理者、人力资源专业人士等的得力助手，帮助他们解决疑难问题，提升他们管理水平和专业素养，有效管理员工解聘过程。衷心祝愿这本书能为各位读者带来实用价值，使企业运营更加顺畅！相信在法治的阳光下，我们的企业一定能够蓬勃发展，共创辉煌！

中旭未来　创始人

吴旭波　先生

2024 年 3 月 29 日

目 录

第一编　试用期内解除员工劳动合同合规指引与案例精解

专题一：企业试用期解除劳动合同的常见操作误区、原因及影响 …… 3

（一）试用期约定及试用期内解除劳动合同常见操作误区 …… 3

1. 两次或两次以上约定试用期合法吗 …… 3
2. 企业延长员工试用期合法吗 …… 5
3. 企业能否以"不符合录用条件"为由与三期女员工解除劳动合同 …… 7
4. 对员工表现作出"不符合录用条件"的考评结果后，超过试用期之后再向员工发出解除通知合法吗 …… 9
5. 员工拒绝违法超时加班安排，企业能否以员工试用期内不符合录用条件为由解除劳动合同 …… 12
6. 企业与员工的劳动合同中只约定试用期合法吗 …… 13
7. 企业与员工口头约定试用期合法吗 …… 15
8. 企业使用入职登记表、录用审批表当作书面劳动合同合法吗 …… 17
9. 没有"在试用期被证明不符合录用条件"的证据，企业与员工解除劳动合同合法吗 …… 25

（二）试用期与员工解除劳动合同的原因 ································ 28
    1. 员工自身原因 ·· 28
    2. 企业自身原因 ·· 28
    3. 客观原因 ·· 30
（三）解除试用期员工劳动合同对公司有什么影响 ······················ 30
    1. 解除试用期员工劳动合同的好处 ····································· 31
    2. 解除试用期员工劳动合同的坏处 ····································· 31
    3. 试用期违法解除劳动合同的成本 ····································· 31

专题二：员工试用期制度合规指引 ·· 33
（一）员工试用期设置的合规指引 ·· 33
    1. 试用期的长短期限设置 ··· 33
    2. 试用期的次数只能约定一次 ·· 35
    3. 试用期期限长短需合法 ··· 36
    4. 延长试用期协议需严格按照程序进行 ······························ 36
    5. 中止试用期协议因地制宜，理由需充分 ··························· 37
    6. 试用期的工资标准要合法 ··· 39
    7. 即将毕业的大学生以就业为目的，为企业提供劳动的，
       与企业形成劳动关系 ··· 41
（二）解除试用期员工劳动合同法定理由的合规指引 ··················· 43
（三）解除试用期员工劳动合同的法律限制 ································ 45
    1. 我国法律中有专门对特殊员工的保护条款，符合该条
       款情形之一的员工一般不得与其解除劳动合同 ················· 45
    2. 试用期特殊保护"不符合录用条件的解除"与"工作
       不胜任解除"的区别 ··· 47
（四）解除试用期员工劳动合同疑难问题处理合规指引 ··············· 48
    1. 试用期内培训员工，员工被解除劳动合同后能否要求
       员工向企业支付违约金 ·· 48

2. 员工录用后，试用期离职，是否需要向企业缴纳重新招聘员工的损失违约金 ……………………………………… 53

3. 员工试用期是否需要考核，怎么考核 ……………………………… 55

4. 员工试用期"录用条件"怎么设置 …………………………………… 58

5. 企业试用期考核评估如何明确员工是否符合"录用条件" …… 63

6. 试用期考核结果出来后，怎么办理员工的转正或解除劳动合同手续 ……………………………………………………… 65

专题三：解除试用期员工劳动合同的准备工作 ……………………… 70

（一）合规解除试用期员工劳动合同前的员工分析 ………………… 70

1. 试用期内员工与过了试用期的员工的比较 ………………… 70

2. 35 岁以内的试用期员工与 35 岁以上的试用期员工的比较 …… 71

（二）解除试用期员工劳动合同前，正确地分析企业的合规现状，并确立解除劳动合同目标 ………………………… 72

1. 合规审查过程中，需要确定一个基本的解除劳动合同目标 …… 72

2. 确定解除劳动合同目标时需要考虑的因素 …………………… 72

3. 一般情形下，试用期内解除劳动合同，企业会依据不同情形，设定不同的目标 ………………………………… 73

（三）解除试用期员工劳动合同前，人力资源部门（或法务部门）需与企业目标统一 …………………………………… 73

（四）解除试用期员工劳动合同过程中，企业与员工沟通交流的技巧与实例 ……………………………………………… 74

1. 实践中常见解除劳动合同沟通交流的开场失误情形 …… 74

2. 建议企业使用以下三种开场沟通交流技巧 …………………… 75

3. 试用期内解除劳动合同过程中，企业需要坚持的立场 …… 77

4. 试用期未订立书面劳动合同，二倍工资的基数如何确定 …… 78

5. 试用期聘用外国人，如何处理解除劳动合同问题 ………… 79

6. 员工入职时未履行如实说明义务对劳动合同效力的影响 …… 82

专题四：解除试用期怀孕女员工劳动合同合规指引 …………… 86
 （一）解除试用期怀孕女员工劳动合同合规的基本知识 ………… 86
 （二）解除试用期怀孕女员工劳动合同的实务挑战 …………… 87
  1. 加大企业的举证责任 ……………………………………… 87
  2. 员工更容易要求继续履行 ………………………………… 87
 （三）试用期内解除劳动合同，怀孕女员工与普通员工的区别 …… 87
  1. 发生解除劳动合同事宜后的做法不同 …………………… 87
  2. 对工作的依赖程度不同 …………………………………… 88
  3. 对企业解除劳动合同行为的接受度不同 ………………… 88
  4. 对企业解除劳动合同承担的法律责任接受度不同 ……… 88
 （四）试用期怀孕女员工与正常合同期内怀孕女员工的不同 …… 88
 （五）企业在试用期内解除怀孕女员工劳动合同的常见问题 …… 89
  1. 误以为企业无权解除怀孕女员工的劳动合同 …………… 89
  2. 习惯于单方解除劳动合同操作 …………………………… 90
  3. 长时间反复协商，产生较大时间成本 …………………… 90
 （六）企业在试用期内解除怀孕女员工劳动合同时遇到的合
   规挑战 …………………………………………………… 90
 （七）企业在试用期内解除怀孕女员工劳动合同过程中，常
   见的被认定违法解除的情形 …………………………… 91
 （八）试用期内怀孕女员工协商解除劳动合同目标确定 ………… 92
  1. 解除劳动合同法定标准是否达到 ………………………… 93
  2. 解除劳动合同合法或违法的定性 ………………………… 93
  3. 员工行为的过错大小 ……………………………………… 93
  4. 解除劳动合同所涉及的员工利益大小 …………………… 93
  5. 员工个人的维权行为与坚持程度大小 …………………… 93
  6. 企业利益追求程度 ………………………………………… 93

（九）解除劳动合同过程中，企业与试用期怀孕女员工的共同利益分析 ………………………………………………………… 94
（十）企业解除怀孕女员工劳动合同中的介入协商技巧 ………… 95
  1. 企业从怀孕一事谈起 ………………………………………… 96
  2. 企业从试用期考核谈起 ……………………………………… 96
  3. 企业从员工工作表现谈起 …………………………………… 96
（十一）如何抵销怀孕女员工的要求 …………………………………… 97
  1. 关于支付女员工"三期"工资谈判基础 ………………… 97
  2. 关于社保与公积金谈判的基础 ……………………………… 98
  3. 强调企业单方解除劳动合同的法定权利及可能的法律后果 … 98
（十二）企业在试用期内解除怀孕女员工劳动合同的结果 ………… 98
  1. 单方解除劳动合同成功，员工未去申请仲裁 ……………… 99
  2. 双方协商解除劳动合同成功，签订解除协议结束劳动关系 … 99
  3. 双方协商解除劳动合同没成功，员工申请仲裁 …………… 100

专题五：试用期内解除患病员工劳动合同合规指引 ……………… 101
（一）企业在试用期内解除患病员工劳动合同的常见问题 ………… 101
  1. 试用期即将届满时，员工生病进入医疗期，企业无权解除劳动合同 ……………………………………………… 101
  2. 员工法定医疗期满后，试用期过了，怎么处理 …………… 103
  3. 试用期请病假应如何办理解除劳动合同手续 ……………… 107
（二）试用期内普通员工与患病员工基本情况对比 ………………… 111
（三）患病员工分析 ……………………………………………………… 112
  1. 病情真假的预判 ……………………………………………… 113
  2. 协商方向的选择 ……………………………………………… 114
（四）试用期内解除患病员工劳动合同的沟通技术 ………………… 114
  1. 理解员工患病的痛苦 ………………………………………… 115
  2. 共同经历易引起共鸣情感 …………………………………… 115

3. 适当强调企业的权利 …… 115
4. 在与员工沟通时，尽量避免法律语言沟通 …… 115
5. 在与员工沟通时，尽量表现得更为公平公正 …… 116
（五）与患病员工沟通所要实现的目标 …… 116
 1. 告知员工法律权利 …… 116
 2. 根据员工具体表现，展现企业态度 …… 117
 3. 与患病员工解除劳动合同的风险评估 …… 117
 4. 企业与患病员工解除劳动合同的目标 …… 117

第二编　解聘严重违反规章制度员工合规指引与案例精解

专题六：严重违反规章制度条款如何设计 …… 121
（一）"严重违反规章制度"的相关法律规定 …… 121
（二）对"严重违反规章制度"的法律规定的理解 …… 122
（三）企业规章制度中"严重违反规章制度"的效力如何认定 …… 125
 1. 企业规章制度合法性要求 …… 126
 2. 企业规章制度民主程序与公示性 …… 130
 3. 企业规章制度合理性要求：不具备明显不合理情节 …… 131
 4. "三性"的认定依据 …… 132
（四）对"严重违反规章制度"条款合理性的司法审查实例 …… 136
（五）"严重违反规章制度"条款在实践中的作用 …… 146
 1. 企业行使解除权的基础 …… 146
 2. 企业行使管理权的依据 …… 146
（六）严重违反规章制度条款在企业规章制度中的设计 …… 147
（七）员工违背所在国的公共秩序、善良风俗以及职业道德的行为，企业与员工解除劳动合同合法 …… 151

专题七：如何应用严重违反规章制度条款与员工解除劳动合同············· 153

 （一）员工严重违反规章制度时解除劳动合同的两种分类
   ——硬性标准与软性标准 ·· 153

  1. 被依法追究刑事责任，是指司法部门认定员工有罪 ············ 154

  2. 严重失职，营私舞弊，给用人单位造成重大损害的 ············ 156

  3. 严重违反用人单位的规章制度的 ·· 156

  4. 劳动者同时与其他用人单位建立劳动关系，对完成本
   单位的工作任务造成严重影响，或者经用人单位提出，
   拒不改正的 ·· 161

  5. 因《劳动合同法》第二十六条第一款第一项规定的情
   形致使劳动合同无效的 ··· 164

 （二）企业以员工"严重违反规章制度"为由解除劳动合同
   时的注意问题 ·· 167

  1. 在以员工严重违反规章制度为由解除劳动合同时，企
   业需寻找解除劳动合同的依据——法律规定或企业的
   规章制度 ··· 167

  2. 企业应及时保留充分、有效的证据，证明员工实施了
   严重违反规章制度行为 ··· 168

  3. 解除劳动合同通知有效送达给员工 ································ 169

 （三）常见严重违反规章制度的情形及举证要求 ···················· 170

**专题八：因员工严重违反规章制度而解除劳动合同常见问题及
解决方案**··· 172

 （一）企业单方解除劳动合同时容易忽视的一个小问题：通
   知工会 ·· 172

 （二）"三期"女员工的处理 ·· 173

 （三）员工未严格履行病假请假手续，公司能否以其严重违
   反规章制度为由解除劳动合同 ··· 176

（四）服务期内员工严重违反规章制度，公司与其解除劳动合同时是否可主张违反服务期违约金 …………………………… 178

（五）在调岗中出现员工不服从调岗情形的，如何执行规章制度 … 181

（六）如何应对问题员工绑架其他员工群体利益的情况 …………… 185

  1. 先处理员工群体利益 ……………………………………… 186

  2. 表明问题员工个人利益与员工群体利益不同 …………… 186

  3. 向员工们表达出对损害稳定局面行为的愤怒与处理决心 … 186

（七）打卡签到后随即离岗，严重违反单位规章制度的，企业有权与员工解除劳动合同 …………………………………… 187

专题九：因严重违反规章制度而解除劳动合同实操流程 189

（一）变更解除劳动合同方式，预防风险 ………………………… 189

（二）企业内部各部门之间的协作 ………………………………… 190

  1. 企业的举证责任 …………………………………………… 190

  2. 企业内部部门的举证责任 ………………………………… 190

  3. 企业内部部门的审核责任 ………………………………… 190

（三）员工心理分析 ………………………………………………… 191

  1. 患得患失心理 ……………………………………………… 191

  2. 背景心理分析 ……………………………………………… 191

（四）企业面谈员工技巧 …………………………………………… 192

  1. 引导员工辞职技巧 ………………………………………… 192

  2. 与员工谈判的开局策略 …………………………………… 193

（五）企业单方解除劳动合同 ……………………………………… 194

  1. 保证解除劳动合同通知送达员工，控制送达风险 ……… 194

  2. 制作解除劳动合同通知书 ………………………………… 194

  3. 企业与员工沟通取证 ……………………………………… 195

（六）企业与员工解除劳动合同的违法与合法案例 ……………… 195

（七）示范文本 ……………………………………………………… 207

1. 员工违纪通知书（示范文本） …………………………… 207

2. 员工违纪处罚书（示范文本） …………………………… 208

3. 警示函（示范文本） ……………………………………… 209

4. 解除劳动合同通知书（示范文本） ……………………… 209

5. 解除劳动合同协议书（示范文本） ……………………… 210

第三编　经济性裁员合规指引与案例精解

专题十：经济性裁员前的准备 ………………………………… 213

（一）经济性裁员类型 ………………………………………… 213

（二）经济性裁员合规性问题 ………………………………… 213

（三）经济性裁员时间把控 …………………………………… 219

（四）经济性裁员过程中的紧急事件预案 …………………… 220

（五）经济性裁员事项准备 …………………………………… 220

1. 员工分类 ………………………………………………… 220

2. 经济性裁员补偿方案 …………………………………… 221

3. 经济性裁员预算 ………………………………………… 221

4. 特殊员工的应对 ………………………………………… 222

（六）经济性裁员流程 ………………………………………… 222

1. 员工分析 ………………………………………………… 222

2. 补偿预算方案的确定 …………………………………… 222

3. 通知 ……………………………………………………… 222

4. 问答 ……………………………………………………… 222

5. 谈判 ……………………………………………………… 223

6. 出具及签署法律文件 …………………………………… 223

（七）经济性裁员的外援 ……………………………………… 223

1. 接受企业咨询的政府部门 ……………………………… 223

2. 人社部门对解聘原因的了解态度 …………………………………… 223
　　3. 法定经济性裁员程序的要求 ………………………………………… 223
　　4. 需注意的纠纷风险问题 ……………………………………………… 224
　　5. 经济性裁员经济补偿方案的操作注意要点 ………………………… 225

专题十一：如何组织经济性裁员说明沟通会 ………………………………… 226
　（一）经济性裁员说明沟通会概述 ………………………………………… 226
　（二）企业参与人员及分工 ………………………………………………… 226
　　1. 对于经济性裁员的原因，由企业的负责人来宣讲 ………………… 227
　　2. 对于补偿政策，宜由人力资源负责人来宣讲 ……………………… 227
　　3. 对于员工提出问题的回复，涉及业务层面的，由业务
　　　 部门负责人来回复；涉及补偿方案的，由律师来回复 …………… 227
　　4. 对于过激言辞，宜由律师回应 ……………………………………… 227
　（三）经济性裁员大会的时长及解除劳动合同通知发放时间
　　　 的衔接 ……………………………………………………………… 227
　（四）从员工提问判断经济性裁员走向 …………………………………… 228
　（五）经济性裁员大会中常遇到的问题 …………………………………… 229
　　1. 经济性裁员的原因 …………………………………………………… 229
　　2. 具体的补偿方案 ……………………………………………………… 229
　　3. 关于解聘进程 ………………………………………………………… 230
　　4. 情绪型问题 …………………………………………………………… 230

专题十二：如何加速推进经济性裁员流程 …………………………………… 231
　（一）加速推进经济性裁员流程概述 ……………………………………… 231
　（二）经济性裁员局面分化 ………………………………………………… 231
　　1. 造谣挑唆的员工 ……………………………………………………… 231
　　2. 推卸责任、各自为政的员工 ………………………………………… 232
　　3. 突发状况 ……………………………………………………………… 232
　（三）经济性裁员的目标设定 ……………………………………………… 232

  1. 追求沟通结果 …………………………………………… 232
  2. 提供决断方案进行参考 ………………………………… 233
  3. 必要的时候需对员工恩威并施 ………………………… 233
  4. 现场兑现员工的补偿方案 ……………………………… 233
 (四) 解聘员工分类 ………………………………………… 233
  1. 一般的分类法 …………………………………………… 233
  2. 特殊的分类法 …………………………………………… 234
 (五) 经济性裁员中的惊喜设计 …………………………… 234
 (六) 企业整体解聘中，如何处理员工的年终奖 ………… 235
  1. 按照 11/12 的比例向员工折算年终奖进行支付 ……… 235
  2. 不向员工支付年终奖 …………………………………… 235
 (七) 人力资源部门推进经济性裁员中的作用和职责 …… 236
  1. 做好员工基础信息收集工作 …………………………… 236
  2. 传达经济性裁员中人性化的政策细节 ………………… 236
 (八) 律师在经济性裁员中的作用 ………………………… 236
  1. 烘托出企业合规性的氛围 ……………………………… 236
  2. 解答员工法律疑问 ……………………………………… 236
  3. 控制突发性事件，缓和企业和员工的矛盾 …………… 236
  4. 与员工达成谈判结果 …………………………………… 237
  5. 紧急制作法律文书 ……………………………………… 237
  6. 律师团队智库合作紧密，有助于经济性裁员尽快达成目标 … 237
 (九) 企业负责人在经济性裁员中的作为与不作为 ……… 238
  1. 开展经济性裁员大会 …………………………………… 239
  2. 现场面谈 ………………………………………………… 239
  3. 表达职业经理人对经济性裁员的态度与立场 ………… 240

专题十三：经济性裁员合规过程中的常见问题及解决方案 … 241
 (一) 员工对经济补偿金三倍封顶数限制的接受程度 …… 241

(二) 解除劳务派遣员工劳动合同时的金钱支付 ………………… 243
    1. 经济补偿金的设计 …………………………………………… 243
    2. +1 代通知金的金额设计 …………………………………… 243
    3. 最后一个月工资的支付 ……………………………………… 244
    4. 协商好的经济补偿金等即时支付 …………………………… 244
    5. 必要时设计现场签约奖励 …………………………………… 244
(三) 与有未结工作的特殊员工解除劳动合同 ………………………… 250
(四) 裁员过程中，企业未安排从事职业病危害作业的员工
    进行离岗前健康检查系违法 ………………………………… 251
(五) 员工在裁员过程中的过高诉求，如何谈判 ……………………… 252
    1. 解聘政策合规性说明 ………………………………………… 252
    2. 解聘政策合理性说明 ………………………………………… 253
    3. 解聘政策公平性说明 ………………………………………… 253
    4. 补偿政策已涵盖员工所有合法利益 ………………………… 253
    5. 指出员工过高诉求的不合理性 ……………………………… 253
(六) 员工的合理诉求，如何谈判 ……………………………………… 254
    1. 解聘政策合规性说明 ………………………………………… 254
    2. 解聘政策合理性说明 ………………………………………… 254
    3. 解聘政策公平性说明 ………………………………………… 254
    4. 企业年终奖约定的客观性 …………………………………… 255
    5. 补偿政策已经包含员工所有合法利益，而且超出了法
       定补偿标准 …………………………………………………… 255
(七) 解聘过程中员工的特别诉求，如何谈判 ………………………… 255
(八) 解除劳动合同过程中的谈判技巧——连续工龄的计算 ………… 257
    1. 员工胜诉率分析 ……………………………………………… 257
    2. 企业需要有道义上的优势 …………………………………… 257
    3. 直接施压 ……………………………………………………… 258

  4. 向员工指明法律解决路径 …………………………………… 260

  5. 解聘过程中协商补偿金额的方法 …………………………… 260

  6. 企业如何制作解聘问答 ……………………………………… 263

 (九) 解聘过程中员工要求开收入证明怎么办 …………………… 264

 (十) 企业改制过程中的解聘处理 ………………………………… 265

 (十一) 企业停产解散情形下不签订无固定期限劳动合同的责任 … 268

 (十二) 劳动债权的范围及执行限制 ……………………………… 270

 (十三) 企业如何制作解除协议 …………………………………… 275

后记……………………………………………………………………… 277

第一编

试用期内解除员工劳动合同合规指引与案例精解

专题一：

企业试用期解除劳动合同的常见操作误区、原因及影响

（一）试用期约定及试用期内解除劳动合同常见操作误区

1. 两次或两次以上约定试用期合法吗

案例 1-1：企业与员工约定两次试用期违法，违法约定的试用期已履行的，由企业以员工试用期满月工资为标准，按已经履行的超过法定试用期期间向员工支付赔偿金。

【基本案情】[1]

王某华于 2018 年 3 月 26 日入职领某教育公司，任渠道总监一职，双方订立有期限自 2018 年 3 月 26 日起至 2021 年 3 月 25 日止的劳动合同，其中试用期至 2018 年 6 月 25 日。

领某教育公司主张其公司与王某华在劳动合同中约定了 3 个月试用期，但因王某华销售业绩为零，与简历所介绍的优异销售能力不符，因此又延长 3 个月试用期。

延期考察通知书内容显示："王某华先生：三个月试用期间，表现较好，能够完成基本工作，但作为公司营销部门来说，'出单'是结果导向，在三个月试用期间没有签单，按照公司《营销人员绩效激励办法》，不予转

---

[1] 详见（2019）京 0108 民初 44374 号、（2020）京 01 民终 5195 号民事判决书。

正……现经公司决议,将王某华的考察期延长三个月,日期为2018年6月26日至2018年9月25日。届时,公司、团队负责人综合评定在此期间的表现后,另作安排。"

2018年12月28日,领某教育公司向王某华送达了《解聘通知书》,其中载明的解除劳动关系原因系任职期间绩效未完成。

王某华申请仲裁要求公司支付违法解除的赔偿金及违法约定试用期的赔偿金。

【裁判结果】

公司支付违法约定试用期赔偿金42027.59元及违法解除劳动合同赔偿金22557.47元。

【实务分析】

员工和公司劳动合同期限为3年,依法试用期最长可以约定6个月,双方在劳动合同中约定试用期仅为3个月,就算是再延长3个月试用期总共是6个月,并未违反最长试用期6个月期限的规定。但是,本案法院判令公司赔偿4万余元的原因不是违反了最长期限的规定,而是违反了《劳动合同法》第十九条第二款"同一用人单位与同一劳动者只能约定一次试用期"的规定。

很多企业可能忽视了该法律条文的存在,在员工试用期不合格时往往会要求延长试用期或再次约定试用期,而未意识到这种行为带来的法律风险。

《劳动合同法》第八十三条规定:"用人单位违反本法规定与劳动者约定试用期的,由劳动行政部门责令改正;违法约定的试用期已经履行的,由用人单位以劳动者试用期满月工资为标准,按已经履行的超过法定试用期的期间向劳动者支付赔偿金。"因此,法院判令公司支付了2018年6月26日至2018年9月25日违法约定试用期的赔偿金。

【合规指引】

(1)用人单位约定的试用期不要超过劳动合同期限所对应的最长试用

期期限。即劳动合同期限 3 个月以上不满 1 年的，试用期不得超过 1 个月；劳动合同期限一年以上不满 3 年的，试用期不得超过 2 个月；3 年以上固定期限和无固定期限的劳动合同，试用期不得超过 6 个月。

（2）试用一次后不能再次试用。《劳动合同法》规定同一用人单位与同一劳动者只能约定一次试用期，如同一用人单位与劳动者约定两次以上的试用期，实务中一般会视为违法约定试用期。

（3）签订以完成一定工作任务为期限的劳动合同或者期限不满 3 个月的劳动合同不能约定试用期。《劳动合同法》第十九条第三款规定："以完成一定工作任务为期限的劳动合同或者劳动合同期限不满三个月的，不得约定试用期。"如果用人单位在以完成一定工作任务为期限的劳动合同或者期限不满 3 个月的劳动合同中约定试用期，也应当承担违法约定试用期的法律后果。

（4）非全日制用工的，不能约定试用期。《劳动合同法》第七十条规定："非全日制用工双方当事人不得约定试用期。"如果约定了试用期，显然也是违法约定试用期，赔偿金也需要支付。

2. 企业延长员工试用期合法吗

案例 1-2：企业延长试用期违法，企业违法延长试用期的需以员工试用期满月工资为标准，按已经履行的超过法定试用期期间向员工支付赔偿金。

【基本案情】[①]

吕某于 2016 年 3 月 2 日入职 B 公司，岗位为品质部工程师，从事品质异常处理工作。双方签订了《劳动合同书》，合同约定：期限为 2016 年 3 月 2 日起至 2019 年 3 月 1 日止，试用期为 2016 年 3 月 2 日起至 2016 年 6 月 1 日止。吕某的每月工资不等，平均约为 6000 元。B 公司后未经吕某同意延长吕某的试用期至 2016 年 9 月。2018 年 6 月，吕某离职。吕某称其系被 B 公司违法辞退，B 公司称吕某系辞职并出具无吕某签名的显示吕某为辞职

---

① 详见（2019）粤 13 民终 1284 号民事判决书。

的《离职证明》。随后，吕某向仲裁委提起仲裁，要求 B 公司支付违法约定试用期赔偿金及违法解除劳动合同的赔偿金等 23 万余元。

【裁判结果】

法院判令 B 公司支付吕某违法约定试用期赔偿金 16000 余元。

【实务分析】

公司与吕某签订了 3 年的劳动合同，依据法律规定，试用期最长可以约定为 6 个月，而在本案中，公司与吕某约定的试用期为 3 个月，延长试用期 3 个月，合计试用期为 6 个月，符合法律规定，怎么还能请求赔偿金呢？是这样的，3 年以上的劳动合同可以约定 6 个月的试用期，但是法院判赔赔偿金却并不是依据这个法条，而依据的是同一公司与员工只能约定一次试用期的规定。延长或重新约定试用期可视为对劳动合同的变更，变更劳动合同需用人单位与劳动者协商一致，且延长或重新约定之后的试用期亦不得超过法定范围。用人单位单方延长试用期违反法律规定，用人单位应以劳动者试用期满月工资为标准，按已经履行的超过法定试用期的期间向劳动者支付赔偿金。

【合规指引】

企业应根据《劳动合同法》的规定和单位岗位的实际情况确定合法、合理的试用期限，试用期限并非约定越长越好，在试用期的约定上可采取"类型化""个性化"的设置。用人单位应谨慎决定是否延长试用期，倘若用人单位确实需要延长试用期限，也需要符合以下四个要素：

（1）在劳动合同约定的试用期限届满前提出；

（2）与劳动者协商达成一致意见；

（3）延长后的试用期不得超过法定试用期最长期限；

（4）延长试用期应采取书面形式。

另外，为避免发生争议，企业在与员工约定试用期时，尽量按照法律规定约定最长的试用期限。

3. 企业能否以"不符合录用条件"为由与三期女员工解除劳动合同

案例1-3：企业可以试用期不符合录用条件为由，与孕期女员工解除劳动合同。

【基本案情】[①]

2018年3月5日，袁某入职智某未来公司，岗位为项目经理，月工资为11000元，在入职时，双方签订两年期限劳动合同，试用期两个月。

2018年4月27日，智某未来公司提出：袁某在试用期未能完成公司交付的工作，存在旷工等违反公司规章制度等行为，隐瞒入职前就怀孕的事实，存在学历造假的情形（袁某并非普通本科毕业，仅为成人大专学历，不符合公司要求的普通本科学历的录用条件）。因此，智某未来公司要求与袁某解除劳动关系。袁某主张，2018年4月4日自检怀孕，并且于4月8日就通知了公司，公司在怀孕期间将其辞退，属于违法解除。

袁某在《员工入职登记表》中写明："姓名袁某，学历本科，专业财务审计，毕业学校中国××大学，外语水平大学四级，电脑水平大学计算机二级，主要工作经历……我保证以上填写的个人资料均属事实，愿意接受背景调查。若有虚假，同意按公司人事管理相关制度处理，亦愿承担由此造成的包括无薪解除劳动合同在内的一切后果。"

2018年5月3日，袁某向北京市大兴区仲裁委申请仲裁要求恢复劳动关系，继续履行劳动合同。

【裁判结果】

对于孕期、产期、哺乳期的女职工，《劳动合同法》有明确规定，未严重违反用人单位规章制度或严重失职、营私舞弊给用人单位造成重大损害的，用人单位不得与其解除劳动合同。智某未来公司在员工解聘通知书中

---

① 详见（2018）京0115民初16332号、（2019）京02民终5787号民事判决书。

列举的四点解除劳动关系理由，不能证明袁某严重违反了公司的规章制度，故智某未来公司与袁某解除劳动关系，不符合法律规定，属于违法解除。但因袁某未如实提交学历证明，其学历实为成人大专，并非本科毕业，不能满足双方对项目经理岗位关于学历要求的约定，故袁某要求继续履行劳动合同，法院不予支持。

【实务分析】

在此案例中，公司终止了与袁某的劳动合同是基于《劳动合同法》第三十九条第一项的规定，即在试用期间被证明不符合录用条件的，用人单位可以解除劳动合同。值得关注的是，尽管处于试用期内，员工和企业之间已经确立了劳动法律关系，员工有权享受相应的待遇，而企业在解除劳动合同时也必须遵守相关法律法规。因此，就试用期内怀孕员工的解雇而言，法律确实设定了一定的限制。

此外，根据《关于〈劳动法〉若干条文的说明》，如果员工在怀孕期、产期或哺乳期内劳动合同到期，应当延长劳动合同至女员工"三期"届满。

然而，上述规定并不意味着无论试用期内怀孕员工出现何种情况，公司都无权解除其劳动合同。例如，在本案中，员工涉嫌提供虚假学历证明，而公司明确要求员工持有普通本科学历，因此员工从一开始就不符合公司对员工资质的要求。另外，如果员工在试用期内出现以下情形，公司也可以解聘员工：

1. 严重违反公司规章制度；

2. 严重失职、玩忽职守、造成公司重大损失；

3. 与其他公司同时建立劳动关系，严重影响本单位工作任务完成，或拒不改正；

4. 通过欺诈、胁迫或利用他人弱点，在对方毫无真实意愿的情况下订立或修改劳动合同，使合同无效；

5. 被依法追究刑事责任。

【合规指引】

如果确实存在怀孕员工在试用期内有比较重大的不符合录用条件的情

形或者其他严重违法情形的，企业是可以在试用期内与不符合录用条件的怀孕女员工解除劳动合同的。实践中，企业以"不符合录用条件"提出解除劳动合同，要承担举证责任。

（1）企业需要在劳动合同、规章制度、单独的录用协议、招聘条件等文件中，写明具体或明确的录用条件、对应的岗位、职位的具体条件和要求。录用条件应尽可能标准明确，如涉及考核的，考核过程应当事先明确。

（2）"录用条件"需告知劳动者，如在网站、公告栏、内部 OA 系统或单独发给员工的文件中公示、明示。

（3）企业如在劳动合同等协议中提到录用条件以"规章制度、劳动手册"为准。企业需将"规章制度""劳动手册"交付给员工或公示过。

（4）企业可以以"试用期内不符合录用条件"为由解聘怀孕女职工，但必须确有证据证明"不符合录用条件"。

（5）解除前应当事先征求工会意见，得到工会的同意。

（6）解除通知应当明确是因为不符合录用条件，避免与不胜任工作解除相混淆。

（7）作为事后纠纷解决机制，企业应当依法依约支付相应的工资，同时注意保留劳动者存在上述解除劳动合同情形的相关证据，以备将来可能发生的劳动争议。

4. 对员工表现作出"不符合录用条件"的考评结果后，超过试用期之后再向员工发出解除通知合法吗

案例 1-4：超过试用期，企业不能以员工"不符合录用条件"为由解除劳动合同。

【基本案情】[1]

谢某于 2018 年 9 月 17 日入职奎某公司，工作岗位为集团研发设计中心

---

[1] 详见（2019）沪 0112 民初 24311 号民事判决书。

副总经理，双方签订了自 2018 年 9 月 17 日起至 2021 年 9 月 16 日止的劳动合同，约定试用期自 2018 年 9 月 17 日起至 2019 年 3 月 17 日止。谢某的月工资为 86200 元。2019 年 4 月 24 日，奎某公司向谢某出具解除劳动合同通知书，该通知书内载："谢某先生：依据《劳动合同法》相关规定，本公司依法解除此前与您订立的劳动合同（合同期限：2018 年 9 月 17 日至 2021 年 9 月 16 日）。解除合同的理由是：1. 工作没有完全达到公司预期，在产品研发、景观设计方面没有取得重大突破，试用期未转正；2. 因不能胜任集团总部工作，协商在薪资不变的前提下调岗去昆明公司，您不接受，致使合同无法继续履行。您的劳动合同于 2019 年 4 月 24 日解除……"谢某实际出勤至 2019 年 4 月 24 日，奎某公司支付谢某工资至该日。后奎某公司向谢某账户转账 46992 元，但谢某退还了该款。

2019 年 4 月 29 日，谢某向仲裁委申请仲裁。2019 年 6 月 18 日，该会作出裁决：原告的请求不予支持。原告不服，遂诉至法院。

谢某于 2019 年 9 月初向被告寄送了《告知函》，该函内载：本人一直坚持恢复劳动关系的诉求，但贵公司拒不配合，导致案件结果至今未定，对本人的生活造成影响，也对本人的职业技能产生影响，因此自愿要求将本人与贵公司的劳动关系恢复至 2019 年 8 月 31 日，并要求贵公司支付恢复期间的薪酬及补缴恢复期间的社会保险等待遇，此后本人另谋发展。

【裁判结果】

法院判决：1. 恢复原告谢某与奎某公司之间的劳动关系至 2019 年 8 月 31 日终结；2. 被告奎某公司于本判决生效之日起十日内支付原告谢某工资 350546.67 元。

【实务分析】

在劳动纠纷案件中，当企业作出开除、除名、辞退、解除劳动合同、减少劳动报酬或计算劳动者工作年限等决定引发劳动争议时，企业有举证责任。在这起案件中，奎某公司解聘谢某的理由虽然在通知书中已经说明，但奎某公司既没有提供谢某不符合录用条件的充分证据，也未提供谢某不能胜任工作的充分证据，更未提供谢某拒绝调至昆明公司担任负责人之一一事的证据。因此，依法应由奎某公司承担不利后果，其解聘行为被认定为违法。

根据我国《劳动合同法》的规定，企业违法解除或终止劳动合同，员工可选择要求继续履行合同，此时企业有义务继续履行合同；若员工不要求继续履行合同或合同已无法继续履行，企业则应按照法律规定支付赔偿金。由此可知，员工在企业违法解除劳动合同时可以选择恢复劳动关系或要求单位支付赔偿金。在这起案件中，由于奎某公司明确表示有意调谢某至昆明公司担任负责人之一，显示奎某公司有适当岗位可供谢某选择，而谢某也多次表示愿意接受其他岗位安排，所以恢复劳动关系是有现实可能性的。因此，法院应支持谢某要求恢复与奎某公司的劳动关系。

鉴于谢某自愿请求将双方劳动关系恢复至2019年8月31日，法院可以准许这一请求，使劳动关系恢复至2019年8月31日后终止。考虑到奎某公司的原因导致谢某被动缺勤，奎某公司应按原工资标准支付谢某直至2019年8月31日的工资。因此，谢某要求奎某公司按每月86200元的标准支付从2019年4月29日至本案判决生效之日的工资的诉讼请求是合理的。

【合规指引】

企业对于试用期内解除劳动合同行为的合法性需要举证"录用条件是否告知劳动者""不符合录用条件的事实"以及"解除决定的提出在试用期内"等，详见本专题第（一）大类第4个问题的合规指引。

5. 员工拒绝违法超时加班安排，企业能否以员工试用期内不符合录用条件为由解除劳动合同

案例 1-5：用人单位以劳动者不符合录用条件与其解除劳动合同，需提供充分的证据证明劳动者不符合录用条件，无相关证据随意解除劳动合同的行为属违法行为。

【基本案情】[①]

2020 年 6 月，张某入职某家快递公司，根据合同规定，试用期为 3 个月，试用期间每月工资为 8000 元。该快递公司规定工作时间从早上 9 点到晚上 9 点，每周工作 6 天。然而，两个月后，张某拒绝接受超时加班安排，称工作时间严重超过法定上限。快递公司因此认为张某在试用期内未达到录用标准，便解除了劳动合同。张某随后向仲裁委提出申请，要求快递公司支付 8000 元的违法解除劳动合同赔偿金。

【裁判结果】

仲裁委裁决某快递公司支付张某违法解除劳动合同赔偿金 8000 元（裁决为终局裁决）。仲裁委将案件情况通报劳动保障监察机构，劳动保障监察机构对某快递公司规章制度违反法律、法规规定的情形责令其改正，给予警告。

【实务分析】

本案中，争议焦点在于张某在试用期内拒绝了违法的超时加班安排，某快递公司是否有权解除与其签订的劳动合同。

《劳动法》第四十一条规定："用人单位由于生产经营需要，经与工会和劳动者协商后可以延长工作时间，一般每日不得超过一小时；因特殊原因需要延长工作时间的，在保障劳动者身体健康的条件下延长工作时间每日不得超过三小时，但是每月不得超过三十六小时。"第四十三条规定："用人单位不得违反本法规定延长劳动者的工作时间。"《劳动合同法》第二十六条

[①] 《劳动人事争议典型案例（第二批）》，载最高人民法院网，https: //www.court.gov.cn/zixun/xiangqing/319151.html，最后访问日期：2023 年 2 月 24 日。

第一款规定："下列劳动合同无效或者部分无效：……（三）违反法律、行政法规强制性规定的。"为了保障员工的休息权，我国法律对工作时间进行了明确规定，任何单位制定违反法律规定的加班制度，在劳动合同中包含违法加班条款都应被视作无效。

本案中，某快递公司规定工作时间为早9点至晚9点，每周工作6天，明显违反了法律关于工作时间上限的规定，应当为无效规定。因此，张某拒绝违法超时加班安排是为了维护自身合法权益，不能据此认定其在试用期未符合录用条件。因此，仲裁委依照法律规定裁定某快递公司支付张某违法解除劳动合同的赔偿金。

【合规指引】

《劳动法》第四条规定："用人单位应当依法建立和完善规章制度，保障劳动者享有劳动权利和履行劳动义务。"法律在支持企业依法行使管理职权的同时，也明确其必须履行保障员工权利的义务。企业的规章制度以及相应工作安排必须符合法律、行政法规的规定，否则既要承担违法后果，也不利于构建和谐稳定的劳动关系、促进自身健康发展。

6. 企业与员工的劳动合同中只约定试用期合法吗

案例1-6：只约定试用期的劳动合同视为未约定试用期的劳动合同。

【基本案情】[①]

2020年4月15日，滕某入职某医院。当日，滕某与某医院签订《试用期协议》、员工薪酬确认表，约定：某医院聘用滕某为试用期员工，试用期3个月，从2020年4月15日起至7月14日止。试用期工资为每月2800元，转正后工资为每月3500元。

2020年8月28日，滕某与某医院签订《解除试用期协议》，载明：经院方综合考核，滕某在试用期内，未能达到试用期员工转正考核要求，现

[①] 详见（2021）吉02民终1378号民事判决书。

试用期结束后不予转正，并解除滕某试用期协议。解除试用期协议日期及工资清算日期为 2020 年 8 月 26 日，待滕某做好离职交接，并办理完全部离职手续后，医院将一次性清算工资，并支付滕某解除合同补偿款 1400 元。某医院、滕某分别盖章签字。

【裁判结果】

某医院支付滕某未签订劳动合同的二倍工资差额 5080.65 元、加班费 5250 元、工服费 140 元，合计 10470.65 元。

【实务分析】

企业只与员工签订试用期劳动合同时，法律视为不存在试用期，而将该试用期合同时间长度视为短期劳动合同，且无试用期存在。在这一情形下，我们需要重点了解和关注以下几个要点：

首先，关于试用期合同的问题。如果劳动合同仅包含试用期时间而未明确其他内容，那么这段试用期时间将被认定为无效，合同时间将直接视为劳动合同时间。举例来说，在本案中，2020 年 4 月 15 日至 7 月 14 日的时间实际上应被视为劳动合同的签订时间。

其次，关于工资标准的问题。由于双方未能建立试用期，滕某的工作期间被视为劳动合同期间。在此期间，其工资应按转正后的标准 3500 元支付，而非每月的 2800 元支付。

最后，关于未签订劳动合同期间的二倍工资问题。一般情况下，未签订书面劳动合同的员工在实践中通常可获得二倍工资补偿。本案中，2020 年 4 月 15 日至 7 月 14 日这段时间被认为存在劳动合同。而在 2020 年 7 月 15 日至 8 月 28 日，由于未签订书面劳动合同，因此滕某有权获得该时间段内的二倍工资差额。

【合规指引】

《劳动合同法》第十九条第四款规定，试用期包含在劳动合同期限内。劳动合同仅约定试用期的，试用期不成立，该期限为劳动合同期限。

企业在与员工签订劳动合同过程中，依法合规约定正常劳动合同期限和试用期，才能有效保护企业的合法权益。

7. 企业与员工口头约定试用期合法吗

案例 1-7：口头约定的试用期是 3 个月，是否就得按照 3 个月来算？口头约定试用期的，根据约定的劳动合同期限，作出最有利于员工的试用期认定。

【基本案情】[①]

某公司在工商档案上所显示的成立时间为 2016 年 1 月 25 日，而在 2015 年 12 月 28 日，庄某就已经入职该公司，从事手机软件开发工作。

双方未签订劳动合同，口头约定试用期为 3 个月，试用期月工资为 8000 元，转正后月工资为 10000 元。经过 3 个月的试用期，庄某在第四个发薪日转正。

从 2016 年 3 月中旬至 5 月中旬，公司要求庄某及其他开发人员每天加班，最晚甚至加班到第二天凌晨 2 点，清明假期和"五一"假期也没有休息。

到了端午节，庄某要求休假并休息了 3 天。接着，刚休完端午节假期，2016 年 6 月 12 日，在没有任何沟通的情况下，领导就微信通知庄某被辞退了，理由是庄某在端午节假期没去加班。

庄某感到十分郁闷，经过劳动仲裁程序后起诉到法院。

【裁判结果】

某公司向庄某支付未签订劳动合同的二倍工资差额、拖欠的加班工资以及违法解除劳动合同的赔偿金。

【实务分析】

第一，庄某在某公司成立之前就已经入职，公司应当承担合同责任吗？此外，双方只是口头约定了试用期，法院是否会支持庄某的请求呢？

[①] 详见（2016）吉 0104 民初 3527 号、（2017）吉 01 民终 435 号民事判决书。

根据《最高人民法院关于适用〈中华人民共和国公司法〉若干问题的规定（三）》（2020修正）第三条第一款的规定："发起人以设立中公司名义对外签订合同，公司成立后合同相对人请求公司承担合同责任的，人民法院应予支持。"可见，不论公司是否完成了工商注册程序，都不能逃避承担责任。

同时，《劳动合同法》第七条规定，用人单位自用工之日即与劳动者建立劳动关系。因此，尽管公司与庄某没有签订书面劳动合同，只要庄某能证明双方存在用工关系，劳动关系即成立。这份劳动关系是从庄某入职的第一天开始计算的。

第二，公司与员工口头约定的试用期为3个月，是否必须按照3个月来计算呢？

根据《劳动合同法》的规定，试用期的长短与劳动合同期限直接相关。例如，3个月的试用期对应于3年以上固定期限或无固定期限的劳动合同。

由于庄某和某公司之间没有书面劳动合同，庄某仅工作了6个月就被违法解除劳动合同，导致他的利益严重受损。因此，对于试用期，法院认为根据法律应当作出有利于庄某的判断。实际用工关系已经持续了6个月，应当参照3个月以上不满1年的劳动合同所对应的试用期，也就是1个月的试用期。最终法院判决某公司按照正式工资标准向庄某补足第二个月和第三个月的工资。

【合规指引】

即使企业未成立，企业创立人也可以公司名义先行与员工达成书面劳动合同，在企业成立后，企业再以自己名义与员工达成补充劳动合同，以保护自身合法权益。

8. 企业使用入职登记表、录用审批表当作书面劳动合同合法吗

案例 1-8：企业单方制作的入职登记表，主要功能在于规范内部人员管理，若形式上缺乏劳动合同必备条款，内容上不能反映双方签订劳动合同的合意，不具备劳动合同性质，企业应支付未签订劳动合同工作期间的二倍工资差额。

【基本案情】[1]

2012年10月15日，王某平入职尚某公司，填写了一份尚某地产员工入职登记表，载有王某平基本身份信息、工作简历，并载明其入职部门为销售部，职位为销售经理，试用期3个月；如果离职，则3年内不得再和本公司相关的甲方或者在相关合作单位工作，否则将赔偿所有潜在经营损失；工资待遇为底薪每月8000元，提成万分之三等内容；尾部还书写有"公积金、五险自本日起迁至尚某地产"，并加盖有尚某公司印章。其后，尚某公司安排王某平至贵州省六盘水市某营销部任项目经理。同年11月1日起，尚某公司开始为王某平投缴养老、失业、医疗、工伤和生育保险。

2013年12月18日，王某平因自身原因向尚某公司提出辞职。2014年1月25日，尚某公司法定代表人杨某在王某平提交的员工辞职申请表上签写"同意离职"。同日，双方签订一份离职协议（甲方为尚某公司，乙方为王某平），约定双方协商一致于2014年1月25日解除劳动关系。该协议附件为工资发放明细及时间：应结算的薪资总额为62340元，2014年1月25日发放20000元，2014年1月30日发放26070元，2014年6月30日发放16270元。其后，尚某公司向王某平发放了前两笔共计46070元，第三笔16270元未付。

2014年10月14日，王某平就劳动报酬、未签劳动合同的二倍工资差额向重庆市江北区仲裁委申请仲裁。该仲裁委受理后逾期未作出裁决，王

---

[1] 详见（2015）江法民初字第01028号、（2015）渝一中法民终字第03762号民事判决书。

某平于同年12月30日诉至重庆市江北区人民法院。

原告王某平诉称,其于2012年10月15日应聘到尚某公司担任项目经理,每月工资由尚某公司通过银行转账方式支付。2014年1月25日,双方协商一致达成离职协议,约定双方劳动关系于当日解除,尚某公司支付其工资62340元,至今尚欠16270元未付。请求判令尚某公司支付未签订书面劳动合同的二倍工资差额149742元及尚欠工资16270元。

被告尚某公司辩称,王某平入职时填写了尚某地产员工入职登记表。该表中约定了原告的职务、工资标准、五险、竞业禁止等权利义务,已具备了劳动合同应当具备的条款,应当认定双方签订了劳动合同,故不应支付未签订劳动合同的二倍工资差额。

【裁判结果】

1. 被告尚某公司于本判决生效之日起3日内支付原告王某平未签订劳动合同的二倍工资差额114745.98元。

2. 被告尚某公司于本判决生效之日起3日内支付原告王某平尚欠工资16270元。

【实务分析】

在促进劳动市场合法规范、有序发展的前提下,在上述案件中是否将入职登记表、录用审批表等企业内部管理性文件认定为书面的劳动合同,主要需要注意以下几点:

首先,需要对比劳动合同与入职登记表在性质和功能上的区别。劳动合同是企业与员工之间的一种正式协议,约定双方权利义务,并具有约束力。相比之下,入职登记表仅是企业内部用于规范员工人力资源管理的文件,通常只具有员工单方承诺的性质。

其次,《劳动合同法》第十七条规定:"劳动合同应当具备以下条款:(一)用人单位的名称、住所和法定代表人或者主要负责人;(二)劳动者的姓名、住址和居民身份证或者其他有效身份证件号码;(三)劳动合同期限;(四)工作内容和工作地点;(五)工作时间和休息休假;(六)劳动报酬;

（七）社会保险；（八）劳动保护、劳动条件和职业危害防护；（九）法律、法规规定应当纳入劳动合同的其他事项。劳动合同除前款规定的必备条款外，用人单位与劳动者可以约定试用期、培训、保守秘密、补充保险和福利待遇等其他事项。"而在本案中，入职登记表缺少劳动合同必备的条款，如劳动合同期限、工作地点和工作时间等内容。

最后，即使入职登记表中部分内容具有合同条款的性质，由于员工并不持有该登记表，一旦双方对其中内容产生争议，员工无法提供相关约定的书面依据，其权益将得不到保障，这与规范用工、保护员工合法权益的立法本意相违背。因此，员工主张劳动关系成立并要求企业支付二倍工资的情况下，其主张可能得不到支持。

总的来说，企业与员工之间应当以书面的劳动合同形式明确劳动关系，确保双方权益得到保障，也有利于营造公平、和谐的劳动关系环境。

在实践中，部分企业出于各种经济、管理或其他原因的考虑，并不愿意与员工签订正式书面劳动合同；而部分员工则由于市场地位受限或缺乏法律意识等因素，并未与企业签订书面劳动合同；甚至还有个别员工考虑到自身流动性较大或其他情况，也不愿意与企业签订书面劳动合同。整体而言，未签订书面劳动合同对员工合法权益保护带来了巨大风险。

事实上，企业不签订书面劳动合同并不一定能为企业带来经济利益，相反，可能会增加企业的法律风险：一是企业可能面临支付二倍工资差额的风险；二是企业的商业秘密保护和员工竞业限制难以有效执行；三是可能导致无固定期限劳动合同条件成立。同时，在因未签订书面劳动合同引发的劳动争议中，企业以入职登记表、录用审批表等内部管理文件作为已签订书面劳动合同的抗辩，司法部门通常难以支持这些管理文件具有书面劳动合同性质。

不签订劳动合同导致企业需支付二倍工资差额的规定的原因是：根据《劳动合同法》第八十二条第一款的规定，如果企业自用工之日起超过1个月但不满1年没有与劳动者签订书面劳动合同，企业应向员工支付最高不超过11个月的二倍工资差额作为赔偿金。自该法实施以来，书面劳动合同的签订率明显提升。支付二倍工资差额条款使得企业面临违法风险和成本风险明显增加，推动企业高度重视未签订劳动合同的问题。当前，书面劳动合同在保障劳动权利义务方面仍然扮演着重要角色。采用书面劳动合同形式可以清晰明确劳动权利义务的内容，使员工更容易维护自身合法权益。

尽管二倍工资具有惩罚企业、赔偿员工的特性，但其根本目的在于增加书面劳动合同签订率，明确劳动合同关系中的权利义务。实际操作中，仍存在着部分员工不愿签订书面劳动合同而要求企业支付二倍工资差额的情况。在这种情况下，二倍工资成为员工获取超出正常劳动报酬的额外收益途径。劳动合同法始终强调对员工的倾斜保护，但这种保护并非没有界限，其目的在于改善员工的弱势地位，实现员工与企业之间的实际平等，最终达到双方利益的平衡。因此，在处理劳动争议案件时，必须坚持依法保障员工合法权益与促进企业规范有序发展的双重责任，通过司法手段倡导稳定、和谐的企业与员工劳动关系，促进经济长期发展。

【合规指引】

实务中，对于入职1个月内的员工或劳动合同到期的员工，一定要立即签订书面劳动合同。对于不愿意签订劳动合同的员工，应及时依法合规，按照企业规定解除与员工的劳动合同关系，以免将来损害性赔偿的发生。

案例1-9：录用通知等文件是否认定为劳动合同，应判断内容的拘束力，要求文件须具备反映劳动交换的核心要素，且文件显示出双方有订立劳动合同的效果意思；还应判断对主体的拘束力，要求文件具备意思表示渠道的可溯性、主体的可识别性。具备上述拘束力的录用通知等文件应认定为劳动合同。

【基本案情】[①]

某公司经过面试考察决定聘用孙某，于2012年7月27日向孙某送交了

[①] 详见（2013）沪一中民三（民）撤字第242号民事判决书。

一份打印形成的书面录用信。录用信述称："我们谨代表 Joy Cafe Bar，很高兴地向您呈此聘用书"，并对孙某的就职部门、职位、雇主、开始日期、工作地点、工资构成及金额、合同期限、试用期、个税、社会保险等内容作了明确约定。在录用信的结尾载明："一旦您通过邮件或传真确认并接受了此聘用通知，我们将与您签订正式的劳动合同。期望您能够在 Joy Cafe Bar 获得成功的职业生涯。"落款处打印有 CEO Joy Cafe Bar。嗣后，孙某在录用信的确认回执中签名。孙某于 2012 年 8 月 1 日正式在某公司上班。

2012 年 12 月 30 日，孙某自某公司离职后，向仲裁委提出申请，要求某公司支付 2012 年 9 月 1 日至 2012 年 12 月 30 日未签订书面劳动合同的二倍工资差额。

仲裁委经审理认为，录用信因欠缺必备条款，不能视作书面劳动合同，遂支持了孙某关于二倍工资差额的请求。

某公司不服，以仲裁裁决适用法律错误为由向上海市第一中级人民法院申请撤销。某公司认为录用信以书面的形式约定了双方劳动合同所应具备的主要条款。某公司因为疏忽未按照录用信所述再签订劳动合同并不妨碍录用信的效力。录用信虽无劳动合同之名，但本质却与劳动合同无异。故仲裁委未将录用信认定为书面劳动合同，据此裁决某公司承担二倍工资责任属于适用法律错误。

【裁判结果】

仲裁委裁决某公司支付未签订劳动合同二倍工资差额。但法院确认某公司申请撤销仲裁裁决的理由不成立，故判决：驳回某公司撤销仲裁裁决的申请。

【实务分析】

本案争议焦点在于录用信能否被视为劳动合同，即什么样的书面文件才能被视为书面劳动合同。

立法机关将书面形式定为劳动合同有效订立的要件之一，其目的既在于固定劳动关系内容的约束力，又方便公权力介入、管理和评价劳动关系。

就形式而言，劳动合同必须同时具备内容的约束力和对合同主体的约束力。只有完全满足了这两方面要求的文件，才能被认定为书面劳动合同。

第一，劳动合同内容的约束力要求其具备相应的法律效果。这包括两点内容：一是意思表达应当完备，书面合意应包括劳动合同所应具有的内容要件；二是双方的法律意思表达应一致，也就是合同双方均希望产生劳动合同订立的法律效果。在《劳动合同法》第十七条中明确罗列了劳动合同应当具备的条款。因此，实务中有观点认为，若双方意思表示的内容不够完备，即不符合法律对劳动合同必备条款的要求，该文件不应视作劳动合同。然而，《劳动合同法》第八十一条对劳动合同欠缺必备条款时仅规定由劳动行政部门责令改正，给劳动者造成损害的，应当承担赔偿责任。因此，必备条款的欠缺并不必然阻碍劳动合同的有效成立。劳动合同的书面性要求实际上是为了固定双方的权利义务内容，而非严格阻碍劳动合同的订立。因此，若所签文件虽然名为劳动合同，但内容中却连一些基本条款都不具备，那么不宜将此类文件认定为已签订书面劳动合同。

某公司发给孙某的录用信虽然在内容上并未完全符合《劳动合同法》第十七条规定的必备条款，但已经对双方劳动关系的内容作出了基本限定。因此，尽管孙某认为录用信内容未完全符合法律规定的必备条款，法院也未予支持。然而，录用信中明确提及"我们将与您签订正式的劳动合同"，这明确排除了该录用信产生劳动合同约束力的可能性。因此，从这个角度来看，不适宜将其视为书面劳动合同。

第二，劳动合同对当事人具有约束力，必须确保当事人可追溯性。劳动合同的约束力不仅体现在其内容上，还需要对合同当事人产生相应的约束效力。而对于合同当事人的约束体现在可追溯性，也就是要求当事人的意愿和行为能够被确认和核实。这意味着个人对其内心意愿的表达通过特定方式体现在外部行为，并且外部行为能够有效约束表达意愿的个人。

在某些案例中，当企业向员工发放未经签署的录用信时，由于信件上没有企业的签章，且无法证实信件的发放渠道，导致信件的可追溯性难以确认。虽然有些案例中法官认可该未签署的录用信是企业发放的,但由于缺乏客观的主体可追溯性,使得该录用信最终未被认定为劳动合同。

本案中,如果公司一直是以"Joy Cafe Bar"自称,并且工作地点也只是标注为"仁某滨江咖啡吧",由于目前国内并没有对英文名称进行保护,该英文名称既不一定具有法定有效性,也不一定具有唯一性,同时将工作场所作为公司的标识也不具备必然的可辨识性。在司法实践中,在同一地址上经营主体进行变更的情况实在太常见了,因此那些具有通用特征的"Joy Cafe Bar"以及仅仅具有地址识别的"仁某滨江咖啡吧"都无法具备有效的可辨识性,简单地依靠这些称呼的表述来直接确定与某公司的约束关系是不可能的。如果案件涉及一方在事后不承认特定称呼指代其公司的情况,由于缺乏证据证明两者之间的联系,那么该公司也就无法对合同产生约束力。

案例1-10:具备劳动合同基本条款、能够确立双方存在劳动关系、明确双方权利义务的入职审批表可以视为劳动合同;对负责劳动合同管理的员工诉请的未订立劳动合同二倍工资的纠纷,应较一般岗位从严审查没有订立劳动合同的事实。

【基本案情】[①]

2011年6月30日,单某入职泛某公司,担任人力行政部员工,负责员工档案管理工作。2011年8月17日,单某以电子邮件的方式向泛某公司提交辞职报告。随后,单某以该公司未与其订立劳动合同为由向北京市海淀区仲裁委提出仲裁请求,要求公司向其支付2011年7月30日至8月17日未订立劳动合同的二倍工资差额。

仲裁委裁决,泛某公司应向单某一次性支付2011年7月30日至8月17日未订立书面劳动合同二倍工资差额。

---

① 详见(2012)海民初字380号、(2012)一中民终字5664号民事判决书。

泛某公司不服仲裁裁决，诉至法院。诉称：单某入职当日，公司即与其订立了为期3年的劳动合同，该劳动合同与员工录用审批表、公司物品申请表一起存放于单某的人事档案袋中。但单某利用保管员工档案的便利，在离职时将包括劳动合同在内的相关资料带走，仲裁庭审质证时其出具了与劳动合同一起存放的员工录用审批表和公司物品申请表的原件，证明单某故意隐匿自己的劳动合同。因此，请求法院判决泛某公司无须支付单某2011年7月30日至8月17日未订立书面劳动合同二倍工资差额。

【裁判结果】

一审、二审法院均判决：泛某公司无须支付单某2011年7月30日至8月17日未订立书面劳动合同二倍工资差额。

【实务分析】

在上述案例中，一审和二审法院的裁决与仲裁结果并不相同。法院审判的逻辑思维和综合考量因素对于处理类似案件具有至关重要的启示和参考意义。

二倍工资条款的立法初衷及引发的道德风险需要深入探讨。二倍工资规定的设立初衷源于劳动合同法施行前企业故意规避与员工签订劳动合同的现象较为突出。在劳动合同纠纷中，企业常以否认存在劳动关系为由拖延赔偿，从而损害员工的权益。为规范劳动市场、明确权利义务关系，劳动合同法设立了二倍工资补偿条款，旨在双向保护，防止企业实质上违约。然而，随着该条款施行，一些员工却利用法律漏洞，故意规避签订劳动合同，或毁约索赔二倍工资，这已经成为潜在的道德风险，可能对法律实施带来困扰。

针对二倍工资条款在实际应用中所带来的道德风险，法官在司法实践中可通过从劳动合同法制定该条款的初衷出发，准确定义特殊岗位未签订劳动合同的责任，并审慎关注案件中有意义的细节。《劳动合同法》第十七条规定了劳动合同的必备内容，包括双方主体约定、工作期限、工资条款、劳动地点、工资支付时间和休息休假安排、劳动报酬、社会保险和劳动保护等。本案中还存在的一个细节是，员工录用审批表上载明的内容基本涵盖了上述条款，并有公司相关负责人和法定代表人签字确认。虽然该表缺少了社会保险和劳动保护条款，但通常这两项内容是按照法定标准执行，而不是双方约定的内容。因此，该审批表已涵盖了基本的劳动合同要素，实现了劳动合同的基本功能，可被视为有效劳动合同。

法官在审理案件过程中，需要科学合理地行使自由裁量权，正确处理案件，引导劳资关系健康发展，预防员工恶意转化行为，从而实现立法目的和社会公正效果的统一。避免简单处理导致二倍工资罚则产生过度的修正。

【合规指引】

劳动合同是约束劳资双方如实、全面履行劳动权利义务的武器，也是防止发生劳动争议的重要措施以及解决劳动争议、维护各方合法权益的重要依据。建立劳动关系，应当订立书面劳动合同。

9. 没有"在试用期被证明不符合录用条件"的证据，企业与员工解除劳动合同合法吗

案例 1—11：企业以员工"在试用期被证明不符合录用条件"为由解除劳动合同的，应当由企业对其具体的录用条件和员工不符合录用条件的事实承担举证责任。

【基本案情】[①]

2018 年 4 月 10 日，某开发公司与郑某签订《劳动合同书》，合同期限自 2018 年 4 月 10 日起至 2023 年 4 月 9 日止，其中试用期为 6 个月，自 2018 年 4 月 10 日起至 2018 年 10 月 9 日止。郑某担任某开发公司前期副总。2018 年 8 月 16 日，某开发公司向郑某出具《解除劳动合同通知书》，载明因郑某在试用期间被证明不符合录用条件，决定从 2018 年 8 月 17 日终止、解除双方签订的劳动合同。郑某于当日收到该通知书，并在某开发公司出

---

① 详见（2018）渝 0120 民初 8105 号、（2019）渝 01 民终 9718 号民事判决书。

具的通知书留存件上写明："已收到，请列举不符合具体哪条录用条件。"2018年8月17日，郑某在办理离职交接手续后，离开某开发公司。郑某提起仲裁后，又提起诉讼，请求某开发公司支付赔偿金等。

【裁判结果】

法院判决某开发公司解除劳动合同违法，应承担相应的法律责任。

【实务分析】

在本案中，存在四个争议点需要进行分析：1. 某开发公司是否合法地解除了与郑某签订的劳动合同；2. 某开发公司是否有义务支付给郑某经济补偿金9159元；3. 某开发公司是否应当支付给郑某代通知金136687.5元；4. 郑某能否要求恢复劳动关系。下面具体分析各情况如下：

1. 某开发公司是否合法地解除了与郑某签订的劳动合同

首先，根据《最高人民法院关于民事诉讼证据的若干规定》（本案发生时适用2008年文本）第六条所述，因用人单位解除劳动合同而发生争议的，由用人单位负举证责任。本案中，某开发公司以在试用期内被证明不符合录取条件为由解除了与郑某的劳动合同，因此，某开发公司有责任证明解约的理由和程序。

其次，有关录用条件法律并未有确切规定，因此员工是否符合录用条件应由企业按照法律规定以及企业自身管理情况进行明确界定。本案中，某开发公司提供了《试用期管理人员工作目标确认书（试用期整体目标）》《试用期管理人员工作目标确认书（试用期第3月）》《试用期管理人员工作目标确认书（试用期第4—5月）》等证据，明确记录了郑某在试用期内的考核内容，并得到郑某的书面确认。法院认定这些工作目标的确认对于某开发公司评估郑某是否符合岗位要求至关重要，是该公司对录用条件的具体化和明确化。

再次，某开发公司在2018年8月解除了与郑某的劳动合同，然而在某开发公司提供的阶段性工作目标确认书中仅评价了3—5月的工作表现，对此期间郑某的表现并未作出相应评价。而在提供的《试用期管理人员工作目标确认书（试用期整体目标）》中，对郑某的整体工作完成情况作出了评价。然而，这种不连续的评价方式以及存在的问题使得某开发公司的评价结果受到质疑。

最后，某开发公司提供的证据中只有两份记载有评估日期的记录，而其他评估表则没有时间记录，因此无法确定评估人员的结论形成时间。此外，某开发公司提供的证据不足以证明其在解除合同前通知工会的义务已履行。根据《劳动合同法》第四十三条的规定，用人单位单方解除劳动合同，应当事先将理由通知工会。尽管某开发公司提供了重庆市璧山区商务局工会联合会的回复文件证明已书面通知解约理由，但该回复文件并不足以达到证明目的。在法院审理过程中，某开发公司未能出示书面通知函，也没有对工会联合会收到该通知的具体时间进行说明，因此通知时间无法确定。

综上所述，某开发公司单方解除与郑某的劳动合同在解约事由上缺乏具体事实依据，解约程序违反法律规定，属于非法解约行为，某开发公司应承担相应法律责任。

2. 某开发公司是否有义务支付给郑某经济补偿金9159元

《劳动合同法实施条例》第二十五条规定："用人单位违反劳动合同法的规定解除或者终止劳动合同，依照劳动合同法第八十七条的规定支付了赔偿金的，不再支付经济补偿。赔偿金的计算年限自用工之日起计算。"鉴于某开发公司的违法解除情况，依法应当承担支付赔偿金的法律责任。

3. 某开发公司是否应当支付给郑某代通知金136687.5元

根据《劳动合同法》第四十条规定，特定情形下，用人单位可以提前30日书面通知劳动者或额外支付一个月工资后解除劳动合同。该条是针对特定情形下用人单位合法解除劳动合同时适用的法律规定。而考虑到本案中某开发公司的违法解约行为，应当适用《劳动合同法》第八十七条有关赔偿金的法律规定。

4. 郑某能否要求恢复劳动关系

在一审中，郑某主张请求法院判定某开发公司向其支付损失等，然而某开发公司已明确表示劳动合同已解除，且郑某已办理完离职手续，公司目前也没有相应的空缺岗位。因此，双方已无意愿和可能恢复劳动关系。

【合规指引】

对于员工的录用条件，法律并没有作出明确规定，应当由企业结合自身经营管理情况确定，在录用员工前进行公告公示，并在员工入职时立即签字确认。试用期员工入职后的评估需在试用期内按时完成，并保存相应的证据。此外，在解除试用劳动关系前，还应依法履行通知工会的义务。

（二）试用期与员工解除劳动合同的原因

1. 员工自身原因

企业对试用期内的员工表现不满意，认为员工满足不了工作要求，无法胜任工作，是试用期解聘员工的最大原因。而员工之所以会引起企业的不满，一般有以下表现：

（1）员工在试用期实际工作中，存在一些在招聘的笔面试中尚未发现的缺点，如工作态度差、专业细节不过关等。

（2）自身能力不足，又不虚心学习。一般情形下，员工与公司签订劳动合同后，企业一般不愿意对员工过于苛刻，不想让员工在试用期内离职。但是如果员工自身能力不足，学习能力又差，企业无法从员工身上看到希望时，就会选择淘汰。

（3）与其他同事相处不融洽，情商低。

2. 企业自身原因

（1）试用期届满，但企业不确定是否录用员工，想要延长试用期但未取得员工同意，不得不解除劳动合同。

案例 1-12：经员工同意，且延长后总试用期间不超过法定标准，延长试用期间的工资亦按转正后标准支付，符合前述标准的，企业延长试用期的行为合法。

【基本案情】[①]

张某于 2017 年 9 月 6 日入职某服装公司，双方签订 2017 年 9 月 6 日至 2020 年 9 月 5 日的劳动合同，试用期 3 个月。试用期间，某服装公司对张某的工作表现评价为："工作效率一般，质量一般，试用 2 个月内请假 3 次、迟到一次，请假在重要看样期间，团队意识欠佳、积极性不高，故作延期转正处理或不予转正。"此后，某服装公司决定将张某试用期延长至 2018 年 3 月 4 日，张某在《内勤员工转正审批表》中签字确认。2018 年 1 月，某服装公司再次对张某的绩效进行了考核，并于 2018 年 1 月 31 日通知张某解除劳动合同。张某认为劳动合同只能约定一次试用期，故要求服装公司赔偿 2 个月工资损失。

【裁判结果】

法院对张某的该项请求不予支持。

【实务分析】

根据相关法律规定，3 年以上固定期限的劳动合同，试用期不得超过 6 个月。本案中，双方原先约定的试用期为 3 个月，此后虽进行了延长，但延长的原因系张某的工作表现不佳而需进一步考察，而延长后的试用期未超出法定期限，试用期内也未降低张某的工资待遇，且已征得张某本人同意。因此，该行为没有侵犯张某的合法权益。张某要求某服装公司赔偿延长试用期损失的诉请，不予支持。

【合规指引】

企业若因劳动者试用期表现不佳需延长试用期，经劳动者同意，且延

---

① 详见（2018）沪 0106 民初 16324 号民事判决书、（2018）沪 02 民终 7915 号民事判决书。

长后总试用期间不超过法定标准，延长试用期间的工资亦按转正后标准支付，则企业延长试用期的行为合法。

（2）招聘职位本身就是短期需求，是为降低招聘难度而设立了长期职位的。

（3）职位空降其他人员，或者职位需要低成本使用其他人员的。

3. 客观原因

如员工在试用期发生重大疾病（如精神病、癌症或其他严重疾病）、意外等，完全不能从事工作的。

与以上几种实际解除劳动合同原因形成相对的，是法定的试用期解除条件。依据《劳动合同法》规定，试用期可解除劳动合同的情形包括劳动者在试用期被证明不符合录用条件、劳动者严重违反规章制度等，以及《劳动合同法》第四十条第一项、第二项规定的医疗期满不能继续工作、能力不胜任等情形。

企业一般天然、朴素地认为，试用期员工尚未正式录用，其受到的劳动保护就应该远远低于正式员工。但是，法定的解除条件仅限于劳动合同法律中规定的情形，其他诸如领导不满意、员工工作态度不好、公司人员需求方面出现了新变化、经济效益不好等种种情况，都不能构成与试用期员工解除劳动合同的合法理由。即使该行为存在合法理由（如员工不符合录用条件），对该情况是否真实存在，企业也需承担举证义务。

综上所述，与试用期员工解除劳动合同存在合法合规障碍，一方面是因解聘动机本身不合法或不充分导致；另一方面企业在日常管理中证据意识的欠缺也成为企业败诉的重大原因。

（三）解除试用期员工劳动合同对公司有什么影响

纵然容易触发法律风险，当企业必须解除试用期员工劳动合同时，对其利弊应如何考量？

1. 解除试用期员工劳动合同的好处

（1）充分发挥试用期的考察考核功能。试用期是用人单位和劳动者为相互了解、选择而约定的不超过六个月的考察期。通过录用条件的规定、录用考核制度，在试用期对员工进行考察考核，有效地解除不符合公司录用标准要求的员工的劳动合同，是试用期的本来目的。

（2）满足企业的实际用人需求，对于企业认为不合适或不能发挥作用的员工，与其解除劳动合同，以便重新招聘合适的人员入职。

2. 解除试用期员工劳动合同的坏处

尽管试用期解除劳动合同因如上两点需求而成为必要、必须之举，但从成本角度衡量，除前文所述的高发法律风险外，解除试用期员工的劳动合同还会带来以下坏处：

（1）人力资源重置成本高。企业招聘员工是一个复杂的程序，短期内同一岗位人员的屡次招聘会带来人力、时间、经济等方面的多重损耗。

（2）同一岗位屡次出现试用期内解除劳动合同，对企业形象造成负面影响，进一步增加招聘难度。

（3）纵容企业不合理的用人需求，对企业的用人制度构建造成深远弊端。以上种种涉及试用期解除的坏处，对人力资源管理部门人员提高试用期管理能力提出了要求。

3. 试用期违法解除劳动合同的成本

员工诉求	适用情形	员工胜诉率分析	给企业带来的影响
违法解除赔偿金	解除的事由不符合法律规定；或者企业不能证明解除合法性的	获得支持	支付赔偿金

续表

员工诉求	适用情形	员工胜诉率分析	给企业带来的影响
继续履行或违法解除赔偿金	解除的程序不符合法律规定	视继续履行的可能性,一般亦可得到支持。不宜继续履行的,将裁决违法解除赔偿金	1. 损害公司形象; 2. 在仲裁诉讼期间需支付劳动者工资; 3. 员工继续上班或支付赔偿金
违法解除赔偿金和无效试用期的赔偿金	试用期约定无效的	较高胜诉可能	支付赔偿金

专题二：

员工试用期制度合规指引

（一）员工试用期设置的合规指引

1. 试用期的长短期限设置

试用期是新进员工和企业为了相互了解、相互考察而约定的最长期限不超过 6 个月的考察期，目的在于提供了解双方、考察对方的平台。在这期间，企业有时间可以有效识别新进员工的工作能力和素质，考察新进员工是否符合录用条件，新进员工也可以考察企业的用工情况，经过双方互相考察，决定是否继续履行劳动合同。

企业可与员工协商一致确定试用期期限，劳动合同法将试用期限与劳动合同期限挂钩，根据劳动合同期限划分了试用期限的不同期限，但需要企业注意约定试用期不能超过劳动合同法规定的试用期最长期限，根据劳动合同签订期间及种类不同，试用期不同：

劳动合同类型	劳动合同期限	试用期长度
固定期限	不满 3 个月	不得约定
	3 个月至 1 年	≤1 个月
	1 年（含本数）至 3 年	≤2 个月
	3 年（含本数）以上	≤6 个月
无固定期限		≤6 个月
以完成一定工作任务为期限		不得约定

（法律依据：《劳动合同法》第十九条）

除上述三类情形外，企业可以根据自身情况与不同岗位的员工约定不同期限长度的劳动合同，对于一些临时性、辅助性、阶段性的工作岗位，企业可以与员工签订三年以下固定期限的劳动合同，这类劳动合同期限较短，企业承担的用工成本相应较少；对于一些较为重要的岗位，需要较长的试用期（如6个月）以便于考察员工能力的，可以与员工签订三年以上固定期限劳动合同。

《劳动合同法》第十四条第二款规定："用人单位与劳动者协商一致，可以订立无固定期限劳动合同。有下列情形之一，劳动者提出或者同意续订、订立劳动合同的，除劳动者提出订立固定期限劳动合同外，应当订立无固定期限劳动合同：……（三）连续订立二次固定期限劳动合同，且劳动者没有本法第三十九条和第四十条第一项、第二项规定的情形，续订劳动合同的……"

案例2-1：企业与员工签订无固定期限劳动合同或期限较长的劳动合同，试用期依法可以最长6个月。

【基本案情】[1]

石某某自2011年12月起到某物流公司担任财务经理，工资为3000元/月。2015年5月30日，双方签订书面劳动合同，合同期限自2015年6月1日起至2016年5月31日止。2016年5月31日，双方再次签订书面劳动合同，合同期限自2016年6月1日起至2017年5月31日止。2017年6月，公司要求与石某某签订主要条款为以下内容的无固定期限劳动合同书：石某某在公司从事总账会计工作，公司安排石某某的会计工作岗位属于不定时工作制，工资为1400元/月。石某某拒绝签订该合同书。2018年1月5日，公司以石某某拒绝签订无固定期限劳动合同为由通知石某某解除劳动关系，并未再安排石某某工作，亦未支付工资。石某某诉至法院，要求公司支付违法解除劳动合同的经济赔偿金等。

---

[1] 详见（2019）苏0381民初2310号、（2019）苏03民终5194号民事判决书。

【裁判结果】

法院判决公司应支付石某某经济赔偿金，并按原工资待遇标准赔偿石某某待岗期间的劳动报酬损失。

【实务分析】

双方两次订立固定期限劳动合同，期满后石某某要求继续履行劳动合同，符合订立无固定期限劳动合同的条件。某物流公司未与石某某协商一致，单方提出签订调岗降薪的无固定期限劳动合同，石某某有权拒绝，某物流公司以此为由解除劳动合同的行为违法。

对于符合订立无固定期限劳动合同条件的劳动者，企业不得通过降低原劳动合同的约定条件迫使劳动者不签订劳动合同。企业与员工对无固定期限劳动合同的权利义务内容不能协商一致的，可按双方原劳动合同的约定或实际履行内容确定，如新合同维持或提高原劳动合同的约定条件而劳动者拒绝签订的，企业可以依照《劳动合同法实施条例》第五条、第六条规定与劳动者终止劳动关系。

相反，如因企业单方降低原劳动合同约定条件导致辞职的员工，应当视为"推定解除劳动合同"，企业应支付经济补偿金，如企业以此变相辞退员工的，应是违法，员工有权请求撤销企业的解除决定，继续履行合同，并要求企业赔偿仲裁、诉讼期间工资的损失；员工不要求继续履行合同的，企业应支付违法解除劳动合同的赔偿金。

【合规指引】

通常对于企业的常规岗位，建议企业与员工签订一个3年以上固定期限劳动合同，除了可以获得长达6个月试用期以外，还可以避免因与员工反复连续签订固定劳动合同而产生应当签订无固定期限劳动合同的法律责任。

2. 试用期的次数只能约定一次

在符合法定试用期期限的前提下，根据《劳动合同法》第十九条第二款规定，同一企业与同一员工只能约定一次试用期。

该条文的规定意味着，企业在以下情况下不得重复约定试用期：

（1）用人单位在劳动合同存续期间调整劳动者工作岗位的；

（2）用人单位与劳动者续订劳动合同的。

对于已经离职的员工，再次入职时，是否可以约定试用期的理解，在实践中却有一定的争议。法律对此并无明确规定，没有规定即权利，应宜认为非同一段劳动关系可再次约定试用期。

3. 试用期期限长短需合法

一旦被认定为试用期长度不符合法律规定，企业仍根据试用期不符合录用条件作出解除决定也就成了空中楼阁。如果企业坚持这样的解除，会被认定为违法解除，支付违法解除赔偿金或继续履行的风险由此产生。

此外，《劳动合同法》第八十三条规定："用人单位……违法约定的试用期已经履行的，由用人单位以劳动者试用期满月工资为标准，按已经履行的超过法定试用期的期间向劳动者支付赔偿金。"

4. 延长试用期协议需严格按照程序进行

延长试用期协议的前提为：

（1）劳动者与用人单位协商一致延长试用期；

（2）延长后的试用期不得超出法定的相应试用期最长期限；

（3）延长的试用期间的工资按正式员工的标准支付。

企业在首次约定试用期时，并未达到法定最长试用期限的，在试用期届满时，却陷入不知对员工是留还是解除劳动合同的窘境，而员工这时也往往乐于请求单位再设定一段更长时间的考验期。于是，律师往往会出具一份《延长试用期协议》，意在延长原先设定的试用期。如果在延长的试用期内，员工顺利转正，试用期风险也就消失了。一旦公司最终决定以不符合录用条件与员工解除合同，一些员工不免会提出"延长的试用期无效"的抗辩。

因此，建议除必要延长试用期符合延长试用期协议的前提外，为保障企业的用工合法，谨慎处理，企业可在第一次签订劳动合同时便约定试用期至法定期限的上限，充分安全地享有法律赋予的权利。

5. 中止试用期协议因地制宜，理由需充分

北京和江苏两地均有明确关于试用期中止的相关规定。《北京市高级人民法院、北京市劳动人事争议仲裁委员会关于审理新型冠状病毒感染肺炎疫情防控期间劳动争议案件法律适用问题的解答》第五条规定，劳动者在试用期内因客观原因不能返岗上班，用人单位可以采取灵活的试用考察方式考核劳动者是否符合录用条件。无法采取灵活考察方式实现试用期考核目的的，用人单位与劳动者协商顺延试用期，不违反《劳动合同法》第十九条第二款关于"同一用人单位与同一劳动者只能约定一次试用期"的规定精神。劳动者因上述原因导致无法正常提供劳动的期间不应计算在原约定的试用期内，不应视为延长了原约定的试用期。

《江苏省劳动合同条例》第十五条第二款规定："劳动者在试用期内患病或者非因工负伤须停工治疗的，在规定的医疗期内，试用期中止。"

根据上述规定，北京和江苏两地对试用期中止持肯定态度，即不论员工是否同意，在特定情况下，试用期中止，待特殊情形消失后再继续履行试用期，具体而言，北京和江苏的规定又有不同：

地区	试用期中止前提	中止期
北京	员工因客观原因无法返岗，且无法采取灵活考察方式实现试用期考核目的	客观原因期
江苏	患病或者非因工负伤须停工治疗	医疗期

案例2-2：受疫情影响，企业中止试用期合法。

【基本案情】[①]

孙某于2020年1月20日入职北京某教育培训公司，双方订立了期限为3年的书面劳动合同，约定孙某的岗位为销售主管，试用期为3个月，月工

---

① 《延长试用，符合特定情形用人单位无需支付赔偿金》，载北京市人力资源和社会保障局网，https://rsj.beijing.gov.cn/bm/ztzl/dxal/202011/t20201120_2141627.html，最后访问日期：2024年4月12日。

资为 8000 元，转正后月工资为 10000 元。2020 年 2 月 24 日，孙某回到家乡湖北过春节。因新冠疫情影响，孙某 4 月 6 日才返回北京，居家隔离 14 天后直至 4 月 20 日才恢复正常出勤工作，期间未向教育培训公司提供劳动。4 月 20 日，教育培训公司告知孙某，将延长试用期 1 个月至 5 月 19 日，月工资仍按照 8000 元标准支付。2020 年 6 月 5 日，孙某以未足额支付劳动报酬为由，向教育培训公司寄出《解除劳动合同通知书》，并于当日离职。随后，孙某向仲裁委提出仲裁申请，要求教育培训公司支付：1. 延长试用期 1 个月的工资差额 2000 元；2. 延长试用期 1 个月的赔偿金 10000 元；3. 解除劳动合同经济补偿 4000 元。

【裁判结果】

仲裁委裁决驳回孙某的全部仲裁请求。

【实务分析】

试用期是企业和员工为相互了解、选择而约定的不超过 6 个月的考察期。受新冠疫情影响，部分劳动者可能在较长时间内无法正常向用人单位提供劳动，用人单位无法在试用期内考察劳动者的知识水平、业务素养、履职能力、职业道德等，违背了法律设置试用期的初衷。故在此情形下，应当允许企业扣除因疫情影响无法考察员工的期间，即适当延长试用期，但延长的试用期不应超过受新冠疫情影响员工无法提供劳动的期间。

对此，《北京市高级人民法院、北京市劳动人事争议仲裁委员会关于审理新型冠状病毒感染肺炎疫情防控期间劳动争议案件法律适用问题的解答》（京高法发〔2020〕187 号，以下简称《解答》）第五条规定："劳动者在试用期内因客观原因不能返岗上班，用人单位可以采取灵活的试用考察方式考核劳动者是否符合录用条件。无法采取灵活考察方式实现试用期考核目的的，用人单位与劳动者协商顺延试用期，不违反劳动合同法第十九条第二款关于'同一用人单位与同一劳动者只能约定一次试用期'的规定精神。员工因上述原因导致无法正常提供劳动的期间不应计算在原约定的试用期内，不应视为延长了原约定的试用期。如扣除受疫情影响期间后实际履行的试用期超过原约定试用期的，员工要求企业以试用期满月工资为标准支付超出原约定试用期之后实际履行期间的工资差额，并根据劳动合同法第八十三条的规定要求企业以试用期满月工资为标准支付该期间赔偿金的，应予支持。"

在正常情况下，企业不得延长员工的试用期或与员工两次约定试用期。试用期内，企业应当依法与员工订立书面劳动合同并缴纳社会保险费等。

【合规指引】

企业可在劳动合同中明确约定：试用期内出现如流行性疾病、工伤、医疗期、培训期等特殊期间致无法对员工工作表现进行试用期考核评价的，试用期中止，该期间不计入约定试用期内，待相应情形消失后恢复履行试用期。

6. 试用期的工资标准要合法

《劳动合同法》第二十条规定："劳动者在试用期的工资不得低于本单位相同岗位最低档工资或者劳动合同约定工资的百分之八十，并不得低于用人单位所在地的最低工资标准。"《劳动合同法实施条例》第十五条作出了更加明确的规定："劳动者在试用期的工资不得低于本单位相同岗位最低档工资的80%或者不得低于劳动合同约定工资的80%，并不得低于用人单位所在地的最低工资标准。"

案例2-3：员工在试用期的工资不得低于本企业相同岗位最低档工资或者劳动合同约定工资的80%，并不得低于企业所在地的最低工资标准。

【基本案情】[①]

2011年6月1日，张某与某科贸公司签订了为期1年的劳动合同，其中约定试用期从2011年6月1日开始至8月31日结束；合同中还约定，张某试用期工资每月2000元，转正后工资每月3000元。入职3个月后，张某

[①] 胡高崇：《"试用期权利"知多少》，载《人民法院报》2012年8月26日，第3版。

从该公司辞职。后张某向仲裁委提起仲裁，要求某科贸公司支付2011年6月和7月两个月的工资差额共计800元以及2011年8月试用期工资与转正工资之间的工资差额1000元。仲裁裁决支持了张某的申诉请求，该公司不服裁决结果，向法院提起诉讼。

【裁判结果】

法院最终驳回了某科贸公司的诉讼请求，判决该公司支付张某2011年6月至8月工资差额共计1800元。

【实务分析】

根据规定，如果劳动合同期限为3个月以上但不满1年，试用期不能超过1个月；如果劳动合同期限为1年以上但不满3年，试用期不得超过2个月；对于固定期限和无固定期限的劳动合同，试用期不应超过6个月。同一用人单位与同一员工只能约定一次试用期。而对于以完成特定任务为期限的劳动合同，或者劳动合同期限少于3个月的情况，则不得设立试用期。试用期纳入劳动合同期限之内。

某科贸公司因违法约定试用期而被法院认定需按照正式员工待遇支付员工的工资。这是因为，根据相关规定，员工在试用期工资不得低于合同约定工资的80%，且1年以上不满3年的劳动合同试用期不得超过2个月。本案中，某科贸公司与张某约定转正后每月工资为3000元，因此公司应按照2400元的工资标准支付张某2011年6月和7月的工资报酬。另外，在1年期劳动合同中约定了3个月试用期，已经超过法定期限，公司还需要按照3000元的工资标准支付张某8月的工资。

试用期是用人单位对新员工的思想品德、工作态度、实际工作能力以及身体状况等进行进一步考察的时间。《劳动合同法》规定试用期的目的是方便用人单位与员工相互了解，便于双方自行选择合适与否，因此试用期对新员工和用人单位都具有重要意义。

企业应该了解员工在试用期间的法定权利，并在履行劳动合同时保护员工的权益，避免承担法律风险。企业在解聘员工时，必须提供足够证据，并在试用期结束前提出解聘意图，否则在试用期结束后，企业将无权再以员工试用期表现不符合录用条件而解除劳动合同。

员工要警惕企业可能设置的陷阱，并确保企业约定的试用期合法且在试用期内履行相应义务。同时，保存双方劳动关系的证据材料至关重要，如工资条、考勤记录等。

员工还需避免不当维权，因为企业违法约定试用期的后果仅限于支付正式工资补偿违法约定试用期间的工资，员工不得利用试用期来"倒推"延长原有合同期限，否则将违反合同自由原则。

【合规指引】

企业应注意涉及试用期期限、试用期工资标准等具体条款的拟定，避免因为约定违法而被认定无效。企业在利用试用期这一特殊期限考察劳动者时，需要注意留存相关考勤、考核记录，并且尽量在招录劳动者前即明确录用标准，从而为判断员工的去留提供依据。

7. 即将毕业的大学生以就业为目的，为企业提供劳动的，与企业形成劳动关系

案例2-4：大学生利用业余时间勤工俭学，通常不视为就业。但为了就业目的，而与企业达成用人关系的毕业生，视为与企业形成劳动关系。

【基本案情】[①]

郭某系江苏某大学药学专业2008届毕业生，于2008年7月毕业。2007年10月26日，郭某在某医药公司进行求职登记，并在登记表中登记其为某大学2008届毕业生，2007年是其实习年。2007年10月30日郭某与某医药公司签订劳动合同，期限为3年，其中试用期为60天。合同还约定，郭某从事营业员工作，试用期工资标准不低于同工种同岗位职工工资的80%。

---

① 《郭某诉江苏某医药公司劳动争议案》，载最高人民法院网，http://gongbao.court.gov.cn/Details/c66ff5b19208390bcfa3757da764d8.html，最后访问日期：2024年4月12日。

2008年7月21日，某医药公司申请仲裁，请求确认与郭某之间劳动关系不成立。仲裁委以郭某系在校学生，其勤工俭学或实习与用人单位间的关系不属于劳动法调整为由，终结了仲裁。后郭某诉至法院。法院认为，郭某与某医药公司签订劳动合同时已年满19周岁，符合劳动法规定的就业年龄。郭某在登记求职时，已完成了全部学业，明确向某医药公司表达了求职就业愿望，双方签订了书面劳动合同。此后，郭某按合同约定提供了劳动，某医药公司亦向郭某支付了劳动报酬，并对其进行了管理，这完全符合劳动关系的本质特征。

【裁判结果】

法院判决郭某与某医药公司签订的劳动合同有效。

【实务分析】

即将毕业的大专院校在校学生以就业为目的与企业签订劳动合同，且接受企业管理，按合同付出劳动；企业在明知求职者系在校学生的情况下，仍与之订立劳动合同并向其发放劳动报酬的，该劳动合同合法有效，应当认定双方之间形成了劳动合同关系。

在校生利用业余时间勤工俭学，通常不视为就业，与实习单位间不存在劳动关系。但是本案中的郭某不同，郭某虽未毕业，但已完成全部学业，即将步入社会。现在的大中专院校为了提高就业率，也鼓励学生在最后的实习阶段寻找工作。郭某到某医药公司登记求职，目的就是为了就业，而非学习，医药公司对郭某的情况也完全知情，双方在此基础上也就应聘、录用等事宜达成一致，并签订了劳动合同，明确了岗位和报酬，所以，双方之间形成的是劳动合同关系，而非劳务关系。

【合规指引】

对于即将毕业的大学生为企业提供劳动或劳务的，企业需要与大学生签订实习协议或劳动合同，以明确大学生与企业的法律关系为实习关系或劳动合同关系。

（二）解除试用期员工劳动合同法定理由的合规指引

企业应善用《劳动合同法》第三十九条和第四十条第一项、第二项规定的情形，合法合规解除试用期员工。

案例 2-5：企业在试用期内不得随意解除劳动合同。

【基本案情】①

周某于 2019 年 4 月 25 日入职某汽车公司从事销售工作。双方签订劳动合同，期限自 2019 年 5 月 1 日至 2022 年 5 月 31 日，其中试用期自 2019 年 5 月 1 日至 7 月 31 日。2019 年 7 月 23 日，某汽车公司根据周某部门领导的评分，以周某试用期不合格为由单方解除劳动合同。周某申请劳动仲裁，要求支付违法解除劳动合同经济赔偿金。仲裁委裁决某汽车公司支付违法解除劳动合同赔偿金。某汽车公司不服仲裁裁决，诉至法院。

【裁判结果】

法院判决某汽车公司向周某支付违法解除劳动合同经济赔偿金。

【实务分析】

企业以员工在试用期不符合录用条件解除劳动合同的，应当向员工明确告知录用条件及试用期考核内容与标准，就员工存在不符合录用条件的事实承担举证责任。本案中，某汽车公司未能证明已告知周某录用条件及试用期考核及存在不符合录用条件的事实，仅以公司部门领导的评分认定周某试用期不合格并解除劳动合同，违反法律规定。

试用期是为用人单位和劳动者双方提供相互考察时间，以保障劳动合同的顺利履行。本案旨在提醒企业"试用期"不是"随意期"，试用期内解除劳动合同，应当符合法定条件和程序，不得随意以试用期不合格为由解

---

① 详见（2019）苏 0116 民初 6802 号民事判决书。

除劳动合同。

【合规指引】

企业应当在招录或签订劳动合同前，向员工明确告知录用条件及试用期考核标准，试用期内以员工在试用期不符合录用条件解除劳动合同的，应当向员工说明理由，并就员工存在不符合录用条件的事实承担举证责任。

案例 2-6： 解除试用期员工的劳动合同需要法定理由。

【基本案情】[①]

2012 年 7 月，刘某应聘到某家淀粉厂担任会计一职，双方约定试用期为 3 个月。在刘某工作至第二个月时，该厂负责人通知刘某他们打算解除劳动关系，理由是公司已经找到了更适合的人来担任刘某的职位。刘某因此决定向当地仲裁委提交仲裁申请，请求撤销公司解聘他的决定。而公司则认为，由于双方尚处于试用期内，公司有权随时终止劳动关系。

【裁判结果】

仲裁委裁决某淀粉厂向刘某支付违法解除劳动合同经济赔偿金。

【实务分析】

《劳动合同法》第二十一条规定："在试用期内，除劳动者有本法第三十九条和第四十条第一项、第二项规定的情形外，用人单位不得解除劳动合同。用人单位在试用期解除劳动合同的，应当向劳动者说明理由。"第三十九条规定："劳动者有下列情形之一的，用人单位可以解除劳动合同：（一）在试用期间被证明不符合录用条件的；（二）严重违反用人单位的规章制度的；（三）严重失职，营私舞弊，给用人单位造成重大损害的；（四）劳动者同时与其他用人单位建立劳动关系，对完成本单位的工作任务造成严重影响，或者经用人单位提出，拒不改正的；（五）因本法第二十六条第一款第一项规定的情形致使劳动合同无效的；（六）被依法追究刑事责任的。"

[①] 《试用期内解除劳动关系需法定事由》，载浙江工人日报网，http://e.zjgrrb.com/gb/node2/node802/node149949/node437245/node437248/userobject15ai5629778.html，最后访问日期：2024 年 4 月 12 日。

第四十条规定:"有下列情形之一的,用人单位提前三十日以书面形式通知劳动者本人或者额外支付劳动者一个月工资后,可以解除劳动合同:(一)劳动者患病或者非因工负伤,在规定的医疗期满后不能从事原工作,也不能从事由用人单位另行安排的工作的;(二)劳动者不能胜任工作,经过培训或者调整工作岗位,仍不能胜任工作的……"在试用期内,除非是法律允许的情况,用人单位不能随意解除与员工的劳动关系。

【合规指引】

在试用期内解除劳动合同,企业需要严格按照上述法律规定的事项,进行取证,并依法定程序解除劳动合同,否则均应承担相应的法律责任。

(三)解除试用期员工劳动合同的法律限制

1. 我国法律中有专门对特殊员工的保护条款,符合该条款情形之一的员工一般不得与其解除劳动合同

例如,《劳动合同法》第四十二条规定,如下情形的员工受到禁止解除劳动合同的保护:

(1)从事接触职业病危害作业的劳动者未进行离岗前职业健康检查,或者疑似职业病病人在诊断或者医学观察期间的;

(2)在本单位患职业病或者因工负伤并被确认丧失或者部分丧失劳动能力的;

(3)患病或者非因工负伤,在规定的医疗期内的;

(4)女职工在孕期、产期、哺乳期的;

(5)在本单位连续工作满十五年,且距法定退休年龄不足五年的;

(6)法律、行政法规规定的其他情形。

但是,并非所有情形下都不能解除出现上述情况之一的员工,在以下三种情况下亦可解除劳动合同:

(1)劳动者患病或者非因工负伤,在规定的医疗期满后不能从事原工

作，也不能从事由用人单位另行安排的工作的；

（2）劳动者不能胜任工作，经过培训或者调整工作岗位，仍不能胜任工作的；

（3）劳动合同订立时所依据的客观情况发生重大变化，致使劳动合同无法履行，经用人单位与劳动者协商，未能就变更劳动合同内容达成协议的，即使存在"三期"情形，用人单位仍可行使单方解除权。但是，对于第一、二、三项的医疗期内、具有工伤或职业病情形的原因，从公平原则出发，在试用期也不宜解除劳动合同。

案例2-7：企业应批准"三期"女员工哺乳假情形的认定。

【基本案情】[①]

贾某于2016年11月18日生育早产双胞胎，患有房间隔缺损、新生儿败血症等多种疾病。产假为2016年11月17日至2017年4月23日。某餐饮公司分别于2017年4月12日、20日、25日向贾某寄送通知，要求其产假结束后于2017年4月24日上班。贾某于2017年4月21日向餐饮公司寄送哺乳假申请书、疾病证明单等，申请6个月哺乳假。某餐饮公司于2017年4月22日签收邮件，但未予批准。2017年4月28日，某餐饮公司以旷工为由与其解除劳动合同。贾某提起仲裁要求公司支付违法解除劳动合同赔偿金。

【裁判结果】

仲裁委裁决某餐饮公司应当支付贾某违法解除劳动合同的赔偿金41531.08元。

【实务分析】

上海市实施《妇女权益保障法》办法（以下简称"办法"）第二十三条规定，经二级以上医疗保健机构证明患有产后严重影响母婴身体健康疾

[①] 《上海市静安区人民法院2018年度劳动争议审判白皮书》，载上海市高级人民法院网，https://www.hshfy.sh.cn/shfy/web/xxnr.jsp?pa=aaWQ9MjAxMjk5NzYmeGg9MSZsbWRtPWxtMTcxz，最后访问日期：2024年4月12日。

病的，本人提出申请，用人单位应当批准其哺乳假。《关于本市医疗机构依法开具产前假和哺乳假有关疾病证明的通知》（以下简称"通知"）对上述规定作出了进一步解释，其中双胎及以上属于"办法"第二十三条规定的严重影响母婴身体健康的疾病。此外"通知"还规定，上述严重影响母婴身体健康的疾病，均须副主任及以上技术职称的相关专业医师确诊，并由其所在的二级及以上医疗保健机构医务处（科）盖章证明。本案中，贾某提交的出生医学证明可证实其生产的为双胎，且其提交的上海市儿童医院疾病证明单亦符合上述规定。某餐饮公司虽对贾某提交的疾病申请单真实性存疑，但未向贾某提出异议，也未到医院核实，其不予批准哺乳假的决定实属不当，应当支付违法解除劳动合同赔偿金。

【合规指引】

企业将相关的"三期"假期请假规则写入员工手册或劳动合同，届时，如果"三期"女员工未按相关规定进行假期处理的，才可以解除劳动合同。

2. 试用期特殊保护"不符合录用条件的解除"与"工作不胜任解除"的区别

	解除阶段	举证难度	解除程序	是否受"三期"、医疗期等解除劳动合同保护期的约束
不符合录用条件的解除	仅仅在试用期可用	一般	一经证实不符合录用条件即可解除	受到医疗期约束；不受"三期"约束
工作不胜任解除	在劳动关系全程都可用	较大	需经过调岗/培训程序，证明两次不胜任方可解除	既受到医疗期约束；也受"三期"约束

（1）劳动部办公厅对《关于如何确定试用期内不符合录用条件可以解除劳动合同的请示》的复函

"对试用期内不符合录用条件的劳动者，企业可以解除劳动合同；若超过试用期，则企业不能以试用期内不符合录用条件为由解除劳动合同。"

(2) 不符合录用条件解除是否可适用于医疗期员工

劳动者在试用期内生病，需要享受医疗期待遇的，企业必须给予。一般认为，根据《企业职工患病或非因工负伤医疗期的规定》（劳部发〔1994〕479号）的精神，医疗期内的员工应有停止工作享受医疗的权利。

虽然《劳动合同法》第四十二条没有排除用人单位在劳动者有过错的情况下以及在劳动合同试用期内解除劳动合同的权利，但医疗期制度为试用期的员工设置了一道屏障，因此，对于不存在过错的医疗期员工，即使试用期不符合录用条件的，也应该受到劳动保护。

由此可推断出，企业不得与医疗期内的员工解除合同。

（四）解除试用期员工劳动合同疑难问题处理合规指引

1. 试用期内培训员工，员工被解除劳动合同后能否要求员工向企业支付违约金

对刚入职的员工进行各种培训是公司的惯常之举。2008年《劳动合同法》第二十二条规定："用人单位为劳动者提供专项培训费用，对其进行专业技术培训的，可以与该劳动者订立协议，约定服务期。劳动者违反服务期约定的，应当按照约定向用人单位支付违约金……"此条并未就试用期劳动者辞职的情况作出特殊说明。

根据本条规定，用人单位对职工进行专业技术培训的，可以约定服务期和违反服务期的违约责任。然而，劳动部1995年《劳动部办公厅关于试用期内解除劳动合同处理依据问题的复函》（劳办发〔1995〕264号，现已失效）文件规定："用人单位出资（指有支付货币凭证的情况）对职工进行各类技术培训，职工提出与单位解除劳动关系的，如果在试用期内，则用人单位不得要求劳动者支付该项培训费用。"

该1995年的复函常被试用期员工提出作为抗辩服务期违约金的理由。这一文件在法院是如何适用的？是否能免除试用期员工向企业支付培训费

义务呢？

案例 2-8：员工试用期辞职需承担服务期违约金。

【基本情况】①

2009 年 7 月 13 日，乙公司与甲签订劳动合同书约定，合同期限自 2009 年 7 月 16 日至 2014 年 7 月 15 日；本合同生效之日起 3 个月为试用期；甲试用期工资为每月人民币 2000 元；如果甲在本合同期内，由乙公司出资出国培训，则本合同有效期限自动调整为 5 年，新合同开始日期自出国培训之日起重新计算，即出国培训之日起 5 年；同时甲为乙公司的工作服务期为 5 年，服务期自出国培训之日起开始计算，若出国培训后合同期未满或服务期未满，甲辞职或自行离职，甲须按乙公司规定赔偿培训费用。乙公司安排甲 2009 年 7 月 20 日至 8 月 3 日至新加坡培训，甲回国后向乙公司提交培训报告。2009 年 10 月 11 日，甲以邮政快递方式向乙公司发出试用期内解除劳动合同报告，主要内容为，甲决定于 2009 年 10 月 10 日解除与乙公司的劳动合同。乙公司向甲开具解除日期为 2009 年 10 月 10 日的上海市单位退工证明。2010 年 1 月 26 日，乙公司提出仲裁申请，要求甲赔偿乙公司 2009 年 7 月 20 日至 8 月 3 日培训费人民币 25681.52 元。上海市浦东新区仲裁委裁决对乙公司的请求不予支持。乙公司不服，遂诉至法院。

【裁判结果】

甲于判决生效之日起 10 日内赔偿乙公司培训费用人民币 24629.49 元。

【实务分析】

根据《劳动合同法》规定，企业为员工提供专项培训费用，对其进行专业技术培训的，可以与该员工订立协议，约定服务期。员工违反服务期约定的，应当按照约定向企业支付违约金。违约金的数额不得超过企业提供的培训费用。企业要求员工支付的违约金不得超过服务期尚未履行部分

---

① 详见（2010）沪一中民三（民）终字第 1899 号民事判决书。

应分摊的培训费用。

乙公司与甲签订的劳动合同中已明确约定甲出国培训后应当承担履行服务期义务,以及甲不履行服务期应当承担赔偿责任,该合同条款合法有效。甲在2009年10月11日向乙公司提出2009年10月10日解除劳动合同,乙公司也开具解除日期为2009年10月10日的退工单,表明乙公司与甲劳动合同于2009年10月10日解除。甲未按照劳动合同的约定履行服务期义务,应当承担赔偿乙公司培训费用的法律责任。根据乙公司与甲确认的甲向乙公司报销的相关费用和汇率标准、乙公司支出的培训费,法院确定乙公司为甲出国培训支付的培训费用为人民币25803.18元。鉴于乙公司未再提供赔偿培训费的规定,法院根据公平原则,结合双方劳动合同中对服务期的约定和解除劳动合同的日期,确定甲已履行服务期83天,甲应当赔偿乙公司培训费用人民币24629.49元〔25803元×(1825天-83天)/1825天〕。甲关于其在试用期内解除劳动合同,不应当赔偿培训费用的主张,法院不予采信。

在二审中,上海市第一中级人民法院认为,原审法院以《劳动合同法》第二十二条为据,并兼顾公平原则,所作之判决并无不当。

【合规指引】

(1) 对员工进行技术培训的事实清楚(如企业需明确举证其培训费用支出)、违约情节清楚(培训协议对培训内容、地点、服务期等有明确约定)是企业主张培训费返还的基础。

(2) 在确实存在培训事实和违约情节的前提下,法院对于直接判决员工可在试用期免除返还培训费用的做法,是非常谨慎的。

案例2-9:员工试用期结束后辞职需承担服务期违约金。

【基本案情】[①]

怡某乐公司与杨某成于2010年8月19日签订劳动合同一份,约定合同

---

① 详见(2011)杭江民初字第1341号民事判决书。

期限从 2010 年 8 月 19 日至 2015 年 8 月 18 日，试用期从 2010 年 8 月 19 日至 2011 年 2 月 18 日。2010 年 12 月 9 日，双方签订培训协议一份，约定甲方（怡某乐公司）派乙方（杨某成）参加培训，培训主题为 EBC460 项目及 Rashousing 项目自动化设备培训，培训地点为美国 AutoMachine 公司。甲方根据乙方培训的内容、学时及地点支付本次培训费用（包括课程费、教材费、实验设备租用费、电脑及正版软件使用费、交通费、住宿费、签证费、会务费、通信费、餐费等一切由于该培训而支出的费用）总额为人民币 40000 元，外币种类为美元，签订本协议之日，该外币与人民币的兑换汇率为 1∶6.6654，甲乙双方均自愿按此汇率核算培训相关费用，汇率浮动因素不予考虑；乙方自愿接受甲方安排的培训，签订本协议并完成培训且达到甲方要求的水平后，即有责任和义务为甲方继续服务，服务期为 30 个月，自 2011 年 1 月 10 日至 2013 年 7 月 9 日；在下列情况下，甲方有权向乙方索赔为其支付的未履约期间的培训费用，其中第一项为乙方未完成规定的服务期限而提前解除劳动合同；未履约期培训费用＝培训费用总额－培训费用总额/应服务年限（月数）×已服务年限（月数）；等等。

2010 年 12 月 8 日，杨某成填写新员工试用期转正考核表，申请从 2010 年 12 月 1 日起转正，2010 年 12 月 9 日，怡某乐公司行政人事部审核转正日期为 2010 年 12 月 1 日。杨某成于北京时间 2010 年 12 月 10 日赴美，美国当地时间 2011 年 1 月 29 日回国，在美期间完成了 Rashousing 项目部分工作，EBC460 项目基本未进行。双方确认怡某乐公司为此支付办理签证、护照等前期费用人民币 1537.5 元、机票费用人民币 13905 元、在美期间餐旅补贴 1590 美元、住宿费人民币 14250.8 元，人民币对美元汇率采用 1∶6.6654 计算，怡某乐公司为杨某成赴美支付费用合计人民币 40291.3 元。2011 年 2 月 28 日，杨某成向怡某乐公司提出辞职，表示因对这个工作岗位没有兴趣，看不到未来，想有一个更好的发展方向。双方确认杨某成服务期以实际产生的培训费用调整，应提供服务期限为 30 个月，实际服务 1 个月，根据服务期限计算应退回培训费为人民币 38948.26 元。

怡某乐公司曾申请劳动仲裁，要求原告退还培训费 38652.16 元。2011 年 7 月 19 日，杭州经济技术开发区仲裁委裁决驳回怡某乐公司的仲裁请求。怡某乐公司不服该裁决向法院起诉。

【裁判结果】

法院判决杨某成退还部分培训费。

【实务分析】

企业可以与员工签订协议，约定员工接受专业技术培训后的服务期。如果员工违反了服务期约定，就需要按照约定向企业支付违约金，但是违约金金额不能超过企业提供的培训费用。此外，企业要求劳动者支付的违约金也不能超过服务期尚未履行部分所应分摊的培训费用。这里的培训费用包括对劳动者进行专业技术培训的费用、培训期间产生的差旅费用，以及为该员工支付的其他直接费用。

举例来说，某公司向员工提供赴美培训，并就服务期进行约定。如果该员工未能履行约定的服务期，就需要按照双方培训协议中的约定向公司退还培训费用。不过，在上述案例中，员工辩称公司未能按约定提供实际的培训内容，而在美国期间从事了一项特定项目的工作。然而，根据培训协议规定的内容，企业为员工提供了 EBC460 项目和 Rashousing 项目的培训，由于 EBC460 项目未能实际进行，可以确认双方约定的培训内容并未完全履行。

企业提供培训是为了提高员工的个人技能，因此法律允许企业与员工约定服务期，对员工的择业权予以一定限制。然而，在企业培训存在瑕疵的情况下，要求员工按原约定履行全部义务就显得不太公平。因此，法院酌情判决员工退还应退培训费用的 50%，即人民币 19474.13 元（38948.26×50%）。

【合规指引】

企业在试用期内对员工培训需要注意以下三个事项：

（1）对于有在试用期进行专项技术培训习惯的公司，应有法律风险防范意识。

（2）对于必须在试用期进行技术培训的，可以由员工在培训前先填写好《试用期考核表》《转正申请表》，申请在培训前提前转正，交企业保存或批准，待单位日后再进行批准或其他处理。这份保留着员工签字、申请日期的资料很可能在日后纠纷中成为最好的证明试用期已经结束的证据。

（3）单位应注意保留对劳动者进行专业技术培训而支付的相关费用的凭证，如培训费用的凭证、差旅费用凭证以及因培训产生的用于该劳动者的其他直接费用的凭证。

2. 员工录用后，试用期离职，是否需要向企业缴纳重新招聘员工的损失违约金

案例 2-10：员工录用后，试用期离职，无须向企业缴纳重新招聘员工的损失违约金，但企业能够证明损失太大的除外。

【基本案情】[①]

王某于 2018 年 6 月入职某电台，并签订《事业单位聘用合同书》，约定聘用期限自 2018 年 6 月至 2023 年 6 月，试用期 6 个月。同年 7 月，王某未经被告同意，报名参加另一单位的招聘考试，并进入政审程序。9 月 10 日，王某向某电台提交书面辞职申请，某电台不同意其辞职申请。9 月 18 日，王某再次向某电台出具解除合同声明，主张其处于试用期内，可随时单方面解除聘用合同，要求某电台配合办理相关手续。

某电台于 2018 年 9 月 25 日向原告出具了解除聘用合同证明书，后经王某、某电台协商一致，王某出具承诺书自愿赔偿被告重新招聘员工的损失，某电台不存在利用王某处于危困状态的情形。9 月 29 日，王某出具承诺书一份，载明其未经单位同意，报考其他单位，目前已进入政审程序，承认

---

① 详见（2019）苏 0981 民初 4170 号、（2020）苏 09 民终 30 号、（2020）苏民申 8945 号民事判决书。

违反某电台的招聘公告和聘用合同书的相关约定，鉴于上述情况，自愿一次性承担和赔偿被告重新招聘员工发生的费用 8 万元。同日，王某向某电台支付 8 万元。后王某申请仲裁，要求撤销该承诺书，并要求某电台返还 8 万元。2019 年 7 月，仲裁委作出仲裁裁决，不予支持王某的诉求。王某不服该裁决，诉至法院。

【裁判结果】

法院判决某电台返还王某 8 万元。

【实务分析】

关于王某向某电台支付 8 万元是否属于双方自愿并协商一致，审理中有不同观点：

一种观点认为，王某作为完全民事行为能力人，明知违反被告的招聘公告及聘用合同书的约定，未经所在单位同意即报考其他单位，并出具承诺书，违反了诚实信用原则。王某未能证明该承诺书系乘人之危受胁迫签订，因此对王某的主张不予支持。

另一种观点认为，王某因需政审和与被告解除聘用合同，某电台明确不同意王某辞职，实际上阻碍了其他单位对王某的招录。在此过程中，王某处于被动劣势一方，没有平等自愿、协商的依据，所以对王某的主张应予支持。

根据《劳动合同法》第三十七条规定，劳动者提前 30 日以书面形式通知用人单位，可以解除劳动合同。在试用期内提前 3 日通知用人单位，也可以解除劳动合同。而王某与某电台签订的聘用合同第四条约定，试用期内可随时单方面解除聘用合同。因此，王某在试用期内向被告提出解除聘用合同并不违反合同约定。

【合规指引】

员工在试用期间，因另谋职位而离职的，企业应在事前的劳动合同中列明，这一情况给企业造成的损失是多少，以便在发生争议时有依据向员工主张相应的赔偿。

3. 员工试用期是否需要考核，怎么考核

试用期是否需要考核？绝大部分企业会回答"需要"。所在公司是否有考核制度，对员工是否有明确的录用条件或岗位职责，能回答"有"的企业可不是绝大部分了。

"试用期"对于企业而言，其作用就是通过试用期员工在一定期限内的工作表现，来判断其能否融入企业、团队，能否有效地与其他团队成员合作；是否胜任工作要求，是否与岗位相匹配。如果在以上皆否或部分为否的情况下，那么大部分企业就会遗憾地通知其"安静地离开"了。

那么如何让不留用的试用期员工体面地、信服地"安静地离开"；如何让企业有效率地、合规地筛选出适合的员工，则需要一个说法或者说是依据，同时这个依据必须是比较公平并且合法的。而"试用期考核制度"，就是实现上述目的的工具和手段，你可以选择不去用它，但是企业必须有这项制度，它并非装饰品，很多时候，处于试用期的员工对企业来讲是容易"搞定"（解除劳动合同）的群体，但当你遇见一个要求企业拿出确切解除依据及事实否则拒绝被"开"的员工，而企业实际上没有的情况下，这就很麻烦了。

因此，企业应建立一套完善的、全面的试用期考核制度，试用期考核制度按其内在逻辑通常须具备以下三大模块："录用条件""考核评估管理流程""转正/解除"。

"试用期考核制度"属于"试用期制度"的一部分，"试用期制度"则属于"员工手册"的一部分，因此"试用期考核制度"作为"员工手册"的一部分，它是一个规章制度，是具有法律效力的，它对全体员工都具有约束力，是企业自主权的集中体现。

案例 2-11：保护员工在试用期考核中的程序性权利。

【基本案情】①

被告黄某晟于 2014 年 1 月 14 日入职原告北京圣某某德百货商场有限公司（以下简称圣某某德公司），双方签订期限为 3 年的劳动合同，约定试用期至 2014 年 3 月 13 日，试用期工资为每月 2000 元。

2014 年 2 月 24 日，圣某某德公司出具《解除（终止）劳动合同书》一份，载明"依据黄某晟试用期工作的表现，于 2014 年 2 月 24 日起解除（终止）劳动合同关系"。黄某晟不服该解除决定，向北京市某区仲裁委提出仲裁申请，请求确认圣某某德公司违法解除双方劳动关系，其应支付违法解除劳动合同赔偿金 2000 元。北京市某区仲裁委裁决支持了黄某晟的仲裁请求。圣某某德公司不服，向北京市某区人民法院提起诉讼，请求确认其不存在违法解除劳动合同的行为，判令圣某某德公司无须向黄某晟支付经济赔偿金 2000 元。

为证明黄某晟在试用期内不符合录用条件，圣某某德公司提交《转正、晋升考核审批表》予以证明，该表的作出时间为 2014 年 2 月 23 日。审批意见为"未达到公司转正标准，不同意转正，部门考核未通过，终止试用期劳动合同"。审批表尾部有打印的"认可考核内容、方法，悉知考核结果。同意公司对本人相关的处理决定"等内容及黄某晟本人签字，落款时间为 2014 年 2 月 21 日。黄某晟称自己签字时审批表其他内容均为空白，圣某某德公司从未告知其录用标准，且圣某某德公司作出审批意见时间晚于自己签字时间。

为证明已告知黄某晟录用条件，圣某某德公司提交 2014 年 1 月 14 日黄某晟签字的新员工入职培训确认书予以证明。黄某晟认可确认书的真实性，但称圣某某德公司实际并未按照新员工入职培训确认书对其进行培训，且上述证据并未显示明确具体的录用条件。

---

① 详见（2014）顺民初字第 8264 号、（2015）三中民终字第 09322 号民事判决书。

【裁判结果】

法院判决圣某某德公司于判决生效之日起 7 日内支付黄某晟违法解除劳动合同赔偿金 2000 元。

【实务分析】

圣某某德公司因黄某晟试用期考核分数低、不符合录用条件而解除了劳动合同，并提交了审批表等证据。然而在审批表中，圣某某德公司的审批意见时间明显晚于黄某晟确认签字时间，这表明黄某晟在确认签字时并不知晓考核审批意见的具体内容。此外，圣某某德公司提交的新员工入职培训确认书和员工手册未清楚显示试用期录用条件。因此，在圣某某德公司未能充分证明已告知黄某晟试用期录用条件且黄某晟并不知晓考核审批意见的情况下，于 2014 年 2 月 24 日解除劳动关系属于违法解除。因此，圣某某德公司应支付黄某晟违法解除劳动合同赔偿金。

根据《劳动合同法》第二十一条的规定，用人单位在试用期解除劳动合同时，应当向劳动者说明理由。这一规定明确赋予了员工在试用期考核过程中的程序性权利。员工在试用期享有以下四方面的程序性权利：

1. 保障员工的知情权

员工的知情权应受到特别保护，包括入职时员工有权了解单位的录用条件和相应考核要求的具体内容，以及保障劳动者对于考核过程与结果的知情权。本案中，企业的解除劳动合同行为首先违反了这一要求。

2. 保障员工对考核及决定过程的参与权

企业应当保障员工在考核过程中的自我辩护权和提出主张、证据的机会。企业在最后的决定中应当对员工的主张与辩护意见作出必要的回应和说明，以及对裁决依据的理由作出充分的展示。本案中，企业未能保障员工的参与权。

3. 企业在作出考核及解除劳动关系决定时应当具有相应的事实与证据基础

法律规定企业应当说明解除的理由，且企业应当具备相应的事实基础和证据材料。

4. 企业应当承担该事项上的举证责任

用人单位应当提供在解除劳动关系时已经告知理由的证明，并且企业在解除劳动关系时具有事实和证据方面的举证责任。

综上所述，圣某某德公司未能履行相关程序性义务，违反了劳动合同法的相关规定。

【合规指引】

试用期内企业以员工不符合录用条件为由解除劳动关系的，应注意保护员工在这一过程中的程序性权利。对于企业的考核及解除行为未能保护员工的知情权、参与权，或企业行为缺乏事实基础与证据材料的，将极有可能承担相应的法律责任。

4. 员工试用期"录用条件"怎么设置

案例 2-12：工作履历造假，企业试用期内解除合法。

【基本案情】[1]

陈某于 2017 年 1 月 5 日入职北京某电子公司，双方订立了为期 5 年的劳动合同，约定其担任品牌营销经理，月工资 3.3 万元，试用期为 6 个月。入职 2 个月后，电子公司向陈某发出《试用期解除劳动合同通知书》，以不符合录用条件为由与其解除了劳动合同。陈某不认可电子公司的解除理由，遂提起劳动争议仲裁，要求电子公司支付违法解除劳动合同赔偿金。

庭审中，电子公司提交了《求职登记表》《入职承诺书》及一份民事判决书，佐证陈某伪造重要工作经历，工作能力及工作表现与其工作履历严重不符。陈某填写的《求职登记表》显示，其 2012 年 1 月至 2015 年 10 月担任某广告传媒公司的市场部经理，月工资为 3 万元。在《入职承诺书》

---

[1] 《本市发布 2018 年十大劳动人事争议仲裁典型案例》，载北京市人力资源和社会保障局网，https://rsj.beijing.gov.cn/xwsl/mtgz/201912/t20191206_924039.html，最后访问日期：2024 年 4 月 12 日。

中，陈某承诺，在应聘时提供虚假材料或没有如实说明与应聘岗位相关情况的，属于不符合录用条件，电子公司无须任何理由即有权解除劳动合同。民事判决书的内容显示，2014年1月至2015年10月，陈某担任某股份有限公司的经理助理，月工资为4000元，其提出诉求要求该股份有限公司支付延时加班费、休息日加班费、未休年休假工资补偿及违法解除劳动合同赔偿金等。陈某对上述证据的真实性均不持异议，声称其在该股份有限公司的工作是兼职，故没有写入工作履历中去，但未能就其主张提供证据证明。

【裁判结果】

仲裁委裁决驳回陈某仲裁请求。

【实务分析】

陈某在入职时虚构重要工作履历，所填报的工资收入与实际收入差别巨大，其所表现出的工作能力、工作经验与工作履历不符，电子公司在试用期内与其解除劳动合同符合法律规定。

员工入职时应当履行如实说明义务。本案中，陈某虚构本人的重要工作履历，完全可能导致电子公司在判断其业务能力、履职能力、工资标准、职业忠诚度及最终决定是否录用时产生重大误判。此外，电子公司亦在《入职承诺书》中明确告知陈某，在应聘时提供虚假材料或没有如实说明与应聘岗位相关情况的，属于不符合录用条件，故电子公司的解除行为符合法律规定。

【合规指引】

企业在招聘时，应对员工的相关资历进行审慎审查，避免录用后发生争议。

案例2-13：员工应聘时提交的个人简历与实际不符时，劳动合同无效。

【基本案情】[1]

2018年3月15日，席某某到某信息技术公司应聘时向该公司报送了其

---

[1] 详见（2019）渝0112民初12643号民事判决书。

个人简历，该简历载明，席某某的学历为北京大学金融管理学EMBA，从2010年6月至今分别在不同的公司担任高管职位等。该简历所载学历和工作履历信息均存在虚假陈述。2018年5月28日，席某某到某信息技术公司上班，担任该公司政企事业部总经理，双方未签订书面劳动合同。2018年12月4日，某信息技术公司通过微信辞退席某某。诉讼中，某信息技术公司主张该公司系以席某某学历、履历造假，不符合录用条件为由于2018年11月26日口头通知席某某解除劳动关系。席某某则主张该公司系以其业绩考核不合格为由于2018年12月4日解除劳动关系。2019年1月15日，席某某经仲裁后提起诉讼，以某信息技术公司未与其签订书面劳动合同及违法解除劳动合同为由，要求该公司支付未签订书面劳动合同二倍工资差额及违法解除劳动合同赔偿金。

【裁判结果】

法院判决驳回了席某某的诉讼请求。

【实务分析】

在企业招聘过程中，员工所提供的学历和工作履历是重要的考量因素。然而，上述案例中，席某某在个人简历中提供了虚假的学历和工作经历，其行为明显构成欺诈。根据《劳动合同法》第二十六条第一款第一项的规定，双方之间的劳动合同无效。席某某使用欺诈手段建立劳动合同违反了诚实信用原则，其行为应当受到纠正。因此，即使某信息技术公司未与席某某订立书面劳动合同，也不应该承担相应的责任。

此外，根据《劳动合同法》第三十九条第五项的规定，企业在劳动者采用欺诈手段订立劳动合同的情况下有权依法解除劳动合同。因此，席某某要求某信息技术公司支付未签订书面劳动合同的情况下的二倍工资差额和违法解除劳动合同赔偿金的诉讼请求在法律上并无依据，不应获得支持。

【合规指引】

企业要以不符合录用条件为由解除劳动合同，首先必须明确录用条件是什么？企业可根据岗位的要求逐条拟订，内容应该明确化、具体化，切忌空泛化、简单化。一般来说，录用条件的设定可以包括：

（1）工作能力方面，如学历、工作经历、业务完成量化指标、专业技能等；身体状况方面，如身体适宜从事相应工作等；守法守纪方面，如无犯罪违法记录等。

（2）态度方面，如遵守劳动纪律、认可企业文化、融入团队等。

（3）企业的其他特殊要求，而这类录用条件应以独立文本形式呈现，内容上应体现岗位名称，以及对应录用条件条款，实务中也有不少企业将岗位职责和录用条件一并体现在一个文本中，因岗位职责和录用条件的内容同质性，因此这样合并也并无不可。

（4）为了达到公示效果，该类录用条件还必须附有员工签字确认栏，以要求员工对此文本进行签收。

结合上文所述，以 A 公司销售代表岗位为例，示范"岗位职责与录用条件"如下：

岗位职责与录用条件（示范文本）

单位	A 公司
部门	第一事业部
职位	华东区域销售代表
职位说明	
岗位职责：	1. 负责公司的品牌推广及产品销售工作。 2. 积极拓展市场，维护所负责市场老客户的关系及推进新客户的开拓。 3. 挖掘市场需求，促使需求变成项目并签单。 4. 把控项目全过程，协调各部门完成项目。 5. 负责项目款项收回，完成公司制定的业绩指标。 6. 负责广东省市场的销售工作（目前这样安排，如有变动另行商议）。 7. 2024 年度完成毛利到账 1000 万元。 8. 1 个月内基本熟悉行业及市场情况，3 个月内有项目成单。 9. 建立并加深与某单位的关系，并尽可能多地挖掘销售机会。
职位要求：	1. ＿＿＿＿专业＿＿＿＿以上学历。 2. 相关行业市场销售＿＿＿＿年以上经验，对销售工作有深刻理解和认识。 3. 有一定的相关客户关系，可在某一区域独立开发。

此外，企业还可拟订一些对所有岗位均适用的，具有普遍性的"不符合录用条件情形"，如欺骗隐瞒公司行为、与前雇主仍存在劳动关系等。这类录用条件可体现在员工手册中，对所有员工适用。对于该类包含在员工手册中的录用条件，则需企业履行对员工手册公示程序（签收、培训、考试、电邮等），以达到法定程序要求。

以某公司员工手册试用期制度部分内容为例，示范如下：

以下情形均被视为不符合录用条件：

（1）工作能力或工作业绩无法达到岗位要求的；

（2）向公司提供虚假信息的（包括但不限于列示在简历上的信息或面试期间向公司提供的信息）；

（3）在订立劳动合同过程中有欺骗、隐瞒其他不诚实行为的；

（4）不具备政府规定的就业手续的；

（5）未与原单位解除劳动关系的；

（6）曾被其他公司以健康原因或违纪为由辞退或擅自离职的；

（7）根据与前雇主签订的竞业禁止协议受到竞业限制的约束，或与第三方之间存在未解决的劳动纠纷的；

（8）试用期内请事假超过4周者；

（9）试用期内累计迟到早退5次或2小时者；

（10）试用期内旷工者；

（11）存在不满足劳动合同及公司规章制度中规定的其他情形的。

以上条件明确为不符合录用条件。若有意欺瞒、不符合录用条件，而与企业签订劳动合同者，公司一经查实，保留立即辞退的权利。

这两种形式的录用条件，相辅相成，点面结合，效果最佳。无论是上述哪种形式的录用条件，企业可在员工入职时要求其一并签收，员工刚入职时是最易签署各类文书的时期，企业应把握该时间段与员工将各类文书签妥为宜。

综上，企业只有具备"内容合法""明确具体""员工签收"这三点的录用条件，才能作为有效的前提和标准，供企业在试用期以不符合录用条件为由进行解聘时引用。

5. 企业试用期考核评估如何明确员工是否符合"录用条件"

考核评估，是指企业在具备明确"录用条件"的基础上，对试用期员工进行考核的过程。如前所述，员工在试用期内被证明不符合录用条件，是企业避免招错人的最佳利器，而企业在使用这一利器维护自身利益时，必须通过相应的证据来证明该员工不符合录用条件，而"试用期考核"即为证明不符合录用条件的依据。但实践中，许多企业不是缺乏考核制度就是所谓考核制度缺乏明确的考核标准、方法以及客观考核记录，这使得试用期员工未通过考核失去了制度证据，从而不能达到证明其不符合录用条件目的。

因此，企业就需要结合自身情况设置试用期考核标准及方式。关于考核标准，即考核指标，指企业对被考核人员打分的标准，按考核的目的以及试用期员工在有效的试用期间内可以体现出的状况，通常可用以下几个因素作为指标：

（1）工作完成情况：工作数量、工作质量。

（2）个人能力：工作技能、执行力、学习能力、沟通能力、问题解决能力、协作能力。

（3）个人态度：工作主动性和责任感、服务意识、敬业精神、团队意识。

（4）遵守规则：工作出勤、规章制度遵守度、服从性。

从上面可以看出，以上指标多数是在试用期间内可以被观察到的，也能够有一些关键事件来支撑，对于上述标准，企业结合自身考核需要以及劳资双方确认的录用条件先确定最终选择哪几个标准，再对这些标准进行权重设置，进行分数配比，以便于进行打分，有利于企业的考核制度最终落地执行。

关于考核方式，结合实践，目前最普遍的做法——企业以考核标准为依据，根据试用期员工表现对其进行打分，低于企业设定淘汰分值的，则可以其不符合录用条件为由解除劳动合同。

有的企业还在打分的同时辅以述职，述职具有明显的自我展示的成分，不仅可以展示员工对工作的掌握程度，甚至能体现员工个人的工作习惯、思路，以及对于岗位的运作的理解。当然还有企业拥有海量题库，可以对员工以考试的形式进行考核，这也不失为一种很好的考核方式，但考试更多的是一种被动的展现，而且常限于纸笔操作，体现的是一些知识与技能的掌握情况，因此最好还是以打分、述职综合考核为宜。当然每个企业千差万别，不同的企业可以选择不同的组合，不同的岗位也可以采用不同的方式，企业尽可以根据需要来组合自己的考核方式。

对于采用打分形式这种考核方式的企业，应辅以相应表格落地执行，以某公司试用期评估表单为例，示范如下：

试用期员工工作表现评估表（示范文本）

部门：　　　　　　姓名：　　　　　　职位：
入职日期：　　　　级别：　　　　　　评估人/职位：
评估时间：

评估类型
☑试用期　□升职　□降职　□工资调整　□年中评估　□年度评估
评分标准 1＝不能符合期望：表现不能符合期望要求 2＝不能持续符合期望：部分表现需要改进 3＝持续符合期望：全部表现持续符合期望的标准和要求 4＝部分超过期望：部分表现超过期望的标准和要求 5＝持续超过期望：全部表现持续超过期望的标准和要求

工作表现					
评估项目	评估分数				
	5	4	3	2	1
工作数量					
工作质量					
服务意识					
工作技能					
执行力					
工作主动性和责任感					

续表

团队导向/与他人协作能力	
沟通能力	
敬业精神	
工作出勤	
总体工作表现得分（求和）	
其他意见	
培训与发展需要	

签认
我的评估者已同我讨论过以上评估，我的意见如下：

员工签名/日期：

评估人	部门经理/总监	人力资源总监

6. 试用期考核结果出来后，怎么办理员工的转正或解除劳动合同手续

转正或解除劳动合同手续，是整个试用期考核流程的最后程序，该阶段为试用期考核的收尾（也可以说是试用期的收尾）。相较于前两个模块操作起来相对简易，当企业以录用条件为前提对试用期员工进行考核后，一般会有两个结果，一为考核合格，试用员工转正，办理转正手续；另一为考核不合格，企业与员工解除劳动合同，办理离职手续；对于企业还想给予一定试用期限再次进行考察的员工，还有一种折中处理方式，即双方经协商一致，签订延长试用期协议（须在法定期限内）。

员工转正表（示范文本）

姓名		部门		出生日期	
性别		岗位		试用期期间	
学历		专业		联系方式	

续表

个人自我鉴定	（1）对试用期员工表现作出评价： （2）考核意见： 转正后职位： 部门负责人意见： 职级： 建议薪金：
所在部门领导鉴定	
副总审核	
备注	

但该阶段就解除来说同样蕴含法律风险，如需要企业尤其注意的一点是，企业只有在员工试用期届满前，才能以不符合录用条件为由解除劳动合同，否则试用期一旦届满，员工便如期转正，企业无权再以不符合录用条件为由解除劳动合同。此外，企业对以不符合录用条件为由解除劳动合同负有举证责任，必须有证据证明不符合录用条件，因此企业除对员工录用条件及考核结果的确认外，还应格外注意保留或收集员工不符合录用条件的证据，如员工的主管、同事与其对未完成工作的邮件往来、录音以及客户的投诉都可以作为日后证明其不符合录用条件的证据使用。

对于以不符合录用条件为由解除劳动合同的情形，企业应以专业法律文书落地执行，以某公司试用期解除通知书为例，示范如下：

员工试用期解除通知书（示范文本）

_____先生/女士（身份证号码：_____）

您于_____年___月___日办理入职手续，试用期为___个月，自_____年___月___日起至_____年___月___日止，试用期岗位为_____。

经公司考核，因您在试用期间工作表现未能达到岗位要求，被证明不符合录用条件，故不得不通知您，公司现解除与您之间的劳动合同。

请您按照公司规章制度的要求办理离职交接手续，交接内容包括但不限于工作、物品、劳动报酬、社会保险关系、住房公积金、人事档案等。

公司人力资源部
_____年___月___日

受送人（签字）：

送达时间：

案例 2-14：试用期考核不合格，事业单位有权不予录用。

【基本案情】[①]

某区某街道社区服务中心系事业单位。宋某于 2017 年 7 月经公开招聘，入职该社区服务中心，约定试用期为 1 年，从事财务工作。宋某系该单位在编人员。2018 年 9 月 6 日，社区服务中心向宋某送达了《取消录用通知书》，主要内容为：宋某试用期内违反工作制度、工作纪律，试用期满考核未通过，经研究决定取消录用资格。2018 年 10 月 12 日，宋某向仲裁委提出仲裁申请，要求撤销《取消录用通知书》并继续与社区服务中心履行聘用关系。庭审中，社区服务中心主张，其单位于 2018 年 7 月对宋某进行了试用期满考核，宋某试用期内违反规定私自离京、出国，群众基础差，且

[①] 《2019 年北京市劳动人事争议仲裁十大典型案例》，载北京市人力资源和社会保障局网，https://rsj.beijing.gov.cn/bm/ztzl/dxal/201912/t20191206_880144.html，最后访问日期：2024 年 4 月 12 日。

被发现存在同时与第三方建立劳动关系等情况，其行为违反了单位的工作制度及工作纪律，试用期考核结果不合格，故决定取消录用。社区服务中心提交了因私出国管理规定、内网公示制度、宋某病假条及出入境记录、宋某试用期满考核谈话情况、微信记录及会议纪要等证据。宋某对上述证据的真实性不持异议，对其证明目的不予认可。

【裁判结果】

仲裁委裁决驳回宋某的仲裁请求。

【实务分析】

宋某虽主张其对试用期满考核结果有异议，但其未举证证明按照相关人事管理制度对该考核结果申请复核或提出申诉等，社区服务中心依据试用期考核不合格的结果，对其作出取消聘用的处理，符合《事业单位公开招聘人员暂行规定》第二十六条"事业单位公开招聘的人员按规定实行试用期制度。试用期包括在聘用合同期限内。试用期满合格的，予以正式聘用；不合格的，取消聘用"的规定。

《事业单位人事管理条例》第三十七条规定：事业单位工作人员与所在单位发生人事争议的，依照《中华人民共和国劳动争议调解仲裁法》等有关规定处理。第三十八条规定："事业单位工作人员对涉及本人的考核结果、处分决定等不服的，可以按照国家有关规定申请复核、提出申诉。"《事业单位工作人员申诉规定》（人社部发〔2014〕45号）第十一条规定："事业单位工作人员对涉及本人的下列人事处理不服，可以申请复核或者提出申诉、再申诉：（一）处分；（二）清退违规进入；（三）撤销奖励；（四）考核定为基本合格或者不合格；（五）未按国家规定确定或者扣减工资福利待遇；（六）法律、法规、规章规定可以提出申诉的其他人事处理。"从上述规定可知，事业单位与其工作人员的不同人事争议有两种不同的救济渠道，即申请人事争议仲裁与申请复核或者提出申诉、再申诉。本案中，宋某对试用期考核结果有异议，按照规定其应当通过后一渠道解决。在宋某未申请复核或者提出申诉、再申诉，相关部门未按照管理权限责令社区服务中心撤销（或变更）或者直接撤销（或变更）原考核结果的情况下，社区服务中心作出的考核结果即具有相应的效力，故宋某要求恢复聘用关系的请求无法得到支持。

【合规指引】

具有事业单位性质的主体在与员工解除劳动合同时，还应按照事业单位相关的人事管理规定进行处理。

专题三：
解除试用期员工劳动合同的准备工作

（一）合规解除试用期员工劳动合同前的员工分析

企业在员工试用期内解除劳动合同，这一种解除劳动合同行为，针对的对象是处于试用期的员工。试用期内员工与一般正式员工，是存在诸多不同的。企业在操作解除劳动合同一事之前，是应该对这类员工的特殊之处进行一些初步分析的。

对试用期内的员工，可以从不同的角度，做不同的分析。

1. 试用期内员工与过了试用期的员工的比较

	试用期内员工	过了试用期的员工
内心顾虑	由于处于试用期内，相对于本性来说，低调一些	由于没有试用期的限制，所以相对正常一些
工作年限	在企业工作时间较短，与企业之间还没有建立起真正的情感纽带	工作时间略长，甚至较长。一般都是已经有一些较为复杂的感情
常用理由	不符合录用条件、严重违反规章制度、协商解除劳动合同	严重违反规章制度、不胜任工作、客观情形发生重大变化、协商解除劳动合同
有无法定经济补偿金	无	有
被解除劳动合同时员工的关注重点	最后一个月工资、社保等利益，较少的员工会关注到经济补偿	经济补偿金，甚至赔偿金

续表

对被解除劳动合同的接受度	较高,对合法性少计较	较低,较为关注解除的合法与否
涉及利益	工作一般不满半年,经济补偿金为半个月工资,二倍赔偿金最多1个月。	正常经济补偿金为 N,二倍赔偿金为 2N,工作时间越长,涉及补偿利益越多
更换工作的心态	由于工作时间短,对接受新的工作有心理准备	对接受新的工作有心理顾忌

综合以上比较可知,试用期内的员工,相较于过了试用期的员工,无论是从所涉及利益、合法性或者是员工心态上来看,解除试用期内的员工的劳动合同都要相对容易一些。

2. 35 岁以内的试用期员工与 35 岁以上的试用期员工的比较

从另一个角度来看,可以对试用期的员工,了解得更多一些。年龄分类主要是参考公务员考试录用时的年龄限制,一般来说,35 岁以上的人们价值观等更加稳定。工作性质的分类主要基于技术类人士和销售类人士主要接触的对象不同,即技术类人士因长期与物接触,更注重客观情况和客观评价。销售类人士经常对人工作,通常更通晓人性,理解公司的境况。以下分类仅基于一般性的认识而谈,对于具体某个试用期员工来说,仍需要根据年龄、文化水平等各种因素综合分析。

分类标准	一类	二类	
年龄	低于 35 岁	高于 35 岁	一类员工一般是第一份工作,刚刚毕业,刚刚进入社会。只要企业日常用工规范,对员工行为评价客观,员工心理接受度高;二类员工一般工作时间较长,具有较多的工作经验和职场经验,相对于一类员工来说,更为复杂一些。
文化水平	本科及以上	大专及以下	一类员工更在意尊重;二类员工更在意实际的利益。

续表

工作性质	技术类	销售类	一类员工更封闭一些，只要评价中肯客观，接受度高；二类员工更开放一些，只要利益适中，接受也没问题。
与企业之间的关系	崇拜认可企业领导	关系紧张	一类员工不舍得离开，但是会理解决定；二类员工会闹情绪，对领导有针对性。
试用期内解除劳动合同的真正原因	能力或者品性	人际关系	一类员工容易接受；二类员工不易接受。

（二）解除试用期员工劳动合同前，正确地分析企业的合规现状，并确立解除劳动合同目标

企业与员工沟通的前提，必须经过合规现状审查与初步分析，在对员工有个基本的了解之后，沟通才可能有成果。

1. 合规审查过程中，需要确定一个基本的解除劳动合同目标

解除试用期员工的劳动合同，基本的目标有以下三种：

（1）解除劳动合同，无经济补偿金。

（2）解除劳动合同，有半个月经济补偿金。

（3）解除劳动合同，有1个月经济补偿金。

在实践中，第一种的目标发生概率最高，第二类次之，第三类最为少见。

2. 确定解除劳动合同目标时需要考虑的因素

（1）解除劳动合同本身的合法性

以试用期员工不符合录用条件为由解除劳动合同，是一种法定的权利。如果企业日常用工规范，合规没有问题，则依据法律规定，是完全不需要向员工支付任何经济补偿金的。反之，如果解除劳动合同合规本身存在问题，则需要根据企业的沟通技术实现目标，这种情形下，最终结果就会具

有较大的不确定性。

（2）员工的接受度

大多数员工对试用期内企业享有单方解除劳动合同权是有接受心理基础的。不过这一种接受基础，目前正在由过去的完全不加审核的接受，正在慢慢过渡到、关注到企业的解除劳动合同理由是否符合法定条件。假以时日，试用期内的员工维权意识与能力，将会慢慢与法定情形相匹配。

（3）员工自身的特殊性

在试用期内进入医疗期或者怀孕的女职工，是特殊的员工，必然会因为自身的特殊性而产生特殊的诉求。不过这些特殊员工，我们会设专门的专题进行讨论。

3. 一般情形下，试用期内解除劳动合同，企业会依据不同情形，设定不同的目标

合法合规，且员工接受度高	解除劳动合同无经济补偿
合法合规，但员工接受度差	解除劳动合同无经济补偿
有违规之处，员工接受度高	解除劳动合同无经济补偿
有违规之处，员工接受度差	解除劳动合同，但有半个月经济补偿

（三）解除试用期员工劳动合同前，人力资源部门（或法务部门）需与企业目标统一

当企业人力资源部门（或法务部门）基本合规分析与对员工的初步分析，确定了解除合同的初步目标之后，此时就需要先与企业就操作目标达成一致性意见。只有在与企业达成一致性意见之后，企业的人力资源部门（或法务部门）才能进入与员工的具体沟通环节。

人力资源部门（或法务部门）与企业的意见相左，容易使企业腹背受敌，吃力不讨好。实践中常见的人力资源部门（或法务部门）与企业相左

的情形有：

（1）员工与企业之间矛盾深刻尖锐，企业领导产生极大的情绪性

试用期员工离职，一般都会有一些矛盾基础，而其中有些情形，是因关系处理不好而产生的。如果企业的领导对员工抱有强烈的情绪，则极容易因为情绪而坚持自己的立场，这会与人力资源部门（或法务部门）经过理性分析之后的立场产生矛盾。

（2）人力资源部门（或法务部门）职能弱于企业价值观传统

如果企业的价值观传统是忽视人力资源部门（或法务部门）的独立价值，则企业可能就会听不进去人力资源部门（或法务部门）的建议，过于坚持自己的立场。

不过，企业在解除试用期员工劳动合同这一目标以及是否支付经济补偿金这两个基本立场上，与人力资源部门（或法务部门）是有共同利益的。只要人力资源部门（或法务部门）关注企业管理层的情绪，注意疏导企业管理层的情绪，表达出对共同利益的关心，给予企业管理层足够的信心，达成一致性的立场，还是问题不大的。

（四）解除试用期员工劳动合同过程中，企业与员工沟通交流的技巧与实例

企业在与员工沟通之前的所有准备工作，都是为了在见到员工之后能够平稳沟通，所以现场沟通技术很重要。一件解除员工劳动合同事件的解决，从过程性这一线性属性上来看，最少可以包括开场、中场与结束这三个基本阶段。企业的开场技术很重要，因为开场会奠定员工的心理期望值和形成员工基本的情绪状态。

1. 实践中常见解除劳动合同沟通交流的开场失误情形

（1）人力资源部门（或法务部门）直接宣告结果

人力资源部门（或法务部门）见到员工之后，直接告诉员工解除劳动

合同的结果。如:"你被公司解除劳动合同了,交接一下工作吧。"这种沟通,没有过程,没有对员工情绪的关注,没有说明具体的解除劳动合同理由,即使员工有再好的接受心理基础,一时也难以接受这种结果。

(2) 人力资源部门(或法务部门)指责员工

对员工的行为进行指责,会强化员工的对抗心态。如:"你对总监的说话方式太让人意外了,这种交流方式是我们公司无法接受和容忍的。你还是走吧。"员工在这种对话背景之下,容易认为企业对他解除劳动合同,是基于员工个人与总监矛盾而产生的,来自总监领导的压迫感,员工会形成不公平的感受。

(3) 人力资源部门(或法务部门)宣泄情绪

"你太过分了!你这样的人,不配在我们公司工作!请你离开吧!""你品性太差了!"这些话术,无论基于什么样的一种语境产生,都会造成员工心理的紧张,甚至一定的敌对。

解除试用期员工劳动合同,本来的法律基础,对于企业来说,还是比较有利的。在这种比较有利的法律基础之上,如果是因为一些沟通问题,造成了对抗型的语境或者形成了员工认为企业违法解除劳动合同的心理判断,无疑是一种沟通失败。

2. 建议企业使用以下三种开场沟通交流技巧

(1) 人力资源部门(或法务部门)作为第三人的方式介入

人力资源部门(或法务部门)在与员工沟通解除劳动合同相关事宜时,一定要注意,其身份是属于企业的代言人,在立场上代表了企业。在解除劳动合同事件中,企业与员工之间的关系是一种对立关系,这一种对立关系,容易形成人力资源部门(或法务部门)与员工成为矛盾的对立面。

这是一种相对来说特别传统的认知,人力资源部门(或法务部门)持这种观点的话,很难把解除一事,做成双赢的结果。

相反,人力资源部门(或法务部门)的基本立场是追求双赢的,既然追求双赢,则人力资源部门(或法务部门)始终应该尽可能淡化这种对立面的色彩，强调共同利益。

如果人力资源部门（或法务部门）刚刚介入即以公司代言人的身份出现的话，容易强化对立性，基于此判断，如果人力资源部门（或法务部门）在介入时，能够借企业作一个过渡，相对来说，会缓和很多。

如以下两种话术：

第一，今天我代表企业与你沟通一下，在你试用期内与你解除劳动合同的事项。

第二，对你在试用期内的工作表现，经过与企业的细致沟通以及充分考虑到企业对你的评价，今天我特与你沟通一下你试用期的工作表现。

很明显，第一种是把自己放在了与员工对立的立场上，而第二种则缓和很多。

这种以第三人的方式对人力资源部门（或法务部门）有很多好处，淡化立场，缓和关系只是第一层面的好处，其实在以后的诉求冲突中，"我需要与企业就你的诉求，再作进一步的沟通"也是人力资源部门（或法务部门）一个相当好的缓兵之计。

当然，这种第三人介入方式，必须是虚化的，不能是具体的某一个人，哪怕实际上作出决定的就是其中的一个具体的人，也不能体现出是一个具体的人可以决定的。否则，员工容易越过企业去找其他的相关具体人士，之后的谈判效果无可预估。

（2）从考核谈起

在试用期即将结束之时，企业有权对员工试用期内的表现进行考核并作出评价，这一种权利为企业与员工双方所认可。所以如果员工的试用期临近结束，则企业在与员工沟通之时，可以从考核打开沟通。

试用期终期考核是考核的一种形式，也有一些企业，会有试用期中期评估。如果与员工交流的时间点在试用期中期评估临近之时，亦可采用试用期中期评估作为企业的介入理由。

这种交流，好处在于从双方都认同的一种权利基础出发，容易达成共识,但是需要注意的是,一定要描述员工的具体行为,不能简单地告知员工考核结果。

(3) 从职业发展谈起

年纪较小的员工,由于试用期内在企业工作的时间较短,再加之本身流动性也大,流动性意愿也比较大,所以人力资源部门(或法务部门)在与此类员工交流时,可以从职业发展的角度入手开局,对员工作离职方向引导,即引导员工自己提出离职。

3. 试用期内解除劳动合同过程中,企业需要坚持的立场

企业与员工进行沟通的过程中,如果遇到障碍,或者沟通得并不顺利,无论具体的沟通技巧有多少变化,有以下三个基本立场,是企业一定要坚守的:

(1) 企业有权以"试用期内不符合录用条件"单方解除与员工的劳动合同

这种权利是法定权利,实际上也是企业与员工之间的一个客观标准。在这个客观标准上,是不能有任何妥协的。当然,企业需要知道,这种表述是一种认知表述,并不代表企业现在的行为是完全符合该条法律规定的。

(2) 一旦上述解除劳动合同权利成立,则企业无须向员工支付任何经济补偿

这同样是一个法定的客观标准,同时在表述这一立场时,要有前提,即一旦上述解除劳动合同权利成立,这是一个假定前提。但是企业需要不断地强调和强化这种立场。

(3) 企业现在的解除劳动合同行为,与员工试用期内的行为表现是有因果关系的

在这里企业一定要具体描述员工的具体行为,描述本身要客观真实,要给员工陈述和辩解的机会,而且要认真倾听员工的陈述和辩解。对员工的陈述和辩解,要表达出关切,同时要向员工解释清楚,无论有多少原因,企业现在作出的这种决定,还是有事实依据的,并不是凭空随意性主观决

定；同时，既然企业已经作出了这个决定，再想颠覆改变，怕是很难；而且话说回来，即使经过努力改变了，但是将来怕也难以和各个方面的人员相处。

一般情形下，对于试用期内员工的解除劳动合同事件，皆可以通过沟通的方式来实现员工接受离职的目标。大多数试用期内员工去申请仲裁的，要么是因为情绪特别对立，要么是因为企业日常用工中违法情形较多，如未签订书面劳动合同、未支付加班费等。只要企业能够做到日常用工合法合规，再辅助以较好的沟通技术，实现员工顺利离职的目标，并不算是一件特别难的事情。

4. 试用期未订立书面劳动合同，二倍工资的基数如何确定

未订立书面劳动合同的二倍工资应以双方约定的正常工作时间月工资标准作为二倍工资基数。无法确定正常工作时间月工资的，可按劳动者实际获得的月收入扣除加班工资、非常规性奖金、福利性、风险性等项目后的正常工作时间月工资确定。

（1）企业发放工资时应明确工资组成

当月工资未明确各构成项目，且企业与员工就工资发放组成产生争议时，根据《关于劳动争议若干问题的解答》规定，应当由企业对工资构成项目进行举证，如果企业不能举证或证据不足，则按照员工实际获得的月收入确定二倍工资的计算基数。

因此，企业应在发放工资时明确工资组成，建议在工资单中载明发放工资的项目及每项数额，以避免举证不能时承担额外的支付义务。

（2）企业应保留与员工磋商订立劳动合同的证据

企业向员工支付未订立劳动合同二倍工资的前提是因企业原因而未在法定期限内订立劳动合同。

如果企业已充分尽到诚实磋商的义务，而因员工原因未能订立书面劳动合同，则企业无须承担支付二倍工资的责任。但企业应保留磋商证据，如录音证据，或让员工在会谈记录上签字，以便日后进行举证。

（3）关于二倍工资的计算基数的确定

经研究认为，劳动关系双方对月工资有约定的，二倍工资的计算基数应按照双方约定的正常工作时间月工资来确定。双方对月工资没有约定或约定不明的，应按《劳动合同法》第十八条规定来确定正常工作时间的月工资，并以确定的工资数额作为二倍工资的计算基数。

如按《劳动合同法》第十八条规定仍无法确定正常工作时间工资数额的，可按劳动者实际获得的月收入扣除加班工资、非常规性奖金、福利性、风险性等项目后的正常工作时间月工资确定。

如月工资未明确各构成项目的，由企业对工资构成项目进行举证，企业不能举证或证据不足的，二倍工资的计算基数按照员工实际的月收入确定。

按上述原则确定的二倍工资基数均不得低于本市月最低工资标准。

5. 试用期聘用外国人，如何处理解除劳动合同问题

近年来随着我国的发展，外籍员工在华就业日益增多。而由于外国人就业许可制度，外国人在中国就业既适用《劳动合同法》又不能完全适用《劳动合同法》，如何协调外国人就业许可与劳动法律法规在外国人就业关系中的矛盾与冲突，体现了我国国际化道路的一面。

第一，外国人未依法取得就业证件之前与企业不存在劳动关系。

（1）外国人在我国就业实行就业许可制度

除由政府直接出资聘请的外籍专业技术和管理人员等几类特殊人员外，《外国人在中国就业管理规定》明确规定其他外国人在中国就业，企业均须为该外国人申请就业许可，经获准并取得《中华人民共和国外国人就业许可证书》（简称许可证书）后方可聘用。

具体来讲，一般首次在中国就业的外国人如因工作入境我国，在入境之前，企业就应为其申请许可证书，外国人需持许可证书等相关材料到中华人民共和国驻外使领馆处办理职业签证；持职业签证入境后凭许可证书与用人单位签订劳动合同；进而持许可证书、劳动合同和本人的有效护照

到企业所在地区的劳动行政部门发证机关办理《外国人就业证》（简称就业证）；进而持就业证到企业所在地区的公安机关办理居留证件方可视为在中国合法就业。

（2）未依法办理就业许可手续即实际用工的情况存在

一些企业在外国人就业手续完全办理完毕前即已经实际用工。也许是出于注重效率的考量，也许是为了尽量缩短不实际建立用工关系而造成的劳资双方的不稳定状态，一些企业采取外国人持旅游护照入境工作，再出境、再入境等方式，过渡上述办理就业手续的期间。甚至有的企业或行业需要短期雇用外国人，所以没有办理上述就业手续。

（3）非法用工的结果

未依法办理就业手续，企业虽然和外国人签订了《劳动合同》，但最终《劳动合同》因违反强制性法律规定而被认定无效，外国人亦无法依据《劳动合同法》主张劳动者的相关权利。同样，有企业雇用与在其他企业办理就业证的外国人，长达数年的时间，该外国人的就业证持续在另一企业办理延续手续，而未正式转入该企业，最终该企业不想继续雇用该外国人，即径行无理由解除双方用工关系，而由于该外国人与该企业之间不存在合法用工手续，其无法通过劳动法律法规维护其相关权益。

对于未办理就业证而使用外国劳动者的企业来说，企业可面临每人1万元至10万元以及没收非法所得的处罚。此类案件如诉至法院，则会认定双方存在劳务关系，外国人的工资等基本权利会得到民法的保障，但法院一般亦不会主动惩罚非法用工企业。由此，虽然我国外国人就业手续规定得较为完备细致，但由于违法后果不严重，导致企业非法用工的情况屡见不鲜。

第二，外国人无权要求签署无固定期限劳动合同。

因外国人就业手续的有效性是其与企业建立劳动关系的客观基础，当就业证被注销或终止后，该基础已不复存在，外国人要求恢复劳动关系的主张无法获得支持。但该观点有如下问题：

（1）上位法优于下位法，《外国人在中国就业管理规定》不应排除《劳动合同法》的适用

首先，根据《涉外民事关系法律适用法》的规定可知，劳动合同，适用劳动者工作地法律；难以确定劳动者工作地的，适用用人单位主营业地法律。故如果外国人在华就业并且工作地点为中国，劳动争议应当适用中国的法律。

其次，按照我国更高层级的立法，外国人同样纳入《劳动法》《劳动合同法》的调整体系中。《劳动法》第二条第一款规定："在中华人民共和国境内的企业、个体经济组织（以下统称用人单位）和与之形成劳动关系的劳动者，适用本法。"《劳动合同法》第二条第一款规定："中华人民共和国境内的企业、个体经济组织、民办非企业单位等组织（以下称用人单位）与劳动者建立劳动关系，订立、履行、变更、解除或者终止劳动合同，适用本法。"

而《外国人在中国就业管理规定》仅为部门规章，是否可排除全国人民代表大会常务委员会制定的《劳动合同法》优先适用，有待商榷。

（2）外国人就业证的办理、注销、终止、延续，并不是外国人主观意愿所能左右的，基本上完全由企业决定

也许外国人想依法就业，希望受到劳动法律法规保护；也许外国人在工作过程中没有任何过错，是用工企业存在问题，如该外国人符合到期及时办理就业证延续的条件，而由于企业的疏忽或故意，导致外国人就业证未合法延续，这对于外国人合法就业的保护是不利的。

《外国人在中国就业管理规定》第十七条规定："……劳动合同的期限最长不得超过五年。劳动合同期限届满即行终止，但按本规定第十八条的规定履行审批手续后可以续订。"而该规定第十八条的规定，亦可以看出就业证是否可以续订，完全由企业决定，外国人无任何主动权，由此也使得外国人的就业期限、劳动合同签订的次数、时间长短等完全由个别企业径行决定，亦无法切实使对建设我国有实际作用的外国人才真正发挥其所长。

6. 员工入职时未履行如实说明义务对劳动合同效力的影响

案例3-1：员工未如实说明并不必然构成欺诈，只有未如实说明的信息是与劳动合同直接相关的基本情况，未如实说明导致企业作出了订立劳动合同的意思表示，才构成欺诈。

【基本案情】[①]

隋某杰于2013年11月13日入职民某空管公司，担任司炉工，双方签订期限为2013年11月13日至2014年11月12日的劳动合同，约定试用期1个月。该合同第三十五条约定："……2. 必须按国家有关规定，持证上岗，乙方（隋某杰）有义务提供有效的资格证书，并在合同期内参加有关培训及考核，保证资格证书合法有效。"

隋某杰入职时提供了特种设备作业证，发证机关是北京市质量技术监督局，作业项目代号G2，批准日期2012年11月23日，有效日期2016年11月23日。后经查询，隋某杰2014年4月14日才获得了相关从业资格，作业种类锅炉，批准项目G2，批准日期为2014年4月14日，有效日期为2018年4月14日。隋某杰最后工作至2014年5月30日，当日民某空管公司以隋某杰持假证为由，与隋某杰解除了劳动合同，并对隋某杰进行了3000元的罚款。

民某空管公司认为隋某杰伪造证件与民某空管公司签署劳动合同，属于欺诈，合同应系无效。隋某杰认可其确系持伪造的特种设备作业证上岗，但不同意认定双方劳动合同无效。

民某空管公司就本案劳动争议向朝阳区仲裁委提出仲裁申请，朝阳区仲裁委作出不予受理通知书。民某空管公司不服，诉至法院，请求判令民某空管公司、隋某杰双方所签劳动合同无效。

[①] 详见（2015）朝民初字第43072号、（2016）京03民终5844号民事判决书。

【裁判结果】

法院判决双方签订的劳动合同书无效。

【实务分析】

在劳动争议发生时，提出主张的当事人有责任提供证据支持自己的观点。如果涉及争议事项的证据由用人单位掌握，那么用人单位应当提供相关证据；若用人单位未能提供相关证据，将承担相应的不利后果。具体到本案中，民某空管公司作为用人单位在招聘员工时，应该按照相关岗位职责的要求对应聘人员进行审查。然而民某空管公司并未能证明在招聘隋某杰时明确告知其需要具备特种设备作业证这一必要条件。虽然双方已经签订了劳动合同，并且隋某杰已经为民某空管公司提供劳动，建立了事实上的劳动关系，但是民某空管公司却以隋某杰持假证为由解除了劳动合同。对此，一审法院判决驳回了民某空管公司的诉讼请求。

不服一审判决的民某空管公司提起了上诉，将案件提交至二审法院。经过二审法院审理，确认一审法院所查明的事实，即民某空管公司与隋某杰于 2013 年 11 月 13 日签订的劳动合同是否有效成为本案争议的焦点。

首先，《劳动法》第五十五条规定："从事特种作业的劳动者必须经过专门培训并取得特种作业资格。"国务院发布的《特种设备安全监察条例》第三十八条规定："锅炉、压力容器、电梯、起重机械、客运索道、大型游乐设施、场（厂）内专用机动车辆的作业人员及其相关管理人员（以下统称特种设备作业人员），应当按照国家有关规定经特种设备安全监督管理部门考核合格，取得国家统一格式的特种作业人员证书，方可从事相应的作业或者管理工作。"国家质量监督检验检疫总局发布的《特种设备作业人员监督管理办法》第二条规定："锅炉、压力容器（含气瓶）、压力管道、电梯、起重机械、客运索道、大型游乐设施、场（厂）内专用机动车辆等特种设备的作业人员及其相关管理人员统称特种设备作业人员。特种设备作业人员作业种类与项目目录由国家质量监督检验检疫总局统一发布。从事特种设备作业的人员应当按照本办法的规定，经考核合格取得《特种设备作业人员证》，方可从事相应的作业或者管理工作。"该办法第五条规定："特种设备生产、使用单位（以下统称用人单位）应当聘（雇）用取得《特种设备作业人员证》的人员从事相关管理和作业工作，并对作业人员进行严格管理。特种设备作业人员应当持证上岗，按章操作，发现隐患及时处置或者报告。"通过这些规定可知，相关特种设备作业人员必须持证上岗，按规定操作，如发现隐患则需及时处置或报告。在本案中，隋某杰的岗位为司炉工。根据上述法律法规，隋某杰必须取得特种设备作业证才能从事相关工作，且应当持证上岗。另外，根据双方签订的劳动合同和当事人的陈述，隋某杰明确知晓应持证上岗，即特种设备作业证是民某空管公司录用隋某杰的必要条件。

其次，《劳动合同法》第三条明确规定了订立劳动合同应遵循的原则，包括合法、公平、平等自愿、协商一致、诚实信用等。依法订立的劳动合同具有约束力，用人单位与劳动者应当履行劳动合同约定的义务。同时，该法第八条规定用人单位在招聘劳动者时应如实告知相关工作内容、条件、地点、职业危害、安全生产状况、劳动报酬以及其他劳动者要求了解的情况，劳动者也应如实说明与劳动合同直接相关的基本情况。因此，在订立劳动合同时，劳动者有义务依据诚实信用原则如实履行说明义务。在本案中，涉及特种设备作业证的真实性关系到隋某杰的岗位任职条件和劳动合同资格等关键问题，而隋某杰故意提供虚假证件与民某空管公司订立劳动合同，其行为已构成欺诈。

《劳动法》第十八条规定："下列劳动合同无效：（一）违反法律、行政法规的劳动合同；（二）采取欺诈、威胁等手段订立的劳动合同。无效的劳动合同，从订立的时候起，就没有法律约束力。确认劳动合同部分无效的，如果不影响其余部分的效力，其余部分仍然有效。劳动合同的无效，由劳动争议仲裁委员会或者人民法院确认。"《劳动合同法》第二十六条规定："下列劳动合同无效或者部分无效：（一）以欺诈、胁迫的手段或者乘人之危，使对方在违背真实意思的情况下订立或者变更劳动合同的……"若劳动合同违反法律、采取欺诈或威胁等手段订立，则该劳动合同无效。无效的劳动合同从签订开始就没有法律约束力。根据以上规定，隋某杰持虚假特种设备作业证与民某空管公司订立劳动合同的行为构成欺诈，因此双方之间的劳动合同为无效。对于隋某杰主张民某空管公司未及时处理其提供虚假证件的情况并取得有效证件的主张，法院认为即使隋某杰后来取得真实的特种设备作业证，也不能否认其通过欺诈手段签订劳动合同的事实。因此，隋某杰关于劳动合同有效性的主张缺乏事实和法律依据。

最后需要指出的是，尽管劳动合同被确认无效，但员工已经付出劳动，企业应向员工支付劳动报酬。

【合规指引】

企业在录用员工时，应告知员工就与劳动关系相关的录用条件，如身份证、学历、就业状况、工作经历、职业技能等，在员工被录用后，如前述与劳动关系相关的录用证明文件存在虚假的，可以认定为员工存在欺诈，双方所订立的劳动合同无效。

专题四：

解除试用期怀孕女员工劳动合同合规指引

客观而言，试用期怀孕的女职工，容易与企业发生争议。从企业的主观感受来说，员工刚刚入职，还在试用期内，即开始怀孕，这样一来，企业就必须面对未来员工孕期、产期与哺乳期二十多个月的不确定性和对员工的特殊保护期，企业主观上的不情愿，是可以想象到的。

企业对待试用期怀孕的女职工，同样也需要考虑到员工身体的特殊性以及法律法规对这类员工的特殊保护，主观上要慎重对待，客观上要小心谨慎。

（一）解除试用期怀孕女员工劳动合同合规的基本知识

员工特质	可以行使的解除权利	不能行使的解除权利
员工在试用期内怀孕	试用期不符合录用条件，可以解除	不胜任工作
	严重违反规章制度，可以解除	客观情形发生重大变化
	可以协商解除	医疗期满

由上表可知，试用期内怀孕的女职工，在三种情形下，还是可以解除的，即不符合录用条件、严重违反规章制度和协商，这三种解除权利的后果，前两者（不符合录用条件与严重违反规章制度）是没有经济补偿金的，最后一种（协商）是有经济补偿金的。

在实务中，很多企业，在合规性认知上，以为只要员工怀孕了，即使在试用期之内，也是不能解除的。这种认识是错误的。在试用期内怀孕的女员工，与正常合同期内的员工是有所不同的，在解除劳动合同保护方面，保护范围略窄。

（二）解除试用期怀孕女员工劳动合同的实务挑战

虽然法律规定，即使员工在试用期内怀孕了，只要其确实不符合录用条件或严重违反规章制度，企业是可以单方解除劳动合同的。但在实务中，裁决者在审理类似案件过程中，往往会关注到员工怀孕这个事实，并从以下几个方面给到企业更多的压力，以减少对员工的损害：

1. 加大企业的举证责任

人心向背对案件的结果，具有微妙的影响。一旦裁决者关注到员工怀孕的事实，即会不自觉地加重企业对单方解除劳动合同的举证责任。比如，对录用条件的审查，要求会更为严格；比如，对员工不符合录用条件的认定，会更倾向于员工。这些举证责任的严苛，客观上会造成即使公司享有相应权利，但是在操作层面上，成功的可能性是比较低的。

2. 员工更容易要求继续履行

在试用期内怀孕的女职工，犹如正常合同期内的女员工一样，在被解除后申请仲裁诉讼时，相较于一般正常员工，更容易会选择继续履行劳动合同的诉求。

那么如上所述，在试用期怀孕的女员工，被解除劳动合同之后，申请继续履行的概率远高于一般员工，而且诉求成功概率也远高于一般员工。这样一来，其解除的形势就比较严峻了，风险明显偏大。

（三）试用期内解除劳动合同，怀孕女员工与普通员工的区别

1. 发生解除劳动合同事宜后的做法不同

试用期内一般员工在解除劳动合同事件发生之后，会第一时间另找工

作。但与试用期内一般员工不同的是，试用期怀孕女员工因身体怀孕原因，另找工作基本不太可能，导致这些员工一旦发生解除劳动合同事件，首先想到的就是恢复劳动关系。

2. 对工作的依赖程度不同

企业与试用期员工情感纽带由于工作时间短，还没有建立，怀孕女员工对企业归属感差，一般也不是特别在乎这份工作。情感纽带虽然还没有建立，但是由于自身怀孕，所以对工作有依赖性，对工作的稳定有强烈的心理追求。

3. 对企业解除劳动合同行为的接受度不同

由于在试用期之内，员工对企业行使单方解除劳动合同行为，有很大的心理接受基础。但是由于怀孕，员工一般会认为自己是受到特殊保护的，心理趋向于认为企业是无权解除劳动合同的。

4. 对企业解除劳动合同承担的法律责任接受度不同

企业采取单方解除、给点适当补偿协商解除或者给点适当补偿诱导员工辞职等行为，一般员工都有很大的接受度。但怀孕女员工被解除劳动合同后由于工作时间短（不超过半年），经济补偿金一般不超过半个月工资，所以经济利益低，怀孕女员工采取对抗措施的驱动性较高，一般会要求更高的赔偿或要求继续履行劳动合同。

（四）试用期怀孕女员工与正常合同期内怀孕女员工的不同

企业在操作此类员工解除事件时，还要注意到在试用期内怀孕的女员工与正常合同期内怀孕的女员工的不同。

	试用期怀孕女员工	正常合同期内怀孕女员工
怀孕基础	多数并非计划内的，属于意外或临时起意	多数是计划内的，是规划好的事件
对职业安全性的认知	多多少少有一些疑惑	有恃无恐
对公司是否有权解除劳动合同的认知	对试用期内是否有权解除劳动合同，多数理解为不能解除劳动合同，但是有一些疑惑，有一些不确定	多数认为公司根本无权解除劳动合同
工作时间	工作时间短，主要关注点都在于未来的职业安全与稳定和隐含利益	工作时间长短不一，但是过去的工作时间所隐含的经济补偿利益，会作为对未来利益的一个对比指标存在
经济利益	相对单一，基本就是未来的"三期"利益	略为复杂，除了未来的"三期"利益之外，过去的工龄补偿，也在员工的考虑范围之内
员工妥协性	试用期内意外怀孕，会成为员工妥协的一个基础点	很难有妥协

由上表可以看出，试用期怀孕的女员工，相较于正常合同期内的女员工，还是有所不同的，相对来说，其处理难度略低于正常合同期内的女员工。正常合同期内的女员工，由于涉及的利益点更多，所以更为复杂一些；而且试用期也会成为试用期内怀孕女员工的一个妥协点，所以试用期怀孕的女员工处理，成功的可能性要比正常合同期内的略高。

（五）企业在试用期内解除怀孕女员工劳动合同的常见问题

1. 误以为企业无权解除怀孕女员工的劳动合同

可能有一些企业认为，只要员工怀孕了，即使在试用期内，企业也是无权解除劳动合同的。如前所述，这是一种错误的认知。处于这种认知状态的企业，即使员工不符合企业的需求，也不敢与员工解除劳动合同。

2. 习惯于单方解除劳动合同操作

有些企业认为在试用期内，员工即使怀孕了，只要确实不符合录用条件，企业即有权单方解除劳动合同。这是一种完全合规性的认知，但是认知无误不代表操作无风险。如前所述，忽视员工"三期"特性，迳行单方解除劳动合同，会提高员工仲裁发生率。如再不充分保留相应证据，企业很难充分控制败诉率。

3. 长时间反复协商，产生较大时间成本

作为上述 1 与 2 两者之间的调和方式，企业在试用期内解除怀孕女员工的劳动合同时，一方面认识到法规上有权单方解除劳动合同女员工；另一方面也意识到迳行单方解除劳动合同的高风险，所以主观意愿上倾向调解解决。但是由于调解技能问题，导致调解时间过长，失败率过高，给企业带来较大的时间成本，得不偿失。

（六）企业在试用期内解除怀孕女员工劳动合同时遇到的合规挑战

企业在试用期内单方解除怀孕女员工劳动合同时，最少会遇到以下三类五项合规挑战：

风险层面	合规挑战	具体体现	举证责任	与一般员工差异
事实层面的风险	录用条件的界定	是否有录用条件；录用条件是否经过员工确认；录用条件内容是否具有操作性；录用条件本身的合法性	企业举证	相同
	员工行为的界定	员工哪些行为被认定为不符合录用条件；是否有相关证据可以证明这些行为是客观和真实的	企业举证	相同
	录用条件与员工行为之间的匹配性	依照录用条件，对比员工行为，是否可以得出员工不符合录用条件的结论	企业人力资源部门责任	相同，但是"三期"员工的要求更为严格，只是程度有差异

续表

风险层面	合规挑战	具体体现	举证责任	与一般员工差异
解除劳动合同的环境风险	解除劳动合同行为必须在试用期作出并送达到员工本人	有正式的书面解除通知书；有合法送达；送达时间在试用期之内	企业部门的操作责任	相同
相应文本风险	解除通知书描述必须法言法语	通知书内容对事实描述、依据描述及解除劳动合同的程序描述，需要合法得当	企业部门的撰写责任	相同

对这些合规风险简要分析即可以看到，对单方解除劳动合同行为，在合规层面的要求上，与试用期内解除一般员工的劳动合同区别不大。更多的区别，并不是解除劳动合同要求的项目区别，而只是程度要求不同。

（七）企业在试用期内解除怀孕女员工劳动合同过程中，常见的被认定违法解除的情形

裁判机关认定为违法解除劳动合同的理由主要有以下几种情形：

行为情形	原因性质	企业不足点	与一般员工差异
无录用条件约定；录用条件未得到员工确认；录用条件的约定过于模糊，不具有操作性；录用条件内容违法	事实层面原因	企业基础工作不合规	相同
对员工行为的描述过于简略，无实质性证据		企业管理方式口头化，没有管理记录留下来	相同
员工行为与录用条件之间缺乏匹配性，按照员工行为，对比录用条件，无法得到"员工不符合录用条件"这一结论		企业部门在解除劳动合同之前的分析职能未完全尽到	相同，但是"三期"职工要求更为严格

续表

行为情形	原因性质	企业不足点	与一般员工差异
过了试用期才以试用期内不符合录用条件为由解除劳动合同；给员工发送的书面解除通知，未尽送达责任，或者无相关送达证据；书面通知在过了试用期之后才送达员工本人	解除劳动合同过程操作原因	一般都是企业来负责操作过程，相关责任，归因到企业	相同
解除劳动合同时所采用的法律文本在内容上出现了一些问题，未使用法言法语，造成性质认定错误	文本内容失误	相关文本都是企业来负责撰写，未请专业律师协助	相同
试用期约定违法，如1年合同，约定试用期3个月，在第3个月解除合同；违法延长试用期；或者只有一个试用期劳动合同等	其他非外企常见违法解除情形	基本操作层面违法，多为企业认知责任	相同

从上表可以看出，在实质的单方解除员工劳动合同操作中，基本可以得出与前述相近的结论，解除怀孕女员工劳动合同，最终被认定为违法解除的原因，多与一般员工相同。这种单方解除劳动合同操作，处处存在风险，任一环节稍出一点问题，即可以导致严重的不可逆转的后果。

所以从操作方法的选择上来看，企业在试用期内解除怀孕女员工的劳动合同时，只要时间不是特别紧迫（如3天后试用期即届满），首选的方向，一般都不推荐单方以不符合录用条件为由解除劳动合同。实践证明，在试用期内解除怀孕女员工劳动合同的操作上，协商解除的可能性是存在的，而且只要方法得当，操作合适，协商成功率还是比较有保障的。

（八）试用期内怀孕女员工协商解除劳动合同目标确定

企业在试用期内解除怀孕女员工劳动合同事项一旦启动，则企业应尽快确定解除劳动合同所欲达成的目标。在确定目标时，需要考虑到以下要点：

1. 解除劳动合同法定标准是否达到

如果确实属于合法解除劳动合同的话，即员工确实不符合录用条件，而且其他方面合规皆没有问题，则应继续坚持，坚持法定解除劳动合同，且没有相应经济补偿。

2. 解除劳动合同合法或违法的定性

如果企业与员工解除劳动合同在合规层面有一些问题，一旦强行单方解除劳动合同，则最终被认定为违法解除的概率极大，在此情形下，即不应再坚持第一种意见，而应综合设计目标，考虑是否协商解除劳动合同。

3. 员工行为的过错大小

员工行为是否妥当，不妥达到什么程度，均会影响到企业愿意接受的补偿额度的大小。

4. 解除劳动合同所涉及的员工利益大小

企业与员工解除劳动合同主要涉及员工两方面利益，一方面是工龄所隐含的补偿，这部分利益由于员工还处于试用期之内，工作时间较短，所以利益极少。另一方面则涉及员工"三期"之内的相关待遇，包括"三期"工资收入、产假待遇、生育待遇、社保及公积金等，这一部分的利益非常大。

5. 员工个人的维权行为与坚持程度大小

在协商过程中，客观上来说，员工自己的性格特征，本身的坚持程度与具体的维权行为，也会影响到企业解除劳动合同具体的结果。相对来说，更为坚持的员工，获得的补偿，往往会高于相对不坚持的员工；维权更为理性的员工，获得协商成功的概率也会相对高一些。

6. 企业利益追求程度

企业在试用期解除怀孕女员工的劳动合同时，要考虑的成本，不仅限于补偿，还应该考虑到，如果解除劳动合同不成功，所可能产生的律师费成本、继续履行需要承担的向员工支付的工资及其他潜在成本。

除经济性利益外，还要考虑到该事项的处理，对其他在职员工心目中所产生的影响以及企业的内部企业文化建设和外部社会形象。

企业的解除劳动合同利益，具有以下几个方面：

（1）实现解除劳动合同目标，让员工离开工作岗位，不至于影响企业正常的工作秩序。

（2）以尽可能少的经济代价，实现上述利益。

（3）稳定解决解除劳动合同事宜，尽可能不发生仲裁诉讼或者员工恶意闹事等不稳定情形，保持企业在社会中的良好形象。

（4）如果员工诉求过高，超过企业可以承担的范围，企业也不必害怕强行解除劳动合同的法律后果，可以将争议推到司法层面来处理。

企业在确定解除劳动合同利益后，利益并不是一成不变的。企业需要在变化中确定最终的可以接受的结果、企业拟追求实现的利益、企业第一次协商时所欲实现的利益，而且在协商过程中，也需要按照协商进程以及实际的情形对最终目标进行适当调整，协商才能更有灵活性，才有可能促成较好的结果。

（九）解除劳动合同过程中，企业与试用期怀孕女员工的共同利益分析

在发生解除劳动合同事项时，企业与试用期怀孕女员工两者之间，往往是处于利益的相对方。如果双方之间不存在任何共同利益的话，则双方协商成功解除劳动合同的概率极低。要想协商成功，企业还需要关注到与怀孕女员工之间的共同利益。

利益点	员工利益	企业利益	性质
是否解除劳动合同	不解除劳动合同，工作稳定	解除劳动合同，一次性了结解除事宜	不同利益
隐藏经济利益	"三期"之内的所有利益，包含"三期"工资收入、产假待遇、生育待遇、社保及公积金等	只愿意支付适当补偿，甚至只追求半个月的经济补偿金，或者略高于此金额的补偿费用	不同利益
母子平安	希望胎儿的发育，不会受到事件处理的影响	不愿意因为这件事情，影响到胎儿的正常发育	共同利益
工资收入	享受到全额工资	希望解除劳动合同，不再支付工资	不同利益
工作状态	能够不再工作，当然前提是工资收入不受影响或影响较小	在结束用工的前提下，员工不再向企业提供劳动	部分共同利益
维权成本	不愿意支付律师费用来支持自己维权，或者支付尽可能少的费用	如果可以尽快协商成功的话，不愿意支付律师费成本，甚至宁愿将律师费给员工	共同利益
时间成本	尽快了结，有个结果	快速解决	共同利益
保密性	保密，不至于影响自己的下一份工作	保密，不至于影响到其他在职的员工	共同利益

在以上列举的八项利益上，企业与员工相差异的利益有三点，共同利益高达五点，只要存在共同利益，协商成功的可能性就是存在的，更何况高达一半以上，企业应有信心可以促成协商解决解除试用期怀孕女员工劳动合同一事。

（十）企业解除怀孕女员工劳动合同中的介入协商技巧

企业一旦直接与员工见面沟通或者跟员工约谈，员工的戒备意识即会唤醒。加上怀孕女员工本身就比较敏感，所以企业在沟通之前，需要构思一下与员工约谈的技巧。

1. 企业从怀孕一事谈起

企业在与员工见面时，先对员工怀孕一事，进行恭贺，表达关切之情。这一点点的关切之情，有利于缓和员工的防卫和对抗心理，对之后的平缓协商，有促进和推动作用，可以控制矛盾的尖锐程度。而相比较而言，如果直接就怀孕问题，提出解除劳动合同事宜，容易唤起员工很强的心理防备，再往下沟通，很可能会比较难。

2. 企业从试用期考核谈起

如果决定与员工解除劳动合同，时间临近试用期届满时，企业的试用期考核已经开始并且已经有了结果。无论考核过程或结果有多少疑义，在此时企业与员工开始面谈解除劳动合同一事时，皆可以从试用期考核出发。

即使企业是明知员工已经怀孕，而且员工必定会重点提出这一点，但是在沟通之初，企业可以不提这一点，只点出试用期评估结论是沟通的重点。待在沟通过程中，员工主动提出这一点时，企业再作针对性的解释。

相对其他沟通方式来说，企业没有主动提员工怀孕一事，员工很可能会认为，无论公司怎么考核，还有自己怀孕这一事实可以改变局面，很有可能员工会先认真听一听公司对她的考核结果是什么，再来抛出怀孕这一事实。这样员工的情绪就有一些缓冲，也利于后期的协商。

3. 企业从员工工作表现谈起

有时候员工的试用期还有相当一段时间，还远没有到试用期评估的时候。在此时与员工谈试用期评估结论，还不到恰当的时候。所以此时有一种沟通切入点，是从员工的工作表现切入。

对员工的试用期评估，以员工的客观行为为基础，只要员工的客观行为表述客观真实，就是企业与员工之间进行理性沟通的一个基础。

在描述员工工作表现时，企业不应该直接进行描述，而应当援引他人的反馈，这样企业的立场就不完全是员工的对立面，可以柔化企业与员工之间的针对性。

这三种谈话方式，适用情况比较如下：

切入方式	员工心理感受	适用情形
从怀孕一事谈起	容易认为解除劳动合同行为与怀孕之间有因果关系，员工产生被针对感	在入职前承诺试用期不怀孕的女员工；由于工作性质，员工不适合怀孕，而且在招聘阶段，企业已经向员工作出过解释，员工也有过理解和承诺等
从试用期考核谈起	一方面认为公司有考核权，另一方面又认为自己怀孕应该受到特殊保护	试用期即将届满的员工
从员工工作表现谈起	如果工作表现确实客观真实，员工心理容易产生自责，容易对公司的解除劳动合同行为产生接受型心理基础	有严重违反规章制度行为的员工；有行为过错的员工（固然不构成严重违反规章制度）

作为企业，应该依据个性不同的员工，灵活运用和调整这些切入方式。

（十一）如何抵销怀孕女员工的要求

实践中，确实有相当一部分在试用期怀孕的女员工，在开始协商解除劳动合同阶段，提出要求是企业支付"三期"之内的全额工资、全部生育费用以及全部的社保及公积金等。这种要求企业是不可能接受的。

如果企业既不接受，同时企业又没有办法让员工作出重大让步，则协商将会陷入停滞状态，会产生较大的时间成本，甚至导致事情无法解决，最终付出高昂代价的还是企业。

一般情形下，企业可以从以下几个方面着手，与员工进行沟通，以实现员工作出重大让步的结果：

1. 关于支付女员工"三期"工资谈判基础

员工的"三期"，包括孕期、产期与哺乳期这三个阶段。产期可以休假，不需要上班即可以享受工资待遇，但是孕期与哺乳期，都是需要正常上班的。所以从工资收入的定性上来说,产期的工资属于法定保障性收入,孕期与哺乳期则属于员工付出相应的实际劳动,才可以享受到的工资待遇。

所以员工"三期"待遇里的两部分要求(孕期与哺乳期全额工资收入),在解除劳动合同之后,由于员工客观上没有提供,员工是没有享受依据的。

当然,员工在此时可能也会提出来,之所以没有提供实际的劳动,是因为企业现在提出解除劳动合同的意向,导致自己客观上无法提供劳动。但是即使如此,仍然存在员工没有提供劳动的事实,主张全额工资,也是不公平的。这一点描述,是符合基本的公平规则的。员工在心理上有一定的接受度。

2. 关于社保与公积金谈判的基础

同样,社保与公积金,在分时间段上,与前述三段工资是相匹配的。孕期与哺乳期这两段,都与员工提供劳动成因果。如果员工没有提供劳动的话,是不能主张的。

而产假期间,社保其中的单位部分,是直接缴纳到社保中心的,员工不能主张;公积金也是缴纳进公积金中心的,员工不能直接主张和享受。

这样一来,就可以抵销掉员工大部分诉求了。

3. 强调企业单方解除劳动合同的法定权利及可能的法律后果

企业一定要向员工再三强调,在试用期之内,如果员工确实不符合录用条件,企业依法是有权解除劳动合同的,这个是法律赋予企业的合法权利。所以目前的解除劳动合同,严格上来说,并不涉及员工是否怀孕这一事实因素的。一旦企业依法解除怀孕女员工的劳动合同,则怀孕女员工将失去所有可能的利益。

(十二)企业在试用期内解除怀孕女员工劳动合同的结果

在实践中,企业在试用期内解除怀孕女员工劳动合同的后果,一般有以下几种：

1. 单方解除劳动合同成功，员工未去申请仲裁

企业制度构建完备，员工自己也认可企业的评估，所以双方息讼结案。这一种情形的比例很低，原因在于大部分企业的制度构建并不完备，而且即使在完备的情形下，员工由于怀孕一事，也很难认为自己确实不符合录用条件。

2. 双方协商解除劳动合同成功，签订解除协议结束劳动关系

大多数此类争议都能实现这种结果，具体的协商结果，会因为补偿的不同而不同。企业所见到的补偿额度，一般从 1 个月工资起，到 6 个月工资止，多数会是 4 个月左右的工资补偿额度。

协商解除劳动合同协议书（中英文示范文本）

甲方：某公司

乙方：某员工　　　　身份证号：

由于甲方在过去几年的公司业绩未达到预期目标，甲方不得不调整业务重心，取消可持续发展业务部，所以造成相关业务的工作岗位消失。在此背景之下，甲方通过与乙方坦诚协商的方式，就两者之间的劳动合同解除事宜，经过友好协商，达成以下协议：

一、甲乙双方经过友好协商，就双方之间的劳动合同解除事宜，达成了一致性的意见。双方确认劳动合同于 2024 年 11 月 30 日解除，解除性质为双方协商一致解除。

二、乙方在甲方的最后工作日为 2024 年 11 月 30 日，工资结算及各项报销截至最后工作日，社保及公积金截至 2024 年 11 月。

三、乙方的最后工作日涉及甲方的工作稳定及相关业务回款等，所以乙方需要遵守前述最后工作日的约束。如果在前述最后工作日之前离职，则乙方的单方离职行为，构成因个人原因辞职，不能再享受本协议中所约定的诸多补偿待遇。

四、乙方离职前尚有 20 天年假，现乙方同意：

1. 甲方安排乙方 2024 年 11 月 17 日至 30 日休 10 天带薪年假。

2. 剩余 10 天年假，甲方将按照法律规定进行补偿。

五、乙方确认在职期间的各种福利待遇已经享受完毕。

六、甲方愿意向乙方支付解除劳动合同的相应费用：

1. 根据乙方在甲方处工作年限，甲方向乙方支付经济补偿金（N+1），计_____（大写_____）元。

2. 乙方在 2024 年 10 月 31 日前签署本协议的，并且完成协议附件中所列项目，乙方会在本条第 1 款的基础上再获得 2 个月的经济补偿金。

3. 若乙方不能达到上述第 2 款的要求，则无权享受 2 个月的经济补偿金。

4. 支付时间为解除合同并完成工作交接成后 10 个工作日内，支付方式为通过银行转账的方式，打入乙方在职期间的工资卡里。

5. 本协议签订之前甲乙双方均已了解劳动法相关法律规定，上述费用包含了乙方所应得的法定经济补偿金，以及乙方在甲方工作期间可享有的所有经济性权益。

甲乙双方确认双方已无任何劳动纠纷。

6. 如果乙方不能完成工作交接，则甲方有权暂扣乙方的上述费用，直到乙方完成工作交接之后再行支付。

七、甲乙双方对本协议皆负有保密责任，双方皆不得擅自泄露。乙方对在职期间所接触到的甲方经营信息，负有保密责任。本协议签订后，乙方不得散布对甲方的任何负面信息或评论。

乙方违反前述保密义务的，甲方有权要求乙方返还已经支付的 2 个月的经济补偿金。

乙方特别声明，在本协议签订之后，乙方不得以任何新的情形的发生，如怀孕、生病等（工伤除外）意外情形，提出撤销本协议、要求继续履行双方之间的劳动合同。

八、本协议一式两份，于甲乙双方签字或者盖章之日起生效，双方各执一份，具同等效力。

甲方：   乙方：

时间：   时间：

3. 双方协商解除劳动合同没成功，员工申请仲裁

只要员工申请了仲裁，此类案件，一般都会以员工诉求继续履行的方式体现出来，而且一般都会从仲裁走到二审。无论是员工还是企业，都会浪费大量的时间与精力，陷入诉累。

专题五：
试用期内解除患病员工劳动合同合规指引

试用期解除与员工之间的劳动合同本身并不是一件特别难的事情，不过，当员工自身同时存在一些特殊情况，就会大大增加难度，如员工怀孕或者员工在试用期内生病。

员工在试用期内生病，按照法律规定，会享有一定的法定医疗期。在法定医疗期之内，除非员工出现严重违反规章制度的情形外，否则企业是不能单方解除劳动合同的。一方面是员工生病享有法定医疗期的权利；另一方面是企业有权在试用期以员工不符合录用条件为由单方解除劳动合同的权利，这两个权利如何协调，才更为公平合理，对于很多企业来说，都是一个比较复杂的问题，本专题正是基于此答疑解惑。

（一）企业在试用期内解除患病员工劳动合同的常见问题

1. 试用期即将届满时，员工生病进入医疗期，企业无权解除劳动合同

试用期内公司有权以不符合录用条件解除劳动合同，员工生病又有权休法定医疗期，这两个权利都是法定权利。劳动合同法是倾向于保护员工利益的。在同一个基点上，如果公司利益与员工利益发生直接冲突时，法律倾向于优先保护员工利益。所以在此种情形下，司法实践会先保护员工休法定医疗期的权利。也就是说，在员工法定医疗期内，企业是无权解除劳动合同的。

但在试用期间，企业可因不符合企业录用条件提出解除劳动合同，解

除劳动关系的日期应为医疗期满的次日。如在医疗期内解除劳动关系属于违法解除，员工有权申请恢复劳动关系。因此企业必须充分意识到对劳动者入职审查中涉及身体健康方面的重要性。如入职前就有相应的意识和准备，就不会遇到此类问题，更不会因此"赔了夫人又折兵"。

案例 5-1：医疗期内与试用期员工解除劳动合同违法，试用期因医疗期的存在而中止。

【基本案情】[①]

2021 年 7 月 1 日，张某与智某公司签订劳动合同，约定岗位为职员，智某公司派遣张某到某医院从事厨师，合同期限从 2021 年 7 月 1 日至 2023 年 6 月 30 日，其中试用期自 2021 年 7 月 1 日至 8 月 31 日。2021 年 7 月 23 日 12 时左右张某在外与他人发生交通事故受伤，诊断为左腕部及左小腿挫伤，原告无责。张某当日去医院就诊，建议休息 3 天。张某于 7 月 26 日、8 月 1 日、8 月 7 日、8 月 14 日到医院复诊，分别建议休息一周。发生事故当日张某即向智某公司申请病假，7 月 26 日至 30 日以及 8 月 2 日的病假申请均通过。2021 年 8 月 3 日以后张某提交病假申请被拒绝。张某主张病未好无法上班。2021 年 8 月 17 日智某公司书面下发《通知》，载明，张某自 2021 年 7 月 23 日下午至 8 月 13 日一直请假休息，在试用期内，共计请假 15.5 天。经多次沟通后，仍不能正常回到工作岗位，需请假休息。员工在试用期内不能正常提供劳动，未通过试用期。解除双方的劳动关系。

另查明，本案张某申请仲裁，仲裁委作出不予受理通知书。原告不服，向法院提起本案诉讼。

【裁判结果】

法院判决恢复张某与智某公司自 2021 年 8 月 17 日起的劳动关系。

[①] 详见（2022）辽 0106 民初 2145 号、（2022）辽 01 民终 6243 号民事判决书。

【实务分析】

劳动者的合法权益受法律保护。关于张某恢复劳动关系的诉讼请求，智某公司以张某试用期内无法正常提供劳动，未通过试用期为由解除劳动合同，但根据张某的证据能够证明张某在试用期内患病且在医疗期内，故无法提供劳动，智某公司在张某医疗期内解除劳动合同不具有合法性，现依据《劳动合同法》第四十八条的规定，劳动者要求继续履行劳动合同的，智某公司应当继续履行，故张某主张恢复2021年8月17日起的劳动关系有法律依据，应予以支持。

关于智某公司提出不恢复劳动关系的主张。本案中，张某因交通事故进行治疗，根据相关复诊医嘱显示，张某一直需要休息，客观上无法提供劳动。现智某公司以张某在试用期内不能正常提供劳动，未通过试用期为由解除劳动合同缺乏事实及法律依据，法院结合本案具体情况判决恢复张某同智某公司劳动关系于法有据。

【合规指引】

在试用期间，企业可以员工不符合企业录用条件提出解除劳动合同，但解除劳动关系的日期应为医疗期满的次日，否则，将构成违法解除劳动合同，需要承担较重的法律责任。

2. 员工法定医疗期满后，试用期过了，怎么处理

员工在法定医疗期间一般会卧床休息，并不会向企业提供劳动，企业也不具有考查员工医疗期内工作表现的条件。所以在此种情形下，一般会认为员工休法定医疗期内，员工的试用期是中止了的，也就是说，在员工法定医疗期届满时，员工的试用期还可以重新连续计算。

不过这一种理解，法律并没有明确规定出来，只有个别的地方性法规有阐述，这就要求企业在试用期的管理制度中，要作出相应的规章制度（劳动合同中亦可）。如果企业有相应规定，则裁决者会直接予以认定；如果没有，则裁决者会视为试用期已经过了。所以这种处理方式，对企业的规章制度建设的依赖性特别大。

案例 5-2：员工法定医疗期满后，试用期过了，如法律或企业规章制度未规定试用期因医疗期存在而中止的条款，则员工转正。

【基本案情】[①]

2016 年 8 月 1 日，王某亮进入简某公司工作，约定试用期为 2016 年 8 月 1 日至 9 月 30 日。简某公司已支付王某亮 2016 年 8 月工资 3179 元。

2016 年 9 月 1 日 7 时 40 分左右，王某亮在简某公司车间二楼更衣室换好工作服下楼梯去车间工作时扭伤右足，同日被诊断为右足第五跖骨基底部骨折，右足第 5 跖骨基底部骨折。王某亮发生工伤后未继续到简某公司处上班。

2016 年 9 月 27 日，简某公司向徐州经济技术开发区工会寄送《解除劳动关系告知工会函》。2016 年 9 月 28 日，简某公司向王某亮邮寄《试用期解除劳动关系通知书》，王某亮未收。

2016 年 9 月 30 日，简某公司为王某亮办理了"退工停保"，不再继续为王某亮缴纳工伤保险。2016 年 10 月 1 日，简某公司通过《扬子晚报》登载"解除劳动关系告示"，内容为"兹有简某公司员工王某亮，在试用期工作中，对装配工具的正确使用、工作内容的细致要求以及与团队同事的团结协作等方面不符合录用条件，经公司研究后，自公示之日起与你解除劳动关系，请前来领取至解除之日的劳动报酬及相关手续。特此公告！"

2017 年 3 月 1 日，徐州市人力资源和社会保障局出具《认定工伤决定书》，王某亮所受伤害被认定为工伤。2017 年 6 月 30 日，徐州市劳动能力鉴定委员会作出《徐州市劳动能力鉴定结论通知书》，王某亮伤情被鉴定为十级伤残、无护理依赖。劳动能力鉴定费用 357 元、医疗费 1150.64 元由王某亮支付。

另查明，2016 年 9 月 1 日至 12 月 31 日，徐州市最低工资标准为每月

[①] 详见（2018）苏 0391 民初 254 号、（2019）苏 03 民终 5935 号民事判决书。

1600元。

2017年6月30日,《徐州市劳动能力鉴定结论通知书》作出后,王某亮向徐州市仲裁委提起仲裁申请,请求裁决简某公司支付:1. 2016年9月1日至2017年2月1日停工留薪期工资16000元(3200元/月×5个月);2. 护理费7200元(80元/天×90天);3. 一次性伤残补助金22400元(3200元/月×7个月);4. 一次性工伤医疗补助金30000元;5. 一次性伤残就业补助金15000元;6. 医疗费1150.64元;7. 劳动能力鉴定费357元;8. 解除劳动合同补偿金1600元(3200元/月×1/2个月);9. 代通知金3200元;10. 中秋节过节费400元;11. 9月降温费200元。

【裁判结果】

法院判决简某公司向王某亮支付经济补偿金1589.5元、一次性伤残补助金22253元、一次性工伤医疗补助金30000元、一次性伤残就业补助金15000元、劳动能力鉴定费357元、医疗费1150.64元、停工留薪期工资9537元、护理费6621元、降温费200元,以上合计86708.14元。

【实务分析】

关于简某公司与王某亮解除劳动合同是否违反法律规定的问题是一个涉及劳动法的重要议题。王某亮于2016年8月1日加入简某公司,并且约定试用期至9月30日,然而在9月1日王某亮发生了工伤。简某公司在9月28日邮寄了一份《试用期解除劳动关系通知书》,决定自9月30日解除与王某亮的劳动合同,理由是在试用期工作中,王某亮对工具正确使用、工作内容细致要求以及与团队同事的团结协作等方面不符合录用条件。

根据上述事实,王某亮在试用期内发生工伤,并且根据其提供的诊疗证明,当时仍在治疗期间。根据《江苏省劳动合同条例》第十五条第二款规定,劳动者在试用期内患病或因工负伤须停工治疗的,应当在规定的医疗期内中止试用期。此外,根据《江苏省实施〈工伤保险条例〉办法》第二十二条的规定,在停工留薪期间,用人单位不得与工伤职工解除或终止劳动关系。因此,简某公司在这段时间内不能解除与王某亮的劳动合同。

另外，根据《劳动合同法》第三十九条的规定，用人单位如果以劳动者被证明不符合录用条件为由解除劳动关系，必须在试用期开始时明确其录用条件，并在试用期内向劳动者明示其不符合录用条件的具体内容。然而，简某公司主张根据《劳动合同法》第三十九条的规定，以不符合录用条件为由解除劳动合同，但却未提供证据证明在王某亮入职时已明示应当符合的条件。而且，在《试用期解除劳动关系通知书》中，简某公司只明确了解除劳动关系的具体理由，未在试用期内向王某亮明确其不符合录用条件的具体内容。因此，简某公司解除与王某亮的劳动合同违反了法律规定。

关于简某公司是否应承担工伤保险待遇赔偿责任的问题，根据《社会保险法》第五十八条的规定，用人单位应在用工之日起30日内为职工办理参保登记。但是并未规定在申办社保登记期间发生工伤事故的情况下，用人单位免除工伤保险赔付责任。简某公司提供的退工停保花名册证明了停保时间是在2016年9月30日。然而据双方陈述，尽管王某亮于2016年8月入职简某公司，但其工伤保险仍由上一家用人单位缴纳。简某公司在王某亮入职后并没有及时为其办理保险手续。作为用人单位，简某公司应当在劳动者入职后即负有为劳动者参加社会保险的义务。由此导致的工伤赔偿损失应当由简某公司承担。

最后，关于工伤赔偿数额认定问题，简某公司主张依据《江苏省实施〈工伤保险条例〉办法》第二十七条及《徐州市贯彻〈工伤保险条例〉实施意见》第十八条的规定进行赔付比例下浮。然而，考虑到《徐州市贯彻〈工伤保险条例〉实施意见》在2017年11月1日开始实施，而王某亮的工伤发生在此之前，因此不应当依照上述规定进行下浮。

【合规指引】

企业在构建关于试用期内患病的员工制度时，可以作如下描述："试用期内因为生病进入法定医疗期的，员工可以享受法定医疗期待遇，但是同时员工的试用期中止，不再连续计算。员工病愈后或者员工法定医疗期届满后,员工的试用期开始恢复继续连续计算,公司仍然依据公司的试用期管理制度,对员工行使相应管理权限。"

3. 试用期请病假应如何办理解除劳动合同手续

案例5-3:因病假引发的劳动争议,在仲裁或诉讼中应重点审查病假证明的合法性、劳动规章制度的合法性、请假流程与休假的合规性。

【基本案情】①

2018年6月27日,当某网公司技术部产品总监高某某通过微信向直属领导请病假,同日因特殊病症进行手术。术后其通过公司OA系统提出病假申请,总裁办直属领导签批同意,但员工关系管理员意见为不同意。2018年9月6日,当某网公司向高某某邮寄了《解除劳动合同通知书》,以其请假未获批属旷工为由解除劳动合同。争议经仲裁后,当某网公司向法院提起诉讼,主张无须继续履行劳动合同。

【裁判结果】

法院判决当某网公司的解除行为属于违法解除劳动合同。

【实务分析】

考虑到高某某患有特殊疾病,以及其在口头提出请假时未按当某网公司的工作和管理秩序造成混乱的情况,该公司单方面认定其旷工并解除劳动合同所存在问题,缺乏合理性。同时,公司解除劳动合同所依据的2016年版员工手册修订经过民主程序的相关证据并没有提供,该解除存在程序上的瑕疵。

尽管当某网公司员工手册规定了预先请假制度并具有一定的效力,但并不能轻易推断出未进行预先请假就等同于旷工,因此高某某并不存在旷工行为,公司解除劳动合同的做法是违法的。因此法院确认当某网公司解除劳动合同的行为违法,并判决双方继续履行劳动合同并无不当。

---

① 详见(2019)京0101民初5075号、(2019)京02民终11084号民事判决书。

高某某患有的罕见特殊疾病成为关注焦点，引发了涉及病假的劳动争议的几个核心问题，包括病假认定的依据、病假认定的程序规定以及病假认定的效力。

一、关于病假认定的依据

劳动者的休息休假权利是不可或缺的基本权益之一。休息和休假有许多不同的形式，包括工余时间、休息日以及法定节假日，休假范围涵盖了年假、婚假、产假、哺乳假、探亲假、丧假、事假以及病假等。这些休假种类具有不同的性质，有些源自法律法规的明文规定，而有些则来源于企业内部的劳动规章制度。

《劳动法》中关于"工作时间和休息休假"的规定涵盖了工余时间、休息日和法定节假日等常规休息休假内容，以及延长工作时间的相关规定。而行政法规和地方规章则对年假、婚假、产假、哺乳假、探亲假、丧假等进行了规定，但对事假和病假并没有专门的法律条款来界定。

在实践中，类似当某网公司在员工手册中对病假的规定，企业通常通过制定劳动规章制度来规范病假申请条件、流程以及病假期间的福利待遇、虚假病假的后果等。病假的认定依据、程序以及病假期间的权利义务可以由企业自主设定，只要符合政策法规并经公示，应当得到劳资双方的尊重和法律的认可。

二、关于病假认定的程序规定

就认定病假的程序而言，企业在管理规章方面享有更多的自主决策权和自由裁量权。在实际操作中，病假申请的时间、形式以及批准过程往往是引发争议的热点问题。

1. 请假是否需要提前通知。许多疾病都具有突发性和无法预测性，因此，如果企业规定劳动者必须提前请假，这显然过于苛刻且缺乏合理性。但基于诚信和劳资关系平衡的考量，员工及其家属应在不影响治疗的前提下尽早请假，以减少对企业正常运转秩序的影响，避免因缺席工作而导致的损失扩大。若劳动者所患非突发疾病，或在紧急情况解除后合理时间内未履行请假手续而擅自请假，企业有权认定员工无权享有病假，法院亦不应支持其请假请求。

2. 是否必须书面请假。随着通信技术的飞速发展，许多企业已经采用了 OA 系统、钉钉等软件实现在线办公与审批流程的简化和规范管理。2019 年 10 月修正的《最高人民法院关于民事诉讼证据的若干规定》也将手机短信、电子邮件、即时通信等网络通信信息纳入电子证据范畴。因此，通过在线或网络通信进行病假申请应被视为有效形式，不能因未提交书面请假申请而否定请假效力。此外，为防止虚假病假，企业可要求员工提供挂号单、电子病历、医药费发票、检查报告等证明文件。

3. 是否必须经过批准。病假直接关系到劳动者的健康权益，具有天然正当性，不需要用人单位事前同意。从这个角度看，企业的批准实质上是对病假的审核，只要劳动者完成必要且合法的请假手续并提供真实有效的病情证明，无须经过批准即可享有病假权益。

针对本案，高某某在 2018 年 6 月 27 日通过微信向领导请假，并同日接受手术，其提前履行了书面请假手续无可争议。公司在诉讼中强调未获得批准，但值得注意的是，总裁办领导在 7 月 30 日即签批同意了该请假申请，直至 8 月 7 日员工关系管理员才签批不同意意见，理由在于无法确认病假原因。随后员工提供完整的诊断证明和病情证明。法院认定员工已合理履行请假手续，符合劳动法规定。

三、关于病假认定的效力

就因病假而引发的劳动争议而言，仲裁或诉讼程序应当重点审查病假证明的合法性、劳动规章制度的合法性以及请假流程与休假的合规性。

1. 病假证明合法性的审查与认定

病假证明通常是用人单位认定病假的主要依据，但病假证明并不必然证明病假的真实性、必要性和合理性，而应由法院依据证据规则进行认定。考虑到医学知识的专门性和突发疾病的紧急性，非因劳动者原因导致病假证明的合法性、真实性或关联性存在瑕疵时，可以进行证据补正或申请由有资质的医疗机构对医疗期进行重新评定。

2. 对劳动规章制度合法性的严格审视

在审查劳动规章制度合法性时,应当重点审查其合法性,确保企业内部的规定符合国家法律法规,不得损害劳动者的人格尊严。

《劳动合同法》第四条规定:"……用人单位在制定、修改或者决定有关劳动报酬、工作时间、休息休假、劳动安全卫生、保险福利、职工培训、劳动纪律以及劳动定额管理等直接涉及劳动者切身利益的规章制度或者重大事项时,应当经职工代表大会或者全体职工讨论,提出方案和意见,与工会或者职工代表平等协商确定。在规章制度和重大事项决定实施过程中,工会或者职工认为不适当的,有权向用人单位提出,通过协商予以修改完善。用人单位应当将直接涉及劳动者切身利益的规章制度和重大事项决定,在制定、修改或决定涉及劳动者切身利益的规章制度或重大事项时,企业应当经过职工代表大会或全体员工讨论,并提出方案和意见,与工会或职工代表平等协商确定。在规章制度和重大事项决策实施过程中,如工会或职工认为不适当,有权向企业提出意见,并通过协商进行修改完善。企业应当公示或告知直接涉及劳动者切身利益的规章制度和重大事项决定公示,或者告知劳动者。"

从劳资关系的平衡和信赖保护角度出发,如果劳动规章制度的程序合法性存在缺陷,应当作有利于劳动者的认定。换言之,不符合程序合法性标准的劳动规章制度,不得作为用来削减劳动者享有病假权利的依据。这也意味着,员工手册不得成为企业单方解除劳动合同的依据。

3. 请假流程与休假的合规性

根据《劳动合同法》第三十九条第二项的规定,严重违反用人单位规章制度的,用人单位可解除劳动合同。针对严重违反规章制度的病假申请流程,企业有权要求员工提供完整就诊记录和修正病假证明上的形式问题,也可要求员工事后提交书面申请以修正请假程序上的问题。如果企业未要求员工修正形式或程序问题而直接认定其严重违反规章制度,并单方解除劳动合同,那么这种行为不应得到法律支持。

对于在休假期间未进行恢复休养性质的活动,也不应被一概视为虚假病假或旷工现象。考虑到疾病机理的错综复杂和不同诊疗方法的多样性,尤其需认识到任何疾病都会对患者身心造成不同程度的影响,除了身体机能的恢复,心理调适和恢复同样至关重要。在司法审查中,应尊重医疗机构的专业判断,在确定疾病与休假活动的相关性时,除非有相反证据,法院应作出有利于劳动者的判决。本案中,法院对高某某患有罕见疾病的恢复方式给予了开放和宽容态度,体现了以人为本的精神。

【合规指引】

企业应依法合规制定病假制度,就病假的认定程序、病假的认定效力进行翔实的规定,并履行民主程序,接受工会或职工代表的意见,最后向员工个人公示企业的规章制度,以保证规定的合法性。

(二)试用期内普通员工与患病员工基本情况对比

在试用期内患病的员工,与一般的员工,还是有一些差异的,详细请见下表:

	试用期内普通员工	试用期内患病员工
工作时间	短	短
与企业情感纽带	无	无
所关注利益	工资社保,最多是补偿金	工资社保,对医疗费用的关注,大于补偿金
对离职的心理接受度	高	低,由于生病,会形成对企业的依赖性,这种依赖性不是基于情感纽带而产生,是基于生病而暂时丧失再就业能力,而且需要获得暂时性的生活来源保障

续表

	试用期内普通员工	试用期内患病员工
对企业是否享有试用期以不符合录用条件单方解除劳动合同的权利理解	认同，接受	认同，接受，但是往往强调自身的特殊性，希望能够得到同情，留在企业
再就业的可能性	大	由于需要治疗，再就业的可能性小

医疗期患病员工，区别于一般员工的要求和心理状态，都是由于患病而产生的，所以这些患病员工特别关注的核心利益与核心诉求，大多也是围绕生病而产生的。只要这个核心利益能够得到解决，一般情形下，问题还是容易解决的。

在试用期内患病与过了试用期的一般员工患病，员工的要求和心理状态也存在很多不同点。

	试用期内患病员工	过了试用期之后患病员工
工作时间	短	相对长一些
与公司情感纽带	无	比较而言，有的可能性大一些

（三）患病员工分析

员工在试用期内患病，与过了试用期患病的员工有一些共通性，依据病情的真伪，不外乎存在两种可能性：真病与假病。

对于真生病的员工，自然应当让员工享受法定医疗期。不过，依据员工病情的不同，员工的医疗期还是有一些不同的，以下表格以北京地区为例：

	正式员工的医疗期	试用期内员工的医疗期
普通疾病	工龄 10 年以下，3 个月医疗期；工龄 10 年以上，6 个月医疗期	工龄 10 年以下，3 个月医疗期；工龄 10 年以上，6 个月医疗期

续表

	正式员工的医疗期	试用期内员工的医疗期
特殊疾病之绝症（癌症或瘫痪）	最少 24 个月	最少 24 个月
特殊疾病之精神类疾病	最少 24 个月	依据录用条件来确定。如果录用条件中有写明"试用期内患精神类疾病的视为不符合录用条件"，企业即可以单方解除劳动合同

由上表可得知，对于在试用期真生病的员工，企业享有处理权限的仅限于精神类疾病，而且这种处理，对于公司的"录用条件"的内容规定，有很大的依赖性。

同样由上表亦可知，如果企业在录用阶段，录用到了已经罹患了绝症的员工（也许员工自己也不知道），对于企业来说，试用期将不再具有任何意义。

1. 病情真假的预判

对于假生病的员工，一般情形下，企业可以从以下几个方面作预判：

（1）员工请假的时机

如果员工请假正处于企业宣告与其解除劳动合同之后，则基本可以推定员工请病假有对抗性动机。

在实践中，员工因为与企业发生解除劳动合同的冲突之后，立即到附近的医院开出了3天的病假单，这种行为本身，具有明显的对抗性行为特征。

（2）员工假单的开出医院

相对来说，三甲或者以上的医院开出的假单，真实性更为可信一些。而一些小医院开出的，虚假的可能性要大一些。

（3）员工请假的背景

员工请假之前，有没有与企业领导产生冲突。经过分析之后，如果企

业认为员工休病假的可能性比较大,则可以进一步对该员工从以下几个方面进行深度分析:

休病假的员工	
休病假目的	只是为了给企业解除劳动合同制造麻烦,表达对抗性情绪,还是真的想要什么利益
相关利益	3个月到6个月的病假利益,或者继续履行合同
员工与企业领导之间的关系	相处较好,有感情基础还是关系紧张、相互仇视
年龄	年轻员工,流动性大,更多的是在表达情绪;年龄大员工,有可能不想失去一份工作
家庭条件	条件好的员工,情绪可能性大;条件差的员工,利益可能性大

一般情形下,在试用期请病假的员工,由于关涉利益较少,表达情绪的可能性更大一些。

2. 协商方向的选择

如果企业经过分析员工请病假的情形之后,判断员工更可能是在表达不满的情绪,则企业一般是不需要去医院甄别病假条的真伪的。因为客观上虚假病假条的甄别,并不是特别容易实现。而相对来说,经过沟通,消除员工的对立情绪,劝说员工放弃对立,接受离职,更为容易一些。

基础	第一个方向	第二个方向	建议
预判员工请假虚假可能性大一些	直接去医院甄别假单真伪,如果鉴别为虚假假单,则以严重违反规章制度单方解除劳动合同或者劝说员工自己辞职	通过沟通技巧,劝说员工放弃对立,接受离职	第二种更容易操作,也更容易实现

(四)试用期内解除患病员工劳动合同的沟通技术

沟通技术始终是企业追求的一种基本技能。而沟通技术的成长,相对于合规技能来说，更为容易一些。

1. 理解员工患病的痛苦

如果员工真的生了病，不同的病情，对于病人来说，具有不同的痛苦。企业在与此类员工进行沟通时，要理解病痛对员工所造成的痛苦。无论这个理解是真的还是故作的一种姿态，以此作为企业的切入口，都不失为一种比较好的策略。这种沟通，可以使员工感受到企业对他的理解。

2. 共同经历易引起共鸣情感

如果在沟通过程中，能找出与员工生病的共同事件或特征，以此为切入口与员工交谈，更容易走进员工心里，以促成协商结果。

3. 适当强调企业的权利

企业需要在关注到员工病情病痛与休假权利的同时，也要向员工清晰地传达一下企业的法定权利。

例如：我们知道您现在的身体情况，您确实需要休假休养。而且事实上，公司也已经在照顾到您的身体情况，在您生病期间，公司提供了病假待遇，依法发放了病假工资。公司对您生病期间的心理感受，是可以理解到的。不过，我作为公司的代表，在您的医疗期即将届满之前，有必要提前提醒您关注一下，在您的医疗期届满之时，公司在法律上，是享有依据您试用期的工作表现，进行客观评价，如果评价结论不理想，公司在法律上是享有单方解除与您的试用期的权利。

这是一个比较完整的沟通措辞方式。这样的措辞，能将企业的法定权利传达得比较清晰。

4. 在与员工沟通时，尽量避免法律语言沟通

比如，上面的措辞中，在向员工传达时，并没有特别强调公司解除劳动合同的前提是"不符合录用条件"，而只是采用了"如果评价结论不理想"这种更容易通俗理解的话，不容易引起员工警觉。

5. 在与员工沟通时，尽量表现得更为公平公正

表达立场时，尽量淡化对抗立场，需要对自己立场的表达更为委婉，从以上措辞可以看到以下几个小地方：

（1）将符合企业立场的目的，尽可能带有一些对员工有利的色彩

比如，在员工法定医疗期满之前传达，则可以适当强调具有提前提醒员工的意思，这样有利于员工做更好的准备。当然这种传达，不必刻意点明，点到为止。

（2）强调与员工解除劳动合同是企业的法定权利

这种强调有两种意味，一是这种权利是法律所规定的，是一种客观标准，二是又隐含着，这一种权利虽然是法定权利，但是企业也许将来在具体处理时，有一定的企业空间，当然后者是隐含的，患病员工也更好理解企业。

（3）对企业与员工解除劳动合同设置前提

就如上述措辞所用的"如果评价结论不理想"这个前提，这样权利的传达就不会太引人抵触，让员工难以接受，员工只要评价结论理想，仍有机会留任。

（五）与患病员工沟通所要实现的目标

所有的沟通，都要具有目的性。企业一旦与员工正式接触，则必须在具体接触之前，确定好自己的处理目标。我们在建议设定目标时，公司要考虑到以下几个要素：

1. 告知员工法律权利

比如，员工生病，其医疗期内的相关待遇，即属于法律规定的员工基本权利，这种权利倍受法律强制性保护。对于这种权利，企业要给予充分尊重。

2. 根据员工具体表现，展现企业态度

对于员工，企业要表现出体恤和照顾。但是对于行为恶劣的员工，企业既要表现出克制，也要秉公处理，手腕不宜过于软弱。

3. 与患病员工解除劳动合同的风险评估

企业根据自身的相关证据情况，进行判断：一旦败诉，最坏的结果是什么，对公司的负面影响是什么，等等。

4. 企业与患病员工解除劳动合同的目标

（1）劝退员工，即引导员工自己提出辞职。由于员工在试用期之内，与企业之间并没有强烈的感情，员工提出辞职的可能性是存在的。只要对象分析准确，企业稍加引导，即有可能促成该结果。

（2）企业以试用期内不符合录用条件进行单方解除劳动合同。对于一些劝解无效，而且能力确实不符合录用条件的员工，即可以行使这种权利。

（3）与员工协商，尽量促成协商一致性的目标，建议性的协商目标为半个月到 1 个月之间的工资补偿。

员工类型	建议目标
比较年轻；事实上能力确实有问题；因为情绪冲突开始休病假，休假存疑的可能性大	劝退员工
员工情绪极其对立，与企业之间缺乏调解基础；员工生病属真，但是对企业提出天价索赔；员工能力确实不符合录用条件	以试用期内不符合录用条件进行单方解除
公司没有不符合录用条件的规定；员工本分，生病属实，生活略为困难；或员工能力还行，不到不符合录用条件的程度	建议协商解除，以半个月到 1 个月补偿为目标

第二编

解聘严重违反规章制度员工合规指引与案例精解

专题六：

严重违反规章制度条款如何设计

严重违反规章制度是指员工的违纪行为已经超过"一般"的违纪限度，达到了"严重"的违纪程度，企业依法与员工解除劳动合同，并且无须向员工支付经济补偿金。对于员工而言，因为面临着被解除劳动合同且得不到任何经济补偿的后果，所以在实践中由此而引发的矛盾也比较尖锐，一般员工会采取申请仲裁及诉讼的方式来争取自己的权益。

以下将从劳动法律法规的规定出发，结合司法实践中关于"严重违反规章制度"的有关问题及意见进行分析，以助于企业降低以"严重违反规章制度"为由解除劳动合同时的劳动法律风险。

（一）"严重违反规章制度"的相关法律规定

《劳动法》第二十五条规定："劳动者有下列情形之一的，用人单位可以解除劳动合同：（一）在试用期间被证明不符合录用条件的；（二）严重违反劳动纪律或者用人单位规章制度的；（三）严重失职，营私舞弊，对用人单位利益造成重大损害的；（四）被依法追究刑事责任的。"

《劳动合同法》第三十九条规定："劳动者有下列情形之一的，用人单位可以解除劳动合同：（一）在试用期间被证明不符合录用条件的；（二）严重违反用人单位的规章制度的；（三）严重失职，营私舞弊，给用人单位造成重大损害的；（四）劳动者同时与其他用人单位建立劳动关系，对完成本单位的工作任务造成严重影响，或者经用人单位提出，拒不改正的；（五）因本法第二十六条第一款第一项规定的情形致使劳动合同无效的；（六）被依法追究刑事责任的。"

《劳动合同法》第四十八条规定："用人单位违反本法规定解除或者终止劳动合同，劳动者要求继续履行劳动合同的，用人单位应当继续履行；劳动者不要求继续履行劳动合同或者劳动合同已经不能继续履行的，用人单位应当依照本法第八十七条规定支付赔偿金。"

《劳动合同法》第八十七条规定："用人单位违反本法规定解除或者终止劳动合同的，应当依照本法第四十七条规定的经济补偿标准的二倍向劳动者支付赔偿金。"

（二）对"严重违反规章制度"的法律规定的理解

我国劳动相关法律、法规中规定，当员工实施了"严重违反劳动纪律"或者"严重违反规章制度"的行为时，企业可以单方解除劳动合同。

当员工实施了严重违反规章制度的行为，而企业又以此为由解除劳动合同时，是无须向劳动者支付经济补偿金的。但是，假如企业以员工严重违反规章制度解除劳动合同时，存在一定的瑕疵，则企业解除劳动合同的行为就有可能会被认定为违法解除劳动合同，而此时员工还将拥有以下两种选择权，一是有权要求继续履行劳动合同；二是不要求继续履行或劳动合同已经不能继续履行时，企业需要向员工支付违法解除劳动合同赔偿金的责任，金额为经济补偿金的二倍。

所以企业是否合法解除与员工之间的劳动合同，对双方权利与义务的影响是巨大的。

案例 6-1：企业需要明确区分员工不胜任工作与严重违反规章制度，弄错解除劳动合同法定事由需承担赔偿责任。

【基本案情】①

刘某学于 2007 年开始与安某公司建立劳动关系，在安某公司任职 B2 车型教练。2018 年 6 月 11 日，刘某学向安某公司书写保证书一份，内容为："为了更好地维护驾校的声誉，保持驾校良好的形象，进一步提高培训质量，优化服务意识，更好地服务于学员，本人现作出如下保证：1. 遵守学校的各项规章制度，维护驾校的利益，不做有损驾校声誉的事情；2. 时刻牢记学员至上的宗旨，树立全心全意为学员服务的思想理念，充分尊重和维护学员的正当权益，举止文明，不讽刺、不训斥，耐心教学细心指导；3. 廉洁教学，对待学员一视同仁，不对学员进行吃拿卡要，不向学员索要财物；4. 把安全训练放在首位，时刻牢记安全第一的原则，训练时不离岗；5. 严格按照驾校领导安排的训练计划进行训练，不私自改变计划与训练项目，做到耐心细致因人指导，对于重点项目、难点项目要跟踪指导细心讲解，力争把科目二的合格率提高到 60% 以上。以上是我的承诺与保证，如有违反按学校的规章制度处理。刘某学 18.6.11。"在保证书的上方有一行文字："关于 18.6.11B2 尖头车成绩差教练作出如下承诺"，上述文字并非由刘某学书写，而是安某公司的工作人员书写。安某公司申请证人师某与马某出庭作证，二人均是安某公司的 B2 车型教练员，在庭审中证人师某、马某均认可并书写了保证书，师某的执教合格率未超过 60%。

2018 年 8 月 14 日，安某公司以刘某学培训的学员考试成绩较差、严重违反规章制度为由，口头通知刘某学与其解除劳动关系，并在县人力资源和社会保障局办理了《终止劳动合同证明书》。2018 年 8 月 23 日，安某公司的法定代表人李某与刘某学在录音中陈述："这种现象太普遍啦，你别说

---

① 详见（2019）苏 03 民终 4494 号民事判决书。

50岁突然解聘，这个现在的社会就是这样的，太普遍啦，解除与被解除都是正常的，有些人主动放弃我的企业，我给那个人要赔偿了吗？你憋屈想不通是你自己的问题，解决自己的问题好不？"

安某公司为刘某学缴纳了2010年1月至2018年8月的社会保险，现为暂停参保状态。解除劳动关系后，刘某学向县仲裁委申请仲裁，仲裁委作出仲裁裁决书，裁决安某公司支付刘某学经济赔偿金76721.64元（3196.735×12×2）。刘某学对仲裁裁决书上裁定的经济赔偿金的数额予以认可。安某公司不服，后向法院提起诉讼。

安某公司认可其公司未设立工会，其解除与刘某学的劳动关系，未履行向行业工会、区域性工会、市级工会等的告知说明义务。

【裁判结果】

法院判决安某公司支付刘某学违法解除劳动合同的赔偿金。

【实务分析】

第一，从安某公司解除与刘某学劳动合同的实体理由上分析，安某公司于2018年8月14日以刘某学培训的学员考试成绩较差、严重违反规章制度为由，口头解除与刘某学的劳动关系。首先，如安某公司主张的刘某学培训的学员考试成绩差这一事实存在，其解除劳动合同，亦应依据《劳动合同法》第四十条之规定"有下列情形之一的，用人单位提前三十日以书面形式通知劳动者本人或者额外支付劳动者一个月工资后，可以解除劳动合同：……（二）劳动者不能胜任工作，经过培训或者调整工作岗位，仍不能胜任工作的……"进行，而安某公司并未履行法律所规定的程序，安某公司未经培训直接以刘某培训的学员考试成绩较差、严重违反规章制度为由解除劳动合同，有违法律规定；其次，安某公司主张刘某学严重违反规章制度，安某公司一审期间举证的《教练员管理考核制度》没有细化严重违反规章制度的情形，且一审所举的证据不足以证实刘某学严重违反规章制度的事实存在。

第二，从安某公司解除与刘某学劳动合同的履行程序上分析，依据

《劳动合同法》第四十三条规定，用人单位单方解除劳动合同，应当事先将理由通知工会。虽然安某公司未设立工会，但其解除与刘某学的劳动合同，未履行向企业所在地工会等的告知说明义务，因此其与刘某学解除劳动合同的行为，程序亦违法。

第三，从安某公司于 2018 年 8 月 14 日向县人力资源和社会保障局出具的《终止劳动合同证明书》上分析，其引用的法条是《劳动合同法》第三十六条即"用人单位与劳动者协商一致，可以解除劳动合同"，而事实上，安某公司与刘某学并未就解除劳动合同协商一致。

【合规指引】

企业解除劳动合同前，需要根据现有掌握的员工的相关情况的证据后，与法务人员或律师提前协商解除劳动合同的各个理由所产生的法律后果，选择较为适合企业现状情况的理由，可以尽可能多地避免损失。

（三）企业规章制度中"严重违反规章制度"的效力如何认定

企业规章制度可以说是企业的法律法规，因为企业在日常的经营过程中均需根据规章制度的规定来管理员工，所以说对于任何一家企业来讲，规章制度建立的重要性也就毋庸置疑了。

例如，当企业在以"严重违反规章制度"为由解除劳动合同时，通常依据劳动者"严重违反用人单位的规章制度"来作为解除劳动合同的理由，是直接依赖于用人单位规章制度中的规定。而此时，如果用人单位的规章制度在效力上出现了问题，则多数此类解除会被认定为违法解除。那么企业如何才能保证企业的规章制度是一份合法、有效的规章制度呢？

依据《劳动合同法》第四条第一款、第二款规定："用人单位应当依法建立和完善劳动规章制度，保障劳动者享有劳动权利、履行劳动义务。用人单位在制定、修改或者决定有关劳动报酬、工作时间、休息休假、劳动安全卫生、保险福利、职工培训、劳动纪律以及劳动定额管理等直接涉及劳动者切身利益的规章制度或者重大事项时，应当经职工代表大会或者全体职工讨论，提出方案和意见，与工会或者职工代表平等协商确定。"同时该条还规定，涉及劳动者切身利益的规章制度和重大事项决定公示，或者告知劳动者。

依据上述法律规定，规章制度是否合法、有效的"三性"，分别为：1. 合法性；2. 民主制定程序；3. 公示性。所以要保证一份规章制度合法有效，上述"三性"缺一不可。企业的规章制度只有符合了法律规定"三性"的要求，才能够拥有相应的法律效力，并用来作为管理的依据。相应地，如果企业的规章制度在合法性、民主制定和公示过程中，没有严格按照规章制度的"三性"执行，即便是其中任何一个环节上存在瑕疵，都可能会导致该规章制度在法律上不产生效力，相应的后果就是根据该规章制度所作出的处罚决定同样无效，最终构成违法解除劳动合同，使得企业的权益受损。

此外，规章制度在"合法性"之外的"合理性"问题，即虽然法律并无明确相反的规定，但企业规章制度中也应注意违纪情节及对应后果的合理性，不可过于严苛，否则也将面临不被裁判机构支持的可能。

以下对"三性"及合理性问题作具体分析：

1. 企业规章制度合法性要求

不得违反法律法规、国家政策，不得与集体合同、劳动合同的约定冲突。

首先，对规章制度的合法性要求源于对企业管理活动的合法性要求。《公司法》第十九条规定："公司从事经营活动，应当遵守法律法规……"类似的条款也存在于《合伙企业法》《个人独资企业法》等企业管理层面的法律中。因此，规章制度作为企业管理行为的一部分，不得违反法律法规的规定。此外，根据法律原理及地方司法解释的明确，规章制度一般也不得违反国家政策。

其次,规章制度不得违反企业与劳动者之间签订的劳动合同的规定。《最高人民法院关于审理劳动争议案件适用法律问题的解释(一)》第五十条第二款规定:"用人单位制定的内部规章制度与集体合同或者劳动合同约定的内容不一致,劳动者请求优先适用合同约定的,人民法院应予支持。"据此,规章制度在适用时,不得违反集体合同、劳动合同的约定。

案例6-2: 集体合同的目的是确定一个整体上的劳动标准,而非确定具体的劳动关系,不能代替劳动合同。

【基本案情】①

2009年11月11日,于某到纵某环球公司工作,岗位为质检员,月工资为1500元,双方未签订劳动合同。自2010年4月起,于某的月工资增至1700元。2010年10月26日,于某以工资太低为由申请离职,纵某环球公司同意其离职,但未与于某结清2010年9月和10月的工资。后于某向大兴区仲裁委提出申诉,要求纵某环球公司支付拖欠工资2700元、加班费10656元、经济补偿金3400元、因违反约定试用期规定应支付的1000元、未签订劳动合同二倍工资18700元、垫付保险费用6000元。2011年4月6日,大兴区仲裁委作出裁决书,裁决:1. 纵某环球公司支付于某工资2700元;2. 纵某环球公司支付于某未订立劳动合同二倍工资的一倍部分16872.42元;3. 驳回于某的其他仲裁请求。于某同意大兴区仲裁委的裁决,纵某环球公司不同意该裁决的第二项,起诉至大兴区人民法院。

一审法院庭审中,纵某环球公司提交:1. 公司管理制度,其中包含集体合同制度,证明其公司实行集体合同制度,新入职员工应遵守集体合同;2. 会议签到表,证明于某学习过公司管理制度;3. 职工代表大会关于签订集体合同决议,证明2007年8月3日,职工代表大会通过表决,同意签订集体合同;4. 集体合同,证明其公司与工会签订了集体合同,该合同期限

---

① 详见(2011)大民初字第6828号、(2011)一中民终字第12121号民事判决书。

为 2007 年 8 月 4 日至 2010 年 11 月 13 日；5. 集体合同备案受理通知书，证明集体合同已报送劳动行政部门备案。于某对证据 1 不认可，称没有加盖公章，其也没有看见过；对证据 2 真实性认可，但称不能证明其学习的是这个制度；对证据 3、证据 4 均不认可，称其没有见过，即使有集体合同，因签订合同时其还未到纵某环球公司上班，该合同对其也不适用；对证据 5 真实性认可。

于某提交杨某明的劳动合同书，证明纵某环球公司应当与其签订这样的劳动合同，因为杨某明也是纵某环球公司的质检员。纵某环球公司对该证据的真实性认可，但称根据集体合同制度第一条规定，其公司原则上不与职工签订劳动合同，如有职工要求签订的，其公司也可以考虑与其签订。

【裁判结果】

1. 纵某环球公司于本判决生效后 10 日内支付被告于某工资 2700 元；
2. 纵某环球公司于本判决生效后 10 日内支付被告于某 2009 年 12 月 11 日至 2010 年 10 月 26 日未签订劳动合同二倍工资中的另一倍工资 16872.42 元。如果未按本判决指定的期间履行给付金钱义务，应当依照《民事诉讼法》第二百二十九条之规定，加倍支付迟延履行期间的债务利息。

【实务分析】

纵某环球公司与于某之间没有签订正式的书面劳动合同，但事实上双方存在着明显的劳动关系。尽管纵某环球公司同意向于某支付 2700 元的工资，但公司与工会签订的集体合同中规定，该合同适用于某，并且不同意支付超过合同规定工资的款项给未签订书面劳动合同的员工。《劳动合同法》第五十五条规定："集体合同中劳动报酬和劳动条件等标准不得低于当地人民政府规定的最低标准；用人单位与劳动者订立的劳动合同中劳动报酬和劳动条件等标准不得低于集体合同规定的标准。"由此可见，即使企业与工会签订了集体合同，仍需与员工签订独立的劳动合同。由于纵某环球公司未与于某签订书面劳动合同，在这种情况下，根据《劳动合同法》第八十二条第一款的规定，应支付于某额外的工资作为补偿。

【合规指引】

即使已经制定集体合同，企业仍应与单个员工逐一签订书面的劳动合同，以避免未签劳动合同的法律风险。

案例 6-3：产假权法律效力位阶高于公司规章制度，女员工的产假权是我国宪法和法律明文规定的权利，该权利的享有不存在任何前提性条件，属于女员工的基本权利。无论女员工生育是否符合计划生育政策或公司劳动管理规定，均不影响女员工此项法定权利的享有。

【基本案情】[①]

2005 年，李某英进入中山市某灯饰有限公司担任生产线组长。2013 年 2 月，李某英向公司申请产假，当月 27 日产下一女婴。同年 6 月，李某英回到公司上班。8 月 22 日，李某英以对方拒绝支付产假期间工资投诉被告公司。次日，李某英再以公司未为其购买社保、随意调动其劳动岗位为由提交员工离职表，但公司并未批准。后经劳动争议调解委员会调解，双方达成协议，被告公司需于 2013 年 9 月 10 日前支付李某英产假工资 6284 元，李某英仍在原工作岗位上班，工资待遇按原来合同执行，公司从当月起还要为李某英购买社会保险。

协议签订后，被告公司并未支付李某英产假工资，并于 9 月 5 日向其发出解除劳动合同通知书。9 月 17 日，李某英申请劳动仲裁，请求公司支付产假期间工资、解除劳动合同经济补偿 25600 元及生产时医疗费 5200 元。仲裁委驳回李某英的全部仲裁请求。李某英不服裁决向法院提起诉讼。

对此，公司辩称，2013 年 2 月末至同年 6 月中旬，李某英未办理任何手续即旷工，6 月回归后自称生育，但未能提交准生证，且怀孕期间未向公司提出申请要求。此外，李某英于同年 8 月 25 日提交离职申请，但手续尚未办完即连续旷工超过 15 日，公司在 9 月 12 日已解除与其的劳动合同。

[①] 《法院帮其追回产假工资及解聘补偿金合计 3 万余元》，载中山市第二人民法院网，http://www.zsdefy.gov.cn/html/article/2014/07/10/3531.shtml，最后访问日期：2023 年 6 月 9 日。

【裁判结果】

法院判决公司支付李某英 3 万余元。

【实务分析】

关于产假权的法律规定主要包括《劳动法》第六十二条规定的"女职工生育享受不少于九十天的产假",以及民法典关于生命健康权的规定。根据《广东省工资支付条例》第十九条的规定,劳动者在产假期间应当视同正常劳动并获得工资报酬。

"女职工生育享受不少于九十天的产假"并没有设置享受产假的前提条件,不管是否符合计划生育政策,只要存在生育事实,就可享受产假。公司有关产假的规定虽然属于用人单位的劳动管理权,但不能阻止或排除产假权的落实。或者说,请假手续只是一种形式,并不能阻碍产假权的实施。至于被告提出原告没有提供是否违反计划生育证明文件的抗辩理由,也不能对抗产假权。产假权是生育权的引申,是宪法和民法规定的基本权利。公民生育是其基本权利,可以生育子女。如果属于超生,则由相关机关进行处罚。因此,员工至少可以享受 9600 元(3200 元/月×3 月)的产假工资,而其在本案中只请求 6284 元,属于当事人有权在法律规定范围内处置自己的民事权利和诉讼权利,法院应该予以支持。

【合规指引】

对企业内部关于对员工重大利益有影响的规章制度的合法性审查,企业不仅限于劳动关系相关法律法规的合法性审查,还应对与该等重大利益的规章制度所涉及的其他部门法律进行合法性审查,以保障规章制度的合法性,不会因为违法而失效。

2. 企业规章制度民主程序与公示性

《劳动合同法》第四条第二款规定,用人单位在制定、修改或者决定直接涉及劳动者切身利益的规章制度或者重大事项时,"应当经职工代表大会或者全体职工讨论,提出方案和意见,与工会或者职工代表平等协商确定",这是规章制度的民主程序。

该条第四款规定:"用人单位应当将直接涉及劳动者切身利益的规章制度和重大事项决定公示,或者告知劳动者。"

需要注意的是,企业的民主程序只要经"讨论""协商"即可,并不需要获得职代会、全体职工、工会或职工代表的同意。

未经民主程序的规章制度,并不必然无效。

对于《劳动合同法》实施之前的规章制度,基于"法不溯及既往"的法理,北京、江苏、吉林、浙江等省市均规定:对于2008年《劳动合同法》实施之前的规章制度,虽未经过《劳动合同法》第四条第二款规定的民主程序,但内容未违反法律、行政法规及政策规定,并已向劳动者公示或告知的,可以作为用人单位用工管理的依据。在没有明确裁审意见的其他省份,该思路同样适用。

对于《劳动合同法》实施之后的规章制度,浙江省劳动争议仲裁委员会《关于劳动争议案件处理若干问题的指导意见(试行)》中规定:"《中华人民共和国劳动合同法》实施后,用人单位制定、修改或者决定直接涉及劳动者切身利益的规章制度或者重大事项时,未经过该法第四条第二款规定的民主程序的,一般不能作为仲裁委员会处理劳动争议案件的依据。但规章制度或者重大事项决定的内容不违反法律、行政法规、政策及集体合同规定,不存在明显不合理的情形,并已向劳动者公示或告知,且劳动者没有异议的,可以作为仲裁委员会处理劳动争议的依据。"

其他地区并未有如浙江这般的明文规定,但在规章制度合法、合理的前提下,仅仅根据缺乏民主程序即认定规章制度无效的做法是非常少的。

现在全国各地的司法实践中,对于"三性"中的"民主制定程序"认定司法尺度尚不统一。有些地区,司法机关更加关注的是规章制度的"合法性"及"公示性"。即使如此,建议各用人单位能够完善规章制度的"三性",以确保规章制度的效力。

3. 企业规章制度合理性要求:不具备明显不合理情节

对规章制度的合理性要求,源于民法领域关于诚实信用、公序良俗的法律原则。具体来说，规章制度不合理常常表现为"小题大做""轻违重罚"，明显不合理的规章制度会被认定为无效。但是，对于是否"明显不合理"的判断是一个主观的过程，并且是视每个案件中的具体情形而定的。例如，对于一般的职位，在工作日午餐时喝酒构成严重违反规章制度的合理性，比较难以判断，但是，如果是公司的司机岗位，工作日午餐喝酒构成严重违反规章制度就是一个具有合理性的条款。又例如，普通的办公室环境里不得抽烟，否则构成严重违反规章制度的规定，可能欠缺一定的合理性。但是，同样的条款运用于工作地点在加油站或其他有危险品的场合，就具备合理性。所以，对于合理性要求而言，只要不显著破坏规定的均衡性，一般都是有效的。

4. "三性"的认定依据

案例6-4：企业对单方解除劳动合同事实及程序上的合法性负举证责任。若解除事实或程序上出现瑕疵，企业将承担不利后果。

【基本案情】①

宋某伟于2017年10月16日进入宝某公司，担任大数据架构师，双方签订期限自2017年10月16日至2020年12月31日的劳动合同，约定试用期6个月，宋某伟基本工资为26000元/月。宋某伟2018年2月11日、2月12日未上班，宝某公司以宋某伟旷工2天为由扣发宋某伟2018年2月的工资2390.80元。

法院当庭拆封了由宝某公司提供的、未送达宋某伟确认地址，被邮政局退回的EMS快递，该快递内件品名处写有"劳动合同解除通知书"字样，在盖有宝某公司公章、落款日期为2018年2月12日的《劳动合同解除通知书》上载明："宋某伟先生……因您符合公司员工手册4.5.4中的第19点，累计受到两次严重警告，因此，本公司决定依法与您解除劳动合同，

---

① 详见（2018）沪0106民初17422号、（2018）沪02民终10778号民事判决书。

相关事项具体如下：一、您的劳动合同于2018年2月13日解除……自劳动合同解除日起，本公司将停止向您发放工资及其他薪酬。二、按员工手册规定，违纪解除，公司无须向您支付经济补偿金。三、以劳动合同解除日为截止日，您未休的带薪年休假1天，本公司安排您从2018年2月13日开始休年假，至2018年2月13日结束……"该快递于2018年2月21日被退回收寄局，退回原因为："电不接无法投。"

宝某公司员工手册2.0版中2.9.2休假载明员工请假规则如下："员工申请休假必须填写OA请假流程，遵守公司休假管理制度，具体可登录公司OA系统查询。如遇生病等突发状况，应及时通过电话、短信或邮件方式向上级报备，经上级同意方能生效，否则一律做旷工处理。经上级同意的，事后三天内须补OA请假流程，否则人力资源中心有权不予认可……"该员工手册2.0版4.5员工违纪处理细则写明："4.5.3严重警告（严重警告适用于以下重大行为过失）……2）无故迟到、早退、擅离岗位120分钟以上（视为旷工1天）……10）受到两次书面警告的，视为一次严重警告……4.5.4解除劳动合同（下列行为属于严重违反规章制度，一经查实公司可以立即解除劳动合同并不支付经济补偿金）……19）累计受到两次严重警告的。"

2017年10月16日，宋某伟填写《员工入职声明》，该《员工入职声明》写明："……本人在此郑重声明：我已全部阅读完员工手册……我理解以上所有要求，并同意遵守。如有违反，愿意接受公司纪律处分……以上声明内容为本人自愿，独立，真实的意愿表示。特立此声明书。"宋某伟分别在声明人（签名）及承诺人（签名）处签字确认。

宝某公司于2018年2月14日为宋某伟办理了日期为2018年1月31日的退工手续。

【裁判结果】

法院判决宝某公司应支付宋某违法解除劳动合同赔偿金21396元。

【实务分析】

当事人对自己提出的诉讼请求所依据的事实或者反驳对方诉讼请求所依据的事实有责任提供证据加以证明。没有证据或者证据不足以证明当事人的事实主张的，由负有举证责任的当事人承担不利后果。

第一，宝某公司上诉主张宋某伟在 2018 年 1 月 4 日、2 月 11 日、2 月 12 日旷工，为此，宝某公司先后两次向宋某伟发送电子邮件给予其严重警告处理，依照员工手册的规定，员工受到两次严重警告的，公司可以解除劳动合同，据此宝某公司在 2018 年 2 月 13 日通知宋某伟解除劳动合同。但宋某伟否认收到宝某公司通过电子邮件的形式发送的严重警告的通知，也否认收到解除通知，宝某公司亦无有效证据证明对宋某伟的两次严重警告通知已送达宋某伟，并且宝某公司在办理退工手续中将退工日期定为 2018 年 1 月 31 日，该日期亦早于宝某公司向宋某伟寄送解除通知，因此宝某公司在解除劳动合同过程中存在程序瑕疵，故宝某公司是违法解除劳动合同。

第二，虽然宝某公司在解除劳动合同过程中存在瑕疵，但是鉴于宝某公司系在试用期内解除双方的劳动合同，并且宝某公司主张宋某伟在试用期内频繁旷工、迟到，又以宋某伟旷工给予严重警告而解除劳动合同，因此双方已经缺乏互信的基础，况且宝某公司已经另行招聘他人履行原宋某伟的岗位职责，所以双方已无恢复原劳动合同的可能。

第三，鉴于宝某公司在解除劳动合同过程中存在程序瑕疵，所以宝某公司应当支付宋某伟解除劳动合同的赔偿金。

【合规指引】

企业的规章制度是否符合"三性"的要求，是需要证据来支持的，如"民主制定程序"和"公示性"都要有相应的证据。其中"民主制定程序"的证据可以是规章制度制定过程中，企业的员工所提的建议和意见等，包括电子邮件或纸质意见等；"公示性"则需要有员工签收、阅读规章制度或在公告栏、公告牌上公告的证据，将上述证据收集齐备后，待将来发生劳动争议时加以证明企业的规章制度是合法、有效的。

案例 6-5：考勤弄虚作假骗取工资，企业解除劳动合同合法，主张未签收规章制度并非员工对抗解除劳动合同的"护身符"。

【基本案情】①

杨某于 2001 年 7 月 16 日入职某楼宇服务公司，双方于 2011 年 7 月 16 日订立了无固定期限劳动合同，约定其担任某项目部负责人。工作期间，有员工向某楼宇服务公司举报杨某通过为多名员工多做出勤天数的方式侵占公司支付的工资等。经某楼宇服务公司调查核实，2014 年 1 月至 2017 年 7 月，杨某利用项目部负责人的职权，为缺勤员工做满勤记载，制作虚假考勤，谋取个人利益，侵占工资金额达 8 万余元。2017 年 7 月 3 日，杨某向某楼宇服务公司递交《检讨书》认可上述事实，并于当日将侵占的 8 万余元工资上缴某楼宇服务公司。2017 年 7 月 7 日，某楼宇服务公司向杨某发出《解除劳动合同通知书》，以其违反公司《员工手册》相关规定为由与其解除劳动合同。2018 年 3 月，杨某向仲裁委提出仲裁申请，认为其并未签收《员工手册》，故要求某楼宇服务公司支付违法解除劳动合同赔偿金。

【裁判结果】

仲裁委裁决驳回杨某的仲裁请求。

【实务分析】

虽然杨某提出本人未签收《员工手册》的抗辩，某楼宇服务公司亦未能提供证据证明已将《员工手册》公示或告知杨某，但杨某制作虚假考勤侵占工资的行为既构成营私舞弊，给用人单位造成重大损害，也违背诚实信用原则和基本职业操守。

根据《劳动合同法》第四条的规定，用人单位应当依法建立和完善劳动规章制度；在制定、修改或决定直接涉及劳动者切身利益的规章制度或

---

① 《2019 年北京市劳动人事争议仲裁十大典型案例》，载北京市人力资源和社会保障局网，https://rsj.beijing.gov.cn/bm/ztzl/dxal/201912/t20191206_880144.html，最后访问日期：2024 年 4 月 12 日。

者重大事项时，应当经过相应的民主程序；用人单位应当将直接涉及劳动者切身利益的规章制度和重大事项决定公示，或者告知劳动者。劳动者应当本着诚实信用、勤勉谨慎、善意合作等原则履行劳动合同义务，除了应当自觉遵守用人单位依法制定的规章制度之外，还应当根据基本职业道德、公序良俗等对自己的履职行为作出判断和取舍，切勿以未签收规章制度或规章制度未作出明确规定作为自己不当行为的"挡箭牌"。

【合规指引】

同本专题案例6-4的合规指引。

（四）对"严重违反规章制度"条款合理性的司法审查实例

"严重违反规章制度"条款的合理性是一个较为疑难的问题。为了便于企业更好地把握司法审查中对规章制度"合理性"的要求程度，需要更多判例来具体把握"严重违反规章制度"条款的合理性。

案例6-6：员工第一次在工作时间睡觉，被企业发现，以严重违反规章制度解除不合理。

【基本案情】[①]

员工于1996年3月7日进入公司工作，2008年8月28日，双方签订无固定期限劳动合同，合同约定：本合同为无固定期限劳动合同，自2008年1月1日起。甲方根据生产经营情况，安排乙方从事StoreKeeper工作。乙方工作岗位适用综合计算工时制，具体工作和休息的时间按甲方规定知晓。乙方基本工资为2598元/月，乙方月基本工资作为加班和假期工资的计算基数。2009年9月23日公司出具员工违纪处理单，处理单中载明：该员工在工作期间在货架区域睡觉，违反工作违纪处理条例5.4.3条：在工作时间睡

---

① 详见（2010）青民四（民）初字第179号民事判决书。

觉或打瞌睡，在工作区域睡觉或打瞌睡，员工在该处理单上签字，报告人建议"辞退"，人力资源部经理意见"开除"，工会意见"开除"。后员工离开公司。员工 2008 年 9 月至 2009 年 8 月的平均月应发工资为 4068.48 元。

员工于 2009 年 9 月 28 日向上海市仲裁委申请仲裁，2009 年 12 月 1 日，上海市仲裁委裁定：原告要求被告支付经济补偿金的请求不予支持。员工对裁定不服，遂向法院提起诉讼。

2009 年 6 月 6 日被告公司新修订的《员工违纪条例》第 5.4.3.2 条中规定严重扰乱工作秩序、影响公司、项目正常工作秩序、破坏公司工作管理制度，造成恶劣影响的行为应予以辞退，其中包括工作时间睡觉或打瞌睡和在工作区域内睡觉或打瞌睡。

【裁判结果】

法院判决公司应按照员工的工作年限支付经济补偿金。

【实务分析】

企业对员工违纪行为的处罚应遵循公平的原则，虽公司制定规章要求对在工作时间或工作区域内打瞌睡或睡觉的员工予以辞退，但员工该行为并未给公司带来损失，员工是第一次存在该违纪行为，企业也无其他证据证明员工存在严重违反规章制度的情节，故员工该行为不属于严重违反规章制度，公司对此行为作出予以辞退的处罚明显失衡，公司以此理由辞退员工有违公平、合理的原则。现因员工要求公司支付解除劳动合同的经济补偿金，应视为由公司提出解除劳动合同而员工予以同意的情况，公司应按照员工的工作年限支付经济补偿金。

【合规指引】

对于社会公众而言，员工明显小的错误违反公司规章制度，在员工初犯时，企业可以给予警告处理，且员工需向企业提交检讨报告。对于员工第二次或第三次触犯公司的规章制度规定时，企业可以累计前一次的错误，认定员工严重违反公司规章制度，并依法合规将该员工辞退。这样多给员工一次或两次机会，更易让司法机关认为员工犯错屡教不改，符合严重违反企业规章制度的标准，判令企业合法解除劳动合同。

当然，企业规章制度需要保证合法有效，如前文所述，制定企业规章制度过程需要工会或职工代表提出意见，并通过民主表决，通过后的公司规章制度需依法送达给各员工知悉。

同时，企业解除劳动合同的程序也需要保证其程序合法。在使用公司规章制度中"严重违反公司规章制度"条款之前，企业需要将员工的具体事实情况发送给工会或职工大会，由工会或职工大会提出解除劳动合同的意见。解除劳动合同后，企业需要向当地的工会部门发送解除劳动合同的通知。

案例6-7：多次迟到严重违反规章制度，企业解除劳动关系合法。

【基本案情】[①]

董某发于2007年9月入职青某公司，任CAD制图员，双方签订劳动合同，期限为2007年9月15日至2008年9月14日，约定董某发试用期3个月，工资840元/月；2008年4月双方又签订劳动合同，约定期限为2008年4月1日至2010年3月31日，董某发月薪1000元。董某发入职后的6个月内，每月收入为2800元，此后董某发每月收入3000元。2008年3月11日青某公司下发"关于完善考勤制度"，其中规定：在30分钟内迟到，每一分钟扣款1元；在1小时内迟到，按半天旷工并扣1.5天工资；迟到1小时以上，按旷工3天并扣当月工资200元，同时给予口头警告1次。该考勤制度，有众员工签名，但没有董某发签名。2008年9月28日，青某公司下发"关于员工违反公司规章制度"，载明：公司员工违反公司制度，在同一事件中经主管、公司管理层二次提醒且证据经查后情况属实，第三次在同一事件有违反行为发生，公司有权扣除其工资，严重者可予解约……董某发以"董自谋"之名与众员工在该制度上签字。青某公司员工的工作时间为

---

① 详见（2009）卢民一（民）初字第448号、（2009）沪一中民一（民）终字第4501号民事判决书。

9：00-17：30（其中半小时就餐）。2008年5月12日，董某发迟到15分钟，后董某发以调休抵冲；10月、11月，董某发分别有5天/月迟到，迟到时间为2分钟至21分钟不等。2008年11月21日，青某公司以董某发再次迟到为由，通知董某发不用再上班。嗣后，董某发未再上班。2009年1月17日，青某公司将解约通知书邮寄给董某发，上载：因董某发多次迟到，严重违反公司制度，公司于2008年11月21日辞退董某发并与其解除劳动合同。青某公司已支付董某发2008年11月的工资1000元。董某发（申请人）为与青某公司（被申请人）工资、补偿金等事宜，于2008年12月24日向上海市卢湾区外劳力劳务纠纷调解委员会申请调解，未成；董某发遂于同年12月25日向卢湾区仲裁委申请仲裁，要求青某公司支付解除劳动关系提前通知期工资3000元、解约赔偿金9000元、2008年11月工资3000元、2008年12月至仲裁结束的延续期的工资补偿金4000元，补缴2007年10月、11月的外来人员综合保险费。在仲裁委审理期间，董某发自认其在9月迟到，公司曾对此进行开会，要求其承认；并自认其有时每月迟到二、三次，主管对其进行过批评；有时一个月都没有迟到。该委裁决：被申请人支付申请人2008年11月工资差额793.10元，对申请人其他请求不予支持。董某发对此不服，遂诉至原审法院，要求青某公司支付2008年11月至2009年1月17日的工资7500元（按3000元/月计）及25%经济补偿金1875元、代通金3000元、解约赔偿金9000元（3个月工资），补缴2009年1月外来从业人员综合保险费。原审审理期间，董某发要求对青某公司提供的"关于员工违反公司规章制度"上"董自谋"的签名进行笔迹鉴定，后委托律师以书面形式拒绝进行笔迹鉴定。法院宣判前夕，董某发再次要求笔迹鉴定。原审法院遂委托司法鉴定科学技术研究所司法鉴定中心进行鉴定，董某发支付鉴定费2000元。2009年8月5日该鉴定中心出具鉴定意见书，鉴定结论为：检材《MEMO》上的"董自谋"签名是董某发（曾用名董自谋）本人所写。董某发与青某公司双方对此均予确认。嗣后，董某发再次提出要求对该规章制度上粘贴的"证据经查后情况属实第三次"内容进行鉴定。

【裁判结果】

法院判决：1. 青某公司于判决生效之日起 5 日内支付董某发 2008 年 11 月工资差额 1250 元；2. 驳回董某发的其他诉讼请求。

【实务分析】

针对董某发要求对 2008 年 9 月 28 日青某公司下发的规章制度中粘贴部分进行司法鉴定的申请，由于青某公司对董某发作出解约决定的理由是董某发多次迟到，严重违反公司制度，现董某发坚持认为公司是违法解除，故本案的关键是董某发是否存有多次迟到、属于严重违反规章制度的行为，而非公司的规章制度文字究竟如何表述。况且，根据该 2008 年 9 月 28 日公司下发的规章制度中未经粘贴部分的文字，以及常规行文文义递进无矛盾的表述方法，该规章制度即使不经过粘贴，也应是表明公司对于员工屡教不改地违反公司制度而应予处理的方式。故为避免诉讼资源无谓的浪费，法院对董某发关于司法鉴定的申请不予准许。上下班不迟到早退，属每个用人单位必备的基本的管理制度，亦是员工表明能胜任工作的基本条件。本案中，董某发在青某公司工作期间，多次迟到是不争的事实。根据青某公司制定的关于员工在同一事件有违反行为发生，严重者可予解约的规章制度，董某发的行为属严重违反公司规章制度，据此青某公司作出与董某发解除劳动合同的决定，并不违法。

【合规指引】

同本专题案例 6-6 的合规指引。

案例 6-8：多次在禁烟场所抽烟违纪构成严重违反规章制度的，公司解除劳动关系合法。

【基本案情】①

2006 年，徐某进入某扶梯公司从事油漆工工作，某扶梯公司与徐某订

---

① 《江苏法院 2011 年度劳动争议十大典型案例》，载江苏法院网，http：//www.jsfy.gov.cn/article/8123.html，最后访问日期：2024 年 4 月 12 日。

立劳动合同,为徐某缴纳社会保险。公司《员工手册》规定,禁烟场所吸烟、员工累计三次受到警告通知单处分均为严重违反规章制度,严重违反规章制度情况下公司可以随时解除劳动合同。2009年度徐某受到过两次警告处分。2010年8月,徐某在油漆房旁吸烟且不服从管理被某扶梯公司再次警告处分。次日,某扶梯公司通告称徐某在油漆房旁违规抽烟以及累计三次警告处分都构成严重违反规章制度,作出解除与徐某劳动合同的决定并通知了工会。嗣后,徐某申请仲裁,要求某扶梯公司支付违法解除劳动合同的赔偿金。仲裁委裁决某扶梯公司构成违法解除,应支付徐某赔偿金。某扶梯公司不服仲裁裁决,向法院提起诉讼。

【裁判结果】

法院判决公司不应支付徐某主张的违法解除劳动合同的赔偿金。

【实务分析】

徐某在油漆房这样一个禁烟场所吸烟不仅严重违反规章制度,而且是严重的安全生产隐患行为,某扶梯公司单方解除与徐某的劳动合同并无不当,也不应支付徐某主张的违法解除劳动合同的赔偿金。

员工和企业是唇齿相依、共生共荣的关系,劳动关系的和谐有赖于劳资双方的互信、合作。在目前的社会环境下,更应倡导双方之间诚信、合作的职业道德。一方面,员工应当勤勉敬业,自觉遵守安全生产规程和企业的规章制度;另一方面,企业在对员工进行管理,也应做到以人为本,在员工存在违纪行为时,应进行教育、诫勉,在作出处分甚至作出解除劳动合同的决定时也应当遵守规章制度,履行法定程序并告知工会。这样的规定既是对员工履行劳动职责的基本规定,也是为了规范企业的用工行为,维护企业正常的生产秩序。

【合规指引】

同本专题案例6-6的合规指引。

案例6-9：企业在规章制度中明确员工"小偷小摸"行为为严重违反企业规章制度的，企业解除劳动关系合法。

【基本情况】[①]

张某于2009年4月14日到酒店工作，工作岗位为面点师，双方签订了劳动合同。酒店《员工手册》的第三十二条规定偷窃他人财物或公司财物、设备、设施、工具的，构成严重违反规章制度，第一次即可解除劳动合同。2014年9月20日凌晨2时许，张某将酒店的4斤西红柿放在电动车车筐中，被该公司的安保部门发现，并做了询问笔录，张某在笔录中认可其行为为偷盗行为，并在酒店的员工犯规通知上签字确认"上班时拿单位西红柿4斤，这是违反员工手册行为"。

2014年9月25日，酒店以张某违反《员工手册》第三十二条之规定，依据《劳动合同法》第三十九条第二款与其解除劳动合同，张某以违法解除劳动合同为由将酒店告上法庭，并要求酒店支付其违法解除劳动关系的赔偿金和代通知金。该案件先后经过"一裁两审"以及高级人民法院终审。

【裁判结果】

法院判决驳回张某的全部诉讼请求。

【实务分析】

本案争议的核心问题是酒店是否违法解除与张某的劳动关系，并且对偷拿行为的性质如何进行定性，判断其是否属于严重违反规章制度，这都是重要的裁决依据。

一审法院认定张某偷拿西红柿的行为属于严重违反用人单位规章制度的情形。理由如下：

第一，张某未经酒店的同意，利用工作便利，取走放在工作场所的4斤西红柿的行为，从一般用语的含义来讲，应属于偷窃。张某关于其行为不

---

① 详见（2015）大民初字第15782号、（2017）京02民终1104号、（2017）京民申2134号民事判决书。

构成刑法意义上的偷盗概念的辩解，混淆了一般偷窃行为和刑法上的盗窃罪的概念，法院不予采信。

第二，根据劳动合同法的规定，劳动者必须严重违反用人单位规章制度的，用人单位才能解除劳动合同。而违反规章制度是否构成严重，应由用人单位进行判断，如果引发劳动争议，应当接受劳动争议仲裁机构和人民法院的审查。因偷窃行为是一般社会观念皆给予否定性评价的违反社会道德规范的行为，故酒店将偷窃他人和公司财物的行为规定为严重违反规章制度的情形，不违反法律强制性规定和社会一般价值理念，酒店有权依据其公司的相关规定对员工进行管理。

第三，根据全案证据显示的情况，张某的岗位系厨师，其偷拿西红柿的行为与其本职工作紧密相关，且酒店针对张某适用规章制度进行的处理不属于选择性、歧视性的情形。虽然4斤西红柿的价值不大，但因酒店的规章制度对偷窃行为已有明确规定且张某明确知晓相关内容，故张某辩称其行为不属于严重违反规章制度的行为，不符合社会常理，故法院不予采信。

该案二审法院认为：张某作为酒店的厨师，利用工作之便将酒店的4斤西红柿带出工作区域，其以非法占有为目的实施了窃取公司财物的行为，符合《员工手册》规定的"偷窃公司财物"的行为，其公司以此为由解除张某劳动合同，理由正当。张某上诉称4斤西红柿的价值较小，其行为不属于偷窃，拿4斤西红柿就开除，员工手册中没有相关规定。因偷窃指的是以非法占有为目的而擅自窃取他人财物的行为，偷窃行为的定性与财物价值无关，而酒店的员工手册并未规定偷窃财物达到一定价值才可以解除劳动合同，按其规定凡偷窃公司财物的行为即可解除。

张某不服，又向北京高院申请再审。北京高院经审查认为，酒店《员工手册》第三十二条规定，偷窃他人财物或公司财物、设备、设施、工具的，第一次即可解除劳动合同。张某作为酒店的厨师，利用工作之便将酒店的4斤西红柿带出工作区域，其以非法占有为目的实施了窃取公司财物的行为，符合《员工手册》规定的"偷窃公司财物"的行为，酒店以此为由解除张某的劳动合同，符合法律规定，驳回其再审申请。

另外，本案之所以会得到法院的支持，还有另外一个重要前提就是公司与员工解除劳动合同的行为做到了事实充分、程序合法。

劳动者违纪证据充分。有员工签字确认的违纪文件、录音、录像等证据。

处理依据合法、合理。违纪解除的处理依据主要是用人单位的规章制度。比如，用人单位《员工手册》或者《奖惩制度》等，且该制度的制定已经经过民主程序，并已经向劳动者公示告知，并对"严重违反规章制度"情形有严格的界定。

处理程序合法。用人单位在征得工会同意的情形下，向劳动者发出书面解除通知，并办理解除手续。

【合规指引】

员工应自觉遵守企业的规章制度，"勿以恶小而为之"；企业在制定规章制度时，除了关注合规性，严格执行企业的规章制度及操作流程之外，还应关注合理性，给予员工必要的容忍度，这样才能建立和谐稳定的劳动关系，实现双方的利益平衡。

案例 6-10：员工拒绝工作安排严重违反企业规章制度的，企业解除劳动合同合法，无须支付赔偿金。

【基本案情】[①]

2005年5月，李某进入公司，双方签订劳动合同。入职后，李某在制造部压花车间工作，后因订单减少，于2013年7月被公司调至制造部复合车间工作。之后，李某分别于2013年8月和2013年12月两次因擅离工作岗位受到警告处分。

李某对其离岗事实认可，离岗理由为该车间生产时用到苯、树脂和臭氧，而且生产时没有提供必要的劳保用品，导致其身体受到很大伤害，出

---

① 详见（2014）虎民初字第1602号、（2015）苏中民终字第05964号民事判决书。

现扁桃体炎和咽炎。公司于 2014 年 1 月发函给李某，要求其严格遵守公司的规章制度。

2014 年 2 月 21 日，李某再次因擅离工作岗位受到严重警告处分。随后，李某向公司提出调岗申请，称其因身体原因不能闻到刺鼻异味。双方就调整工作岗位进行磋商，未能达成一致。

同时，李某向当地安监局投诉公司复合车间臭氧、树脂含量超标，对人体有害。经安监局现场调查后，作出回复：公司复合车间自 2013 年 5 月后未使用臭氧，所使用的树脂原料为共聚合物树脂，属于非危险化学品，未列入职业危害因素目录，不属于职业危害因素。

之后，公司考虑到李某为老员工，协商将其调至总务部搬运岗位，同时告知李某，若不同意调岗，仍可回原工作岗位，但李某以自身其他疾病为由拒绝该安排。李某既不回原岗位工作又不到新岗位报到，因其拒不履行工作职责，致使机器停运数小时。公司遂依据规章制度并征求工会意见后，作出解除李某劳动合同的决定。

李某以公司违法解除劳动合同为由提出仲裁申请，要求公司支付违法解除劳动合同的赔偿金。

【裁判结果】

李某的仲裁请求没有得到仲裁委的支持。

【实务分析】

公司的规章制度制定程序合法、内容不违反法律强制性规定，可以作为审理依据。

李某的工作岗位不存在职业危害因素，其三次在工作时间擅自离岗违反公司规章制度，李某拒绝工作不符合《职业病防治法》规定的"劳动者有权拒绝从事存在职业病危害的作业"情形，公司给予其两次警告处分、一次严重警告处分。

同时，李某 2012 年 10 月的体检报告显示，其在进入复合车间工作前已患慢性咽炎。李某以"不能闻到刺鼻气味"为由申请调岗，公司与其协商将其安排至同属操作岗位但没有异味的搬运岗位，并明示李某如不同意调岗，仍可回原工作岗位，但李某仍以身体其他疾病为由拒绝工作，并不履行任何工作职责，致使机器停运数小时。

李某一系列行为不但违反劳动纪律而且扰乱正常经营秩序，严重违反规章制度，公司能够证明规章制度依法制定，并经合法程序解除违纪事实明显的劳动者，因此无须支付赔偿金。

【合规指引】

遇到"刺头"员工或"问题"员工，企业在善意地容忍后，仍等不到员工改善自己的工作状态的，应当即立断，依法合规适用"严重违反公司规章制度"，解除劳动合同的条款，详细见本专题案例6-6的合规指引。

（五）"严重违反规章制度"条款在实践中的作用

从实践角度来说，企业规章制度中规定的"严重违反规章制度"条款可以在如下两个方面发挥作用：

1. 企业行使解除权的基础

具备合法合理及民主性的"严重违反规章制度"条款，是企业合法行使解除权的基础。

2. 企业行使管理权的依据

有些违纪条款虽然在合法合理性上还有待商榷，无法依据这些条款解除违反其规定的员工，甚至在执行中欠缺合法性，但却具有管理权意义。

例如，企业的罚款权是历史上的概念，目前没有任何法律、法规对企业拥有罚款权作出明确规定，因此，主流意见认为对员工违纪行为予以罚款处分是不合规的做法。《广东省劳动保障监察条例》甚至明确："用人单位的规章制度规定了罚款内容……由人力资源社会保障行政部门责令改正，给予警告。"

但是，这是否意味着我们的规章制度中就不能出现罚款条款呢？实际上，在某些员工众多的企业，对于员工的轻微过错乐捐几十上百元用以其他员工的福利，一方面可以威慑员工遵守劳动纪律；另一方面少量的罚款在引起劳动争议方面的风险也比较低。综合考量成本收益比，乐捐条款在这种情况下成为一种管理的有效手段。

同理可推测，虽然某些程度或情形的"严重违反规章制度"条款欠缺直面司法程序的合法合理性，但却在管理层面可用，甚至也可能成为与员工协商解除劳动合同的砝码。这种严重违反规章制度条款也是可以考虑保留的。

（六）严重违反规章制度条款在企业规章制度中的设计

一般而言，完整的纪律规定在内容上包括"纪律规定""违纪行为""违纪处分""处分程序"四个部分，其中，纪律规定可能散见于各项具体管理制度中，而违纪行为通常以列举方式，与违纪处分、处分程序集中展现。"违纪行为"是核心和桥梁，违纪处分则直接实现管理目的。

违纪行为根据其严重程度一般可分为"一般违纪""较重违纪""严重违反规章制度"三种，对应"口头警告""书面警告""解除劳动合同"三个层次的处分，三类处罚之间一般要设置累计 2 个口头警告即可给予 1 个书面警告，2 个书面警告可予以解除劳动合同的转化关系。

违纪处分设计稍微复杂一点的制度中，以"一般违纪处罚""较重违纪处罚""严重违反规章制度处罚"的形式递进，处罚内容除予以警告外，还可以同禁止晋升、降职、调薪挂钩。

规范的违纪行为的处分程序包括几个流程：

1. 对违纪行为过程的书面记录（固定违纪行为）；企业领导可直接记录员工的违纪行为，要求员工签字，员工拒绝签字时，可由见证人做见证签字。

2. 员工因自己的行为被处分前后，也可以写《事情经过》《悔过书》《保证书》等，以保存下员工对自己违纪行为的认识方面的证据。

3. 违纪处罚书面通知。一般为一式两份，员工和公司各留一份。

案例 6-11：错误使用《员工手册》严重违反规章制度条款，企业解除劳动合同行为无效。

【基本案情】[1]

刘某于 2000 年 6 月 2 日入职家某福公司关联企业。2011 年 5 月 18 日，家某福公司与刘某签订无固定期限劳动合同，约定刘某的工作性质为运营管理工作，主要工作地点为北京。工作期间，刘某任家某福公司纺织处处长一职，月工资 9190 元。2015 年 10 月 14 日，家某福公司向刘某邮寄解除劳动合同通知书，家某福公司以刘某严重违反规章制度为由与刘某于 2015 年 10 月 17 日解除劳动合同。刘某于 2015 年 10 月 16 日签收该解除劳动合同通知书。后刘某向法院提起诉讼。

家某福公司主张刘某行为造成经济损失 2276 元及一些无形损失，已构成严重违反规章制度，家某福公司可以对其予以辞退并不支付任何补偿，为此，家某福公司亦提交了员工手册（《员工手册》第五条三级违纪行为即严重违反规章制度行为：5.1 以下行为为严重违反规章制度行为，5.1.1 违反安全工作规章制度造成安全事故、人员伤亡或者其他事故；致使公司财产遭受重大损失，损失额为人民币 5000 元，包括 5000 元及以上的，包括但不限于以下：5.1.1.9 违反标准工作程序或者擅自变更工作方法，造成影响或损失者。5.2 如经过公司调查，员工已构成三级违纪，将受到最后书面警告一张，且公司可以根据法律法规予以辞退，并不予支付任何经济补偿）及确认书、意见收集表、监控录像、购物小票、销售记录、变价程序、违章违纪单、解除合同通知书、解除合同通知书（致工会）予以证明。刘某对家某福公司主张不予认可，刘某主张其行为属于正常维护客户关系，其行为造成的损失未达 5000 元，不构成三级违纪，家某福公司据此与刘某解除劳动合同已构成违法解除，为此刘某提交了违章违纪单（显示处罚依据

---

[1] 详见（2016）京 0112 民初 3221 号、（2016）京 03 民终 7404 号民事判决书。

为根据员工手册第五版违纪5.1.1.9违反标准工作程序或擅自变更工作方法，造成影响或损失者，5.2如经过公司调查，员工已构成三级违纪将受到最后书面警告一张，且公司可以根据法律法规予以辞退，并不予支付经济补偿）、解聘检查表（载明解聘原因系严重违反规章制度，解聘的法律依据系违反公司员工手册）、解除合同通知书（显示过失解除的原因系严重违反规章制度）、员工手册、家某福海报（显示2015年9月8日至14日家某福公司促销情况，以证明本案涉及商品当天以58%折扣销售）。

【裁判结果】

双方继续履行劳动合同。

【实务分析】

发生劳动争议时，当事人应当对自己的主张提供证据。与争议相关的证据通常由企业掌握和管理，企业有责任提供这些证据；如果企业不提供相应证据，需要承担不利后果。本案的争议焦点在于家某福公司与刘某解除劳动关系是否合法。

《员工手册》作为企业的基本规章制度，常常涵盖着企业的考勤、财务管理、薪酬、考核等制度，是企业进行日常管理的依据，也可以作为司法机关处理劳动争议案件的依据。法律赋予企业在员工严重违反《员工手册》时单方解除劳动合同的权利，但这种权利受到多项规定的约束，一旦行使不慎，容易引发争议。

实践中，企业在运用《员工手册》解除劳动合同时主要存在以下误区：

1. 违规事实超出了《员工手册》规定的范围

尽管《员工手册》是为规范员工行为而制定的，但在实际操作中，员工的违规行为多种多样，有些情况并未在《员工手册》中作明确规定。因此，一些企业可能会在员工的违规行为与《员工手册》规定不符的情况下，仍然根据手册规定解除劳动合同。然而，这种做法往往会使企业败诉的风险增加。

2. 未及时收集员工违规证据导致败诉

当企业以员工严重违反《员工手册》为由解除劳动合同时，一旦涉及诉讼，员工往往会否认违反手册规定，并要求撤销合同解除通知或索要赔偿金。在这种情况下，企业需要提供证据证明其解除合同的合法性。

然而在实际操作中，许多企业由于未及时保留相关证据，无法证明员工的违规行为，最终导致败诉。因此，企业在员工严重违反《员工手册》时，应及时收集相关证据，以避免在诉讼中处于被动地位。

3. 未通知工会并征求工会意见的风险

根据《劳动合同法》的规定，用人单位单方解除劳动合同时，应事先通知工会。然而，一些企业虽然制定了合法有效的《员工手册》，也进行了公示，但由于未建立工会，导致与违规员工解除劳动合同时未履行通知工会的义务，进而被视为违法解除。

在这种情况下，即使企业未成立工会，如果可以通知到单位所在地的居委会工会组织、总公司工会或本公司职代会，也能被视为履行了通知工会的程序。若解除劳动合同时未及时通知工会，依照相关法律规定可在起诉前补正通知工会的程序。

4. 错失解除权的时机

《劳动合同法》规定用人单位在员工违反规章制度后有劳动合同单方解除权，但未规定行使该权利的期限。在实践中，一些观点认为解除权属于形成权，应在合理期限内行使。例如，《辽宁省职工劳动权益保障条例》规定，用人单位应在发现员工违规行为后1年内作出处理决定。若超过期限未处理，就不能再追究责任。

尽管辽宁省的规定不具普适性，但在实际中，有些企业因为在员工违规行为发生1年后才与员工解除劳动关系，被认定为违法解除劳动合同。因此，企业在员工严重违反《员工手册》时，应及时作出处理决定，避免错失有利时机被视为违法解除。

5. 未依法发送解除通知的法律风险

在处理与严重违反公司《员工手册》的员工解除劳动合同时，服务的解除通知书未载明解除事由或所载事由非员工违规解除，而是双方协商一致解除的，企业就会面临支付员工经济补偿的法律风险。另外，有些企业在开除违规员工时，未及时发送解除劳动合同通知书，被要求承担未能及时提供解除劳动关系证明的赔偿责任。

由此可见，企业在解除与严重违反公司《员工手册》的员工劳动关系时，应当及时向员工发出解除通知书，并明确载明解除时间和原因，以避免不必要的纠纷。

【合规指引】

以《员工手册》中载明的严重违反规章制度条款，与员工解除劳动合同时，企业应注意以下五点：1. 违纪事实需核实属于《员工手册》规定的情形；2. 员工违反《员工手册》时需及时取证；3. 解除劳动合同后需及时通知工会并征求工会意见；4. 出现解除劳动合同事由时未在一年内行使解除权；5. 企业需依法向员工发送解除通知，并送达。

（七）员工违背所在国的公共秩序、善良风俗以及职业道德的行为，企业与员工解除劳动合同合法

案例 6-12：以公序良俗及职业道德作为解除劳动合同依据的认定：员工职业行为不能违背所在国家的公共秩序、善良风俗以及职业道德。若有违背，即使企业规章制度未对此作出明确规定，企业亦可依法解除劳动合同。

【基本案情】[①]

2015 年 7 月 22 日，员工 D 与公司签订了期限自 2015 年 7 月 22 日至 2017 年 7 月 21 日的中英文版本的《劳动合同》一份，员工 D 担任公司处雅思测评顾问。劳动合同期满后，员工 D、公司又续签了劳动期限至 2018 年 7 月 21 日的协议。公司为员工 D 办理外国人就业证，期限自 2015 年 8 月 3 日至 2018 年 7 月 21 日。原告离职前 12 个月平均工资为税后 24092 元。

---

① 详见（2018）沪 0106 民初 27325 号民事判决书。

2017年12月15日，公司总部收到匿名举报邮件，邮件中有员工D与网名为Liz的网友进行的微信聊天记录，聊天记录上记载着两人关于与未满18岁学生谈恋爱的各种隐私事宜，公司收到英国某协会总部转发的邮件后开展调查，在内部调查会上，员工D承认了举报的内容。

2017年12月20日，公司向员工D送达了中英文版本的《离职证明》，该证明中载明，兹证明员工D先生，英国国籍，护照号×××××××××，自2015年7月22日入职在BC教育咨询（北京）有限公司上海分公司担任雅思测评顾问一职，并于2017年12月20日（笔误写成2018年12月20日）与公司解除劳动关系。

2018年5月10日，员工D向上海市仲裁委申请仲裁，要求公司支付违法解除劳动合同赔偿金120460元。仲裁委驳回了员工D的仲裁请求，员工D随即向法院提出诉讼要求公司支付违法解除劳动合同赔偿金120460元。

【裁判结果】

法院驳回员工D的诉讼请求。

【实务分析】

员工D作为在中国就业的外国人员工，应遵守我国的法律规定和企业的规章制度。根据员工D自认的与网友的微信聊天记录，聊天内容有悖于我国所倡导的良好的社会风气及劳动者应遵循的职业道德。教育公司在收到投诉后进行内部调查，员工D亦确认该事实，教育公司因此解除与其的劳动合同，于法有据，无须支付赔偿金。

【合规指引】

企业发现员工有违反我国的公共秩序、善良风俗以及职业道德的行为之时，应及时固定相应的证据和在场的证人证言。企业在解除劳动合同过程中，需及时通知工会并征求工会意见；在解除劳动合同后，需依法向员工发送解除通知，并将通知送达员工。

专题七：
如何应用严重违反规章制度条款与员工解除劳动合同

（一）员工严重违反规章制度时解除劳动合同的两种分类
——硬性标准与软性标准

因严重违反规章制度而解除劳动合同，是法律所规定的，是企业在员工有严重过错性行为时单方解除劳动合同的一种权利。在所有的解除权利中，只有严重违反规章制度与在试用期内与员工解除劳动合同（员工辞职除外）这两种单方解除劳动合同权利，企业才可以免除向员工支付经济补偿金或赔偿金的责任。

因严重违反规章制度而解除劳动合同，剥夺了员工经济补偿的权利，所以现实中，严重违反规章制度而解除劳动合同发生劳动争议的概率极高，而且由于大多数企业的日常管理规范性差，所以导致了实践中企业败诉率较高的局面。

企业向律师咨询时，一般情形下，都不是特别建议把因严重违反规章制度而解除劳动合同作为首选方案。因严重违反规章制度而解除劳动合同，有硬性标准和软性标准两种。

《劳动合同法》第三十九条规定了六种单方解除劳动合同行为，其中五种涉及因严重违反规章制度而解除劳动合同情形：（1）在试用期间被证明不符合录用条件的；（2）严重违反用人单位的规章制度的；（3）严重失职，营私舞弊，给用人单位造成重大损害的；（4）劳动者同时与其他用人单位建立劳动关系，对完成本单位的工作任务造成严重影响，或者经用人单位提出，拒不改正的；（5）因本法第二十六条第一款第一项规定的情形致使劳动合同无效的；（6）被依法追究刑事责任的。

该条中，除了第一项是关于试用期解除的规定以外，其他五项，其实司法实践中，都是将其归入严重违反规章制度类别中的。这五种类别中，除了第六"被依法追究刑事责任的"这一条是硬性标准之外，其他五种，皆是软性标准。

1. 被依法追究刑事责任，是指司法部门认定员工有罪

当然，从专业的角度来看，被依法追究刑事责任包括两种情形：

（1）被人民法院判处刑罚的情形，特别包括缓刑这种不实行羁押的处罚状态，亦归入其中。

（2）因情节轻微，被人民法院免除刑事处分。

需要区别的是，人民检察院作出的不起诉决定，不属于刑事责任的一种。由于这种解除，有人民法院的相关生效判决作为支持，所以企业解除劳动合同的依据十分充分且强有力。

案例 7-1：员工被依法追究刑事责任，企业与员工解除劳动合同合法。

【基本案情】[①]

企业与员工双方签订了劳动合同，合同自 2000 年 5 月 1 日至 2005 年 4 月 30 日。2004 年 4 月 7 日，员工向企业提出书面申请要求自谋职业，企业予以批准。在员工自谋职业期间，企业保留与员工的劳动关系。员工于 2004 年 8 月 5 日因涉嫌故意伤害犯罪被逮捕，2004 年 9 月 16 日被葫芦岛市连山区人民法院判处有期徒刑 8 年，于 2010 年 8 月 4 日刑满释放。被告于 2010 年 8 月 14 日与原告补签了 2010 年 5 月 1 日起的无固定期限劳动合同，无固定期限劳动合同的尾部时间为 2010 年 5 月 1 日。2015 年 9 月 1 日企业以员工曾被追究过刑事责任，按照《劳动合同法》以及签订的《劳动合同》

---

① 详见（2020）辽 07 民终 909 号民事判决书。

内容规定，决定自 2015 年 7 月 14 日起解除与员工的劳动关系。员工申请劳动争议仲裁，锦州市仲裁委于 2016 年 4 月 29 日作出仲裁裁决书，裁决企业与员工继续履行劳动合同。企业不服裁决，诉至法院。

【裁判结果】

企业于 2015 年 9 月 1 日与员工解除劳动关系合法有效。

【实务分析】

在上述案例中，企业于 2015 年 9 月 1 日解除了员工的劳动合同，理由是员工被追究刑事责任。尽管员工在 2004 年曾申请自谋职业，但双方于 2010 年补签了 2005 年至 2010 年的劳动合同，并从 2010 年开始执行无固定期限的劳动合同。因此，应当认定双方在 2005 年至 2010 年存在劳动关系。根据劳动合同约定的终止和解除条件，依然适用。按照双方签订的劳动合同约定，一旦劳动者被追究刑事责任，劳动合同会自动解除，所以企业在得知员工被追究刑事责任后解除劳动合同并不违反法律规定。

关于在续订劳动合同时员工是否隐瞒了真相、采取了欺诈手段的问题，员工声称企业在续订劳动合同之前已知晓其被追究刑事责任，并在第二审中提供了录像资料。然而，在录像中，虽然有人承认曾在员工服刑期间探望过他，但录像中这位人员的身份尚不确定。即使该人员确实为企业员工，上诉人也未能证明他探望是受公司委托的。因此，该录像不能证明企业在续订合同时明知员工被追究刑事责任。此外，员工提供了与派出所工作人员对话的视频，试图证明公安机关已经向企业通报了员工被追究刑事责任的事实，但根据提供的证据，也无法证实这一点。因此，已有的证据无法证明企业在续订合同时明知员工被追究刑事责任。员工在签订劳动合同时隐瞒了真相，因此企业于 2015 年 9 月 1 日解除与员工的劳动关系是合法有效且合情合理的。

【合规指引】

实践中，员工因犯罪被公安机关羁押，到检察院审查起诉，再到法院一审与二审下来，一般得有半年以上的时间。企业在面对这种情形时，如果一味地等待最终的生效判决（法院往往也不会给单位一份），解除的时间成本将会是巨大的。所以单纯依据这种硬性标准进行操作单方解除的相关案例也比较少。企业多数会将这种单方解除转化为其他离职的形态，如劝说员工家属提出辞职等方式来实现解除合同的目的。另外，还可以在企业规章制度中约定，如果员工处于刑事案件的侦查、审查起诉或法院审判阶段，是犯罪嫌疑人的，就直接认定为因严重违反规章制度而与员工解除劳动合同，也更适合企业操作。

2. 严重失职，营私舞弊，给用人单位造成重大损害的

这种解除劳动合同的权利，包括了两个方面，一个是主观上的严重失职或营私舞弊，另一个是客观上的造成重大损失，并且其中要求有因果关系，即主观因素是客观结果发生的原因所在。这些主观上的联系，一旦发生仲裁诉讼，企业证明起来是十分困难的。

3. 严重违反用人单位的规章制度的

虽然严重违反规章制度的行为，企业可以通过将规章制度的具体化来加以规范。但是员工的行为，与规章制度的规定之间是否具有匹配性仍然属于司法机关主观认定的范畴。

比如，一员工从境外返回时由于携带过多奶粉被边境机关拘留3日。企业依据旷工3日对员工作出了违纪解除。企业的规章制度里有旷工3日属于严重违反规章制度的相关内容。但是人民法院在审理该案时，认为员工被边境机关拘留，客观上无法到企业上班，所以其行为不能认定为旷工，据此认为企业的解除行为违法而无效。法院的这种认定，明显具有主观成分在其中。

案例 7-2：员工营私舞弊利益输送被裁决赔偿企业经济损失。

【基本案情】[①]

温某于 2017 年 4 月 5 日入职北京某网络技术公司，担任某直播平台的

[①]《2019 年北京市劳动人事争议仲裁十大典型案例》，载北京市人力资源与社会保障网，https://rsj.beijing.gov.cn/bm/ztzl/dxal/201912/t20191206_880144.html，最后访问日期：2024 年 4 月 12 日。

运营专员，双方订立了期限为 1 年的劳动合同，约定温某的月工资为 12000 元。

2018 年 1 月初，温某从某网络技术公司离职。2018 年 2 月，某网络技术公司内审部门通过调查发现，在职期间温某利用职务之便，未经申报私自批准亲属在某网络技术公司直播平台上设立并运营公会，违规在公司后台系统进行操作，擅自删除平台潜力主播 60 余名，从而达到将上述潜力主播转移至其亲属运营的公会名下，为该公会牟利的目的。温某的上述行为导致某网络技术公司需要为此额外支出被转移主播的底薪及多支出 30% 的分成比例，给某网络技术公司造成严重经济损失。

在调查中，温某承认其亲属利用某网络技术公司直播平台获利 40 余万元，并与自己进行利益分成等。2018 年 3 月，某网络技术公司提出仲裁申请，要求温某赔偿经济损失 26 万余元。

【裁判结果】

仲裁委裁定温某向某网络技术公司赔偿损失 8 万元。

【实务分析】

《北京市工资支付规定》第十一条中规定，除法律、法规、规章规定的事项外，用人单位扣除劳动者工资应当符合集体合同、劳动合同的约定或者本单位规章制度的规定。因劳动者本人原因给用人单位造成经济损失，用人单位按照前款规定扣除劳动者工资的，扣除后的余额不得低于本市最低工资标准。《北京市劳动合同规定》第五十条中亦规定，因劳动者存在本规定第三十条第三项（严重失职、营私舞弊，对用人单位利益造成重大损害的）规定的情形，被用人单位解除合同，且给用人单位造成损失的，应当承担赔偿责任。本案中，温某虽已离职，但其在职期间，在明知某网络技术公司相关规章制度的情况下，违背基本职业操守，利用其职务便利，营私舞弊，对其亲属进行利益输送，在某网络技术公司能证明存在重大损害的情形下，温某应当承担相应的赔偿责任。

【合规指引】

企业在处理员工营私舞弊输送利益的事件时，除了与员工本人面谈，取得员工本人承认营私舞弊的证据外，还需要对各环节链条上所接触的人进行谈话取证，比如本案，就需要与有关联的主播进行面谈进行取证。另外，企业还需要把该环节上的资金流水走向把握清楚，呈交法庭，以便加强裁判人员的心证，得到有利的裁决结果。

案例 7-3：劳动合同履行期间，因员工过错造成企业损失的，根据企业规章，应承担相应责任，但企业的规章制度应符合法律规定才能生效。

【基本案情】①

2007 年 12 月，徐某婷入职名表城，工作岗位为营业员。工作内容主要负责某手表专卖店内的销售工作。2008 年 8 月 11 日，徐某婷作为乙方与名表城作为甲方签订了劳动合同书，内容为：本合同生效日期 2007 年 12 月 1 日，其中试用期 1 个月，本合同 2008 年 11 月 30 日终止。2009 年 3 月 8 日，名表城制定了《关于手表丢失及手表损坏之规定》，内容为：1. 手表丢失：……（4）当班的值班组员、店负责人负有连带责任，失职责任人承担零售价的 10%……徐某婷在该规定上签字确认。2009 年 5 月 3 日 17 时 34 分，徐某婷在工作期间名表城内一块型号为 25515.000G.9233 的某品牌手表被盗，该表销售价格为 214000 元。徐某婷向北京市公安局报案。2009 年 5 月 4 日起，徐某婷未到单位工作。2009 年 6 月 10 日，名表城按徐某婷在劳动合同中写明的家庭地址向徐某婷邮寄送达了《解除劳动合同通知书》，内容为：由于您在 2009 年 5 月 3 日工作中丢失公司价值人民币 214000 元的手表一只，给公司造成重大损失，且您在 2009 年 5 月期间累计旷工已达 9 天，现根据《劳动合同法》第三十九条第二款、第三款及《员工手册》第六章第五条的规定，决定自 2009 年 6 月 1 日起解除与您 2007 年 12 月 1 日签订

---

① 详见（2011）东民初字第 12891 号、（2012）二中民终字第 03525 号民事判决书。

的劳动合同。徐某婷不服，遂向法院起诉。

【裁判结果】

1. 法院确认徐某婷与名表城的劳动合同于 2009 年 6 月 1 日解除；2. 确认徐某婷无须支付名表城遗失手表损失 21400 元。

【实务分析】

本案的争议焦点在于徐某婷是否应当按照名表城的内部劳动规章规定赔偿其丢失手表金额的 10%。

1. 企业是否有权根据内部规章对因员工过错造成的损失请求赔偿

员工应当对因过错给企业造成的损失承担赔偿责任。一般来说，人们认为劳动争议主要是指企业违反法律和合同，侵犯劳动者合法权益的案件。员工通过劳动获得应有的报酬，如果员工违反企业管理规定进行生产活动，企业可以根据内部规章对员工施加一定处罚，如扣发工资或奖金等。然而，当谈到员工需对企业损失承担过错赔偿责任时，许多员工可能难以接受。实际上，无论从法律还是从法理角度来看，员工因过错给企业造成损失，员工的工资等无法完全弥补时，企业有权要求员工进行赔偿。

《劳动法》第十七条第二款规定："劳动合同依法订立即具有法律约束力，当事人必须履行劳动合同规定的义务。"《工资支付暂行规定》第十六条中也明确规定："因劳动者本人原因给用人单位造成经济损失的，用人单位可按照劳动合同的约定要求其赔偿经济损失。经济损失的赔偿，可从劳动者本人的工资中扣除……"可见，在劳动合同明确定义员工的劳动职责和安全义务时，员工有责任按约履行，否则应承担相应责任，其中包括经济赔偿责任。

2. 企业内部规章对员工索赔条件的具备要求

企业在制定赔偿性质的内部规章时，需要满足一定的条件，有些条件在劳动法、劳动合同法中已经有所规定，而有些则并不明确。在笔者看来，主要应包括以下几点：

首先，合法合规是基本要求，即制定的劳动规章不得违反法律及相关法规，否则该规章将被视为无效。其次，程序的规定至关重要，即企业制定的劳动规章需经过法定程序才能生效。最后，合理性条件也必须考虑到，即员工的责任与承担应根据工作岗位、职责、薪酬、过错程度等因素来确定，需要遵循公平合理的原则。

3. 关于徐某婷对手表丢失是否存在过失及应承担何责任一事的审判

本案中，涉及徐某婷是否应根据《关于手表丢失及手表损坏之规定》作出赔偿的讨论，成为判决书上热门的一个争议点。根据名表城所制定的规定，对于手表丢失的情况，失职责任人需承担零售价的10%的赔偿责任，而当班的值班组员和店负责人则负有连带责任……名表城主张在工作中徐某婷存在重大过失，并提供了监控录像光盘作为证据。然而，在录像中显示，手表被盗的当天，徐某婷和另外两名店员都在岗位上。当其中一名店员前往洗手间时，恰好有两组顾客来店，而徐某婷认真接待的是两名男性客户。监控录像显示，在徐某婷向另一个男性展示手表时，用于放置手表的抽屉处于半开状态，这期间站在她旁边的男子伸手进了那个抽屉。同时，外面又有一名男士进店购表，前面两名男子匆匆离去。徐某婷随后发现一块标价超过21万的名表不翼而飞，便追出店铺，可惜已无踪影，后来那名男子也乘机离开。

虽然根据工作程序，徐某婷应在展示手表后将其放回展示台上的展示架，合上抽屉并锁好，但名表城规定每次仅出示三块手表给客人看，另外，考虑到名表城店铺面积大约100平方米，在案发时只有两名店员当班，且没有安保人员。再者，该名表城的柜台设在店内中央，使顾客可以随意站在员工身侧甚至后方，形成了类似于开放式售货的销售形式，增加了被盗抢的可能性。手表是经过有意的盗窃，而非徐某婷造成的遗失，因此无法判断她是否存在重大过失，而名表城的规定中也没有对失职行为作出具体规定。

店铺的安全与客流量、安保措施、防范流程以及店家潜在的安全隐患等因素密切相关。只要员工在正常履行职责，就不应该对经营风险负责，尤其是在珠宝和名表等高价值商品行业，员工的工资与其必须承担的商品保管风险之间存在明显不对等。除非出现重大错误，否则员工应当免责不承担赔偿责任。在本案中，徐某婷的月工资仅为1300多元，仅存在一般过失，据此综合考量，法院作出免责判决是合理的。

【合规指引】

企业在订立劳动规章制度时，需要符合以下三个条件：第一，合法性条件，即企业制定的劳动规章制度不得违反法律、法规的规定，否则这个规章本身就是无效的。劳动规章的合法性一是劳动规章不能违反法律的禁止性规定，二是企业的劳动规章不能免除自己的法定责任、排除员工权利，违反法律强制性规定。

第二，程序性条件，也就是说企业的劳动规章制度要生效，必须经过法定的程序。在企业规章制度的合法性转化过程中，应当遵循以下转化程序：员工代表大会或者全体员工讨论→员工提出方案和意见→与工会或者员工代表平等协商确定→将规章制度公示公告。

第三，合理性条件，即劳动规章制度制定的员工义务，在员工承担责任时应当根据工作岗位、职责、薪酬、过错程度等因素来确定承担责任的大小，应遵循公平合理的原则。

4. 劳动者同时与其他用人单位建立劳动关系，对完成本单位的工作任务造成严重影响，或者经用人单位提出，拒不改正的

因兼职而解除劳动合同在司法实践中，相关案件发生的较少。这一种解除劳动合同行为由于严重影响的界定较难，所以实践中，多数企业会侧重于拒不改正的方向。但是由于兼职的取证不易，这种解除劳动合同的操作难度较大。

案例 7-4：员工违反忠诚义务，企业解除劳动关系合法。

【基本案情】[①]

2015 年 1 月，陈某入职某快递公司（以下简称 A 公司）从事速递员工作，双方签订了期限至 2019 年 1 月的劳动合同，其月平均工资 6750 元。2018 年 1 月，陈某隐瞒 A 公司同时为 B 快递公司从事快递收件工作，并印发有内容为"陈某，B 快递公司销售部经理"的名片。2018 年 11 月初，原 A 公司客户误以为 A、B 两家公司属同一老板，便向 A 公司老总反映，为何陈某可以提供某区域的快递收件服务，你们公司其他员工却拒绝收件？此时，A 公司才知晓陈某同时系 B 公司销售部经理、并向其客户发放 B 公司名片的事实。因 A 公司没有制定规章制度，其便在 2018 年 11 月中旬以陈某违反忠诚义务为由解除了双方劳动合同。2019 年 1 月，陈某申请仲裁，认为 A 公司的收件服务区域有限，其发给 A 公司客户名片的初衷是当 A 公司不能为客户提供快递收件服务时，该客户可以找 B 公司，由 B 公司将客户快递件送至 A 公司的服务区域内，再请 A 公司的货运部门提供快递运输服务，故其行为并未给 A 公司带来利益冲突，相反给 A 公司带来了运输收益，且违反忠诚义务并非法定解除劳动合同的理由，因此 A 公司应当向其支付违法解除劳动合同赔偿金 54000 元。A 公司答辩称，若员工发现有非服务区的客户可以向公司汇报，公司会通过其他关联公司解决取货问题，公司也会为此对员工进行奖励，而陈某放着公司奖励不要，反而将客户信息透露给其他公司，只能说明其可以谋取更大利益；因此，陈某上述损害公司利益的行为，已严重违反员工的忠诚义务，其解除劳动合同合法。

【裁判结果】

仲裁委驳回了陈某的仲裁请求。

[①] 《劳动者违反忠诚义务可以成为用人单位解除劳动合同的理由》，载宁波市人力资源和社会保障局网，http://rsj.ningbo.gov.cn/art/2019/12/31/art_1229676822_58959133.html，最后访问日期：2024 年 4 月 12 日。

【实务分析】

A公司能否以陈某违反忠诚义务为由解除劳动合同？

《劳动法》第三条第二款规定，劳动者应当完成劳动任务，提高职业技能，执行劳动安全卫生规程，遵守劳动纪律和职业道德。《劳动合同法》第三条规定，订立劳动合同，应当遵循合法、公平、平等自愿、协商一致、诚实信用的原则。故员工对企业的忠诚义务是员工应承担的天然义务。《劳动合同法》第三十九条规定："劳动者有下列情形之一的，用人单位可以解除劳动合同：……（四）劳动者同时与其他用人单位建立劳动关系，对完成本单位的工作任务造成严重影响，或者经用人单位提出，拒不改正的……"，根据"举轻以明重"原则，对于劳动者同时与用人单位的竞争单位建立劳动关系，对完成本单位工作任务造成严重影响，且对本单位利益造成损失的员工，更具备解除权利。

陈某在A公司任职期间，私自在A公司的竞争公司任职，并向A公司的客户发放B公司名片，其行为已违背员工基本的职业道德，也势必对完成本单位的工作任务造成严重影响、对本单位利益造成一定损失。陈某虽辩称B公司提供的服务都是非A公司服务区域的快递业务且部分业务经转运最终又由A公司的货代部门提供服务反而给A公司带来经济收益，仲裁委认为虽然部分业务又最终转运给A公司货代部门提供运输服务，但并不能就此掩盖陈某利用职务之便为自己谋取私利的事实，也不能就此排除给A公司造成潜在可能的利益损失，就如A公司所言，其可通过其关联公司与非服务区域客户达成快递服务协议。因此，虽然A公司没有制定相应规章制度，其依然可以陈某违反员工忠诚义务为由合法解除双方劳动合同。

诚实信用原则是现代法律体系一项非常重要的基本原则。除《劳动法》第三条第二款、《劳动合同法》第三条对诚信原则作出规定外，《民法典》第七条也规定"民事主体从事民事活动，应当遵循诚信原则，秉持诚实，恪守承诺"。《公司法》明确规定，董事、监事、高级管理人员不得利用职务便利为自己或者他人谋取属于公司的商业机会。显然，员工在职期间至雇主的竞争企业从事竞业工作、利用职权谋取个人利益都属于违背诚信原则，违反忠诚义务，企业可以以归因于员工的原因而行使合同解除权。

本案审理中，陈某始终认为自己的行为并未给公司带来利益损失，认为自己在能力范围内从事两家公司的工作，并未对完成 A 公司工作带来严重后果，其很大一部分原因在于对忠诚义务的认知模糊。

《劳动合同法》第八条规定，用人单位招用员工时，应当如实告知劳动者工作内容、工作条件、工作地点、职业危害、安全生产状况、劳动报酬，以及劳动者要求了解的其他情况；用人单位有权了解劳动者与劳动合同直接相关的基本情况，劳动者应当如实说明。根据上述规定，企业的一般诚信原则体现在及时足额支付劳动报酬、缴纳社会保险，告知相关劳动情况。而员工的忠诚义务则表述得较为抽象，从通常理解来看，员工的诚信义务一般体现在保持对企业的忠诚、不实施不利于企业的行为、保守商业秘密、尊重企业的合理用工自主权等。

【合规指引】

为合理防范员工作出违反忠诚义务的行为，建议企业制定合法有效的规章制度，将"员工的忠诚义务"进行举例明确，让员工能更加清晰了解知晓，同时也降低企业劳动用工风险成本。

5. 因《劳动合同法》第二十六条第一款第一项规定的情形致使劳动合同无效的

《劳动合同法》第二十六条规定："下列劳动合同无效或者部分无效：（一）以欺诈、胁迫的手段或者乘人之危，使对方在违背真实意思的情况下订立或者变更劳动合同的；（二）用人单位免除自己的法定责任、排除劳动者权利的；（三）违反法律、行政法规强制性规定的。对劳动合同的无效或者部分无效有争议的，由劳动争议仲裁机构或者人民法院确认。"

该条对无效的认定，本身即属于主观性认定的范畴。等于企业在行使这种权利时，法院要先对合同是否有效作出认定之后，才会再审查解除是否成立的问题。这就分了两层的审查。

案例 7-5：劳动合同履行期间，企业发现员工学历造假的，可以解除劳动合同且无须支付违法解除赔偿金。

【基本案情】①

企业和员工双方于 2014 年 6 月 16 日签订一份《劳动合同》，约定劳动合同期限自 2014 年 6 月 16 日起至 2017 年 6 月 15 日止；于 2017 年 8 月 31 日签订一份劳动合同，约定劳动合同期限自 2017 年 6 月 15 日起至 2020 年 6 月 14 日止。

2018 年 3 月 6 日，被告向原告送达一份《解除劳动合同关系通知书》，通知称"经公司核实，你通过学历造假，提供虚假资料的方式入职本公司，经公司多次与你协商，请你提供真实的学历证书，你拒不提供，并且承认学历造假这个事实，现公司决定与你解除劳动合同，薪资结算至 2018 年 3 月 1 日，请于两日内办理交接手续，超过两日未办理视同双方协商一致解除劳动合同关系"，员工确认于同日收到上述通知书。

企业提交了毕业证书复印件、员工入职登记表、中国高等教育学历证书查询等证据证明原告存在学历造假行为，员工入职登记表中记载的内容显示原告在登记表中登记的学历为大专、教育背景的起止日期为 2006.9—2009.6，毕业于长沙理工大学，专业为机电一体化，在填表申明中申明"本人保证所填写内容和所提供的资料属实；若有不属实之处本人愿意无条件接受公司处罚辞退，并不要求任何补助"，员工在入职人签字处签名确认，主管领导陈某签名。企业提交的毕业证复印件显示原告在长沙理工大学机械设计制造及自动化专业三年制专科学习，企业提交的中国高等教育学历证书查询结果显示查询不到上述毕业证书信息，企业因此主张原告存在学历造假，并因此解除与原告的劳动合同。员工确认其学历为初中学历，但否认企业出具的毕业证书复印件系其提供，抗辩称企业在招聘员工入职

---

① 详见（2018）粤 0306 民初 16459 号、（2019）粤 03 民终 20539 号民事判决书。

时并未明确其就职岗位需要大专学历，并提交了企业颁发给员工的荣誉证书证明员工的工作获得了企业认可且原告完全能够胜任职务。

【裁判结果】

企业无须支付违法解除劳动合同赔偿金。

【实务分析】

一审法院认为，员工有如实提供入职信息的诚信义务，用人单位对员工的资历亦有注意审查之义务，故虚假学历对劳动合同效力的影响应有一个合理期限，不宜在劳动关系持续很长时间后仍作为劳动合同无效或者解除合同的事由。首先，企业未能提交有效充分的证据证明其招聘原告就职的岗位学历要求为大专。其次，企业存在怠于履行原告的学历注意审查之义务。最后，本案员工虽然在入职时存在学历造假行为，但双方于2014年6月16日签订的第一份《劳动合同》已于2017年6月15日届满，合同到期后，企业和员工双方又于2017年8月31日签订第二份《劳动合同》，约定劳动合同期限自2017年6月15日起至2020年6月14日止，企业在第一份劳动合同期满后又与员工续签第二份《劳动合同》，这说明企业对员工在过去3年内工作能力、工作表现的认可，学历已不是主要的考量因素，不再是影响双方建立劳动关系的关键，企业于2017年1月13日向员工颁发一份《荣誉证书》，称员工在2016年第四季度中，工作认真、表现优异，荣获"季度优秀员工"称号，企业与员工提交的项目立项等证据能够证明员工参与多宗立项的项目取得成功，足以说明员工能够胜任所任职务，因此，对于双方续签的第二份《劳动合同》企业并不存在因受原告欺诈而签订的情形，双方续签的第二份《劳动合同》应是企业与员工双方真实的意思表示，企业主张无效，一审法院不予支持，企业以此为由在员工处于哺乳期间单方解除与原告的《劳动合同》应系违法解除，原告诉求被告支付违法解除劳动合同赔偿金一审法院予以支持。

二审法院认为，依据《劳动合同法》第二十六条第一款第一项规定，以欺诈、胁迫的手段或者乘人之危，使对方在违背真实意思的情况下订立劳动合同的，劳动合同无效。第三十九条第五项规定，劳动者有本法第二十六条第一款第一项规定的情形致使劳动合同无效的，用人单位可以解除劳动合同。员工入职时提交虚假的学历证书，使企业陷入错误认识从而与其订立劳动合同，其行为严重违反诚实信用原则，也违反前述法律规定，企业依法有权解除双方劳动合同且无须支付赔偿金。

【合规指引】

企业在招聘员工以及日常管理员工过程中，员工的入职登记表、基本信息表等应尽可能地让员工填写全面和清楚，特别是学历，一般从高中填起；工作经历，一般从第一份工作开始。这些都将成为日后企业在审查员工是否符合法律和企业要求的重要证据。

（二）企业以员工"严重违反规章制度"为由解除劳动合同时的注意问题

当员工发生"严重违反规章制度"行为，企业应如何合法解除劳动合同？至少应注意以下三个部分：

1. 在以员工严重违反规章制度为由解除劳动合同时，企业需寻找解除劳动合同的依据——法律规定或企业的规章制度

根据《劳动合同法》第三十九条规定，劳动者有下列情形之一的，用人单位可以解除劳动合同，其中第二项及第六项为："（二）严重违反用人单位的规章制度的；（六）被依法追究刑事责任的。"所以企业准备以员工严重违反规章制度为由解除劳动合同时，直接依据就是员工严重违反企业的"规章制度"或者员工"被追究刑事责任"。但是在现实生活中，员工在工作过程中触犯刑事责任的情形并不多见，更为常见的是员工违反企业规章制度的情形，所以一般企业在以"严重违反规章制度"为由解除劳动合同的同时，通常是依据员工"严重违反用人单位的规章制度"。而此时是否存在一份合法有效的规章制度，作为企业以"严重违反规章制度"为由解

除劳动合同的基础和依据,就显得尤为重要。规章制度自身的合法性及有效性认定标准见前述内容。

2. 企业应及时保留充分、有效的证据,证明员工实施了严重违反规章制度行为

当员工实施了严重违反规章制度的行为,而根据企业的规章制度规定可以解除劳动合同时,企业还有一个重要的工作,应当及时做好员工违纪行为的证据保存工作。证据的形式可以有多种形式,如由员工对于违纪行为出具的书面检查、报告、检讨等,由员工签字确认的处罚通知、会议纪要,以及违纪时的录音、照片、录像、监控视频、聊天记录、出警记录等,均可以作为证明员工严重违反规章制度行为的证据。

企业必须保留员工严重违反规章制度的证据,将来企业依据员工严重违反规章制度行为作出处理决定时,员工会面临被解除劳动合同且得不到补偿的境地,此时发生劳动争议的概率会特别高。而一旦发生劳动争议,员工也往往会对其严重违反规章制度行为加以否认,此时,企业作出了解除劳动合同决定,那么根据"谁主张、谁举证"的原则,企业就应当举证证明员工存在严重违反规章制度的行为。假如企业没有充分、有效的证据来证明员工存在违纪行为,那么企业就会承担举证不能的后果,被认定为违法解除劳动合同,最终导致败诉的不利结局。所以在此阶段,企业保存劳动者违纪的证据,亦是一件非常重要的工作。

企业取证的时间,应距员工发生严重违纪行为的时间越近越好。因为员工对于刚刚发生的事情一般不会马上否认,所以越及时进行取证就会越容易;相对应地,随着时间的推移,员工的心态可能会慢慢发生变化,哪怕离严重违反规章制度行为发生的时间仅仅间隔了一天,员工也可能出于对自己的保护,对其违纪行为予以否认,而一旦这种情况发生,势必会对企业的取证工作增大难度。因此,企业的取证时间应距违纪行为发生的时间越短越好。

3. 解除劳动合同通知有效送达给员工

当员工实施了违纪行为，企业根据规章制度的规定，对员工作出解除劳动合同的决定之后，接下来就应当将解除劳动合同通知送达给员工。因为解除劳动合同的通知未送达员工时，对员工是不产生法律效力的，所以企业在作出一份解除劳动合同通知后，应当保证将解除劳动合同通知有效的送达给员工。

企业应如何保证解除通知的有效送达呢？

在送达解除劳动合同通知前，应核实员工有效的联系方式，来确保解除劳动合同通知的送达。送达可以有多种方式，最稳妥的送达方式是当面送达给员工，由员工签回执单，另外实践中也多用特快专递方式邮寄到员工的户籍地、经常居住地，同时还可以辅以电子邮件、短信、微信等方式进行送达，如果上述几种形式均无法保证送达的效果，如员工拒收快递、电话停机等，企业还可以采取登报公告的方式进行送达。当然，无论企业采取哪种形式进行送达，均应保留以何种形式进行过送达的证据。

另外，在员工入职企业之初，企业就应当做好预备工作，如员工入职时，在员工签署的入职登记表、劳动合同书中，填写自己的经常居住地、户籍所在地以及联系方式（这也是一般企业通行做法），同时约定"如果员工所预留的住址或联系方式发生变更的，员工应于变更后以书面形式告知企业；员工未书面通知企业的，企业按照员工之前提供的地址进行发送通知或决定的，视为有效送达"，有了这样的约定，当企业再向员工送达有关通知或决定时，就能在一定程度上预防送达环节上的风险了。

综合以上几点，当员工发生严重违反规章制度的行为时，企业按照上述三个步骤，在每个阶段保存相应的证据，那么即使将来由此发生了劳动争议，企业也能大大减少败诉的风险了。

（三）常见严重违反规章制度的情形及举证要求

不同情形严重违反规章制度的举证对比		
情形	证据形式	举证程度要求	对规章制度的依赖性
旷工	考勤表	一般需要员工签字确认，但是现实中往往难以达到需要公证员对考勤系统进行公证	旷工3天可以违纪解除
假发票报销	发票出具单位证明、税务部门证明	证据材料要有公章的原件，最好有消费水单，而且水单是假的，对于报销事由的虚假性，需要有相应的证明材料	提供虚假报销者视为严重违反规章制度
虚假病假单	医院的证明或者医生的录音	医院证明需要有公章，医生录音同时需要医院有此医生的出诊网站公示记录	提供虚假休假证明或者伪造休假证明者，视为严重违反规章制度
假合同骗奖金	合同相对企业的证明	需要有公章的原件，证明内容需要充分	虚构合同骗取奖金视为严重违反规章制度
泄露商业秘密	如将公司资料从公司邮箱转发到个人邮箱；将个人权限给到不具备权限的其他人员使用	公证的电子邮件记录，录像视频	不得在工作中使用个人邮箱；不得将公司邮箱中的相关资料或者信息转发到个人邮箱；不经公司同意，不能将公司的授权让渡给任何第三方使用
假学历	学校证明	需要学校出具证明并加盖公章	虚假学历视为欺诈
假工作履历	原企业的证明	需要原企业出具证明并加盖公章	虚假工作履历，视为欺诈
假工作描述	员工工作提供方相应的证明材料	需要有公章的原件	对工作进行虚假描述，视为严重违反规章制度

续表

不同情形严重违反规章制度的举证对比				
拒不服从公司合法的工作岗位调动	有书面通知,有送达记录,有员工拒不服从的意思表示或者行为表示	快递单;调整工作岗位通知书有公章的原件	拒不服从公司合理工作分配,经警告拒不改正的,视为严重违反规章制度
被治安拘留	公安机关对员工实施了治安拘留	拘留通知书或者公安机关出具的其他证明;员工家属的录音考勤记录	被治安拘留的,视为严重违反规章制度
辱骂、羞辱同事或者领导	员工有相关性行为,其记录方式可以为电子邮件或者现场证人证言,证主证方的证明效力弱	经过公证的电子邮件视频	辱骂、羞辱同事或者领导,视为严重违反规章制度
管理责任	企业领导下属因为失职给公司造成相应损失	商务违约事件需要有赔付证明,或判决书与支付凭证,或协议书与支付凭证	因管理失当给公司造成损失超过5万元的,视为重大损失
聚众行为	员工因为个人矛盾或者与公司之间的矛盾,发生了聚众行为	视频、录音、照片、公安报警记录	未经公司批准同意的聚众行为,视为严重违反规章制度

专题八：
因员工严重违反规章制度而解除劳动合同常见问题及解决方案

（一）企业单方解除劳动合同时容易忽视的一个小问题：通知工会

企业在单方解除与员工之间的劳动合同时，除了注重实体方面的问题以外，如收集员工违纪证据、寻找解除依据，同时也应当注意一些程序性的要求，因为如果企业未能按照法定的程序办理，同样会面临违法解除劳动合同的不利后果，这个小问题出现在有工会的企业中，企业在单方解除劳动合同时的程序性要求。

《劳动合同法》第四十三条规定："用人单位单方解除劳动合同，应当事先将理由通知工会。用人单位违反法律、行政法规规定或者劳动合同约定的，工会有权要求用人单位纠正。用人单位应当研究工会的意见，并将处理结果书面通知工会。"例如，某企业有工会，该企业作出解除某员工劳动合同的决定，那么按照上述法律规定，该企业就应事先将解除劳动合同的理由通知工会。对于这样一个小的前置程序，有些企业很有可能会疏忽，此时就会产生隐患，因为按照有关规定，如果企业单方解除劳动合同时，未依法通知工会，而员工以企业违法解除劳动合同为由请求企业支付赔偿金，裁判机构将予以支持。这就意味着，在劳动合同履行过程中，即使劳动者实施了严重违反规章制度的行为，但是当企业解除与其之间的劳动合同，却因为一时疏忽而没有通知工会，届时企业将因为程序上的瑕疵，而承担违法解除劳动合同的不利后果。

这种情况下，司法机关也考虑到，如果企业在解除劳动合同实体上不存在问题，如员工确实实施了严重违反规章制度的行为，但仅仅在通知工会的程序上存在瑕疵，此时司法机关亦给予企业补救的机会，即根据《最高人民法院关于审理劳动争议案件适用法律问题的解释（一）》第四十七条规定："建立了工会组织的用人单位解除劳动合同符合劳动合同法第三十九条、第四十条规定，但未按照劳动合同法第四十三条规定事先通知工会，劳动者以用人单位违法解除劳动合同为由请求用人单位支付赔偿金的，人民法院应予支持，但起诉前用人单位已经补正有关程序的除外。"这也就意味着，企业解除劳动合同之后，在案件起诉之前仍有时间和机会来弥补未事先通知工会的瑕疵。

（二）"三期"女员工的处理

案例 8-1：什么是女员工"三期"？企业能否以女员工进入"三期"为由，作出调岗降薪的处理？孕期女员工依法享受哪些"产检"待遇？

【基本案情】[①]

2011 年 3 月郭某入职某信息技术公司工作，双方签订书面劳动合同，劳动合同期限自 2011 年 3 月 1 日至 2013 年 3 月 31 日，其中试用期 3 个月。劳动合同约定，郭某工资标准 8000 元/月（实际工作每满一年，增加每月 100 元的工龄工资）。

2012 年 1 月，郭某在医院检查确认怀孕，并将怀孕事实报告给公司领导。2012 年 2 月公司决定将其调至前台兼行政岗位，并降薪 70%，郭某认为怀孕期间不会影响工作，不同意公司的决定，公司坚持给郭某调岗降薪，

---

① 张洁：《面对"三期"女职工　用人单位不能太"任性"》，载《人民法院报》2015 年 6 月 20 日，第 3 版。

但郭某一直坚持正常上班直到 2012 年 9 月休产假，其间公司未给予郭某法定应享有的产检假。2012 年 9 月至 2013 年 1 月郭某休产假期间，公司停发其工资。2013 年 1 月底，郭某产假结束后回公司上班，但公司以各种理由阻止其正常上班并且扣发工资。

为此，郭某将公司诉至仲裁委，双方又经法院诉讼。

【裁判结果】

怀孕的女职工在劳动时间内进行产前检查的，应计入劳动时间，公司不应因产检请假而扣发郭某的工资，公司应补发郭某 2012 年 2 月至 8 月因产检发生的扣款。公司以产假折抵带薪年休假的主张没有法律依据。

【实务分析】

一、什么是女员工"三期"

《劳动法》第五十八条第一款规定："国家对女职工和未成年工实行特殊劳动保护。"《女职工劳动保护特别规定》第五条规定："用人单位不得因女职工怀孕、生育、哺乳降低其工资、予以辞退、与其解除劳动或者聘用合同。"因此，通常所说的"三期"女员工，指的是处于怀孕期、产期和哺乳期的女性员工。这一特殊关照旨在保障女性员工在重要生理阶段的权益，确保她们能够在工作中得到合理的关注和支持。

二、企业是否可以因为女员工进入"三期"而进行调岗降薪

根据《劳动合同法》第三十五条第一款的规定，用人单位可以与劳动者协商一致变更劳动合同约定的内容，但必须以书面形式进行。任何一方都没有单方变更劳动合同的权利，变更需遵循平等自愿、协商一致的原则。尽管很多用人单位在劳动合同中规定了根据生产经营需要可以随时调整员工工作内容或岗位并相应调整薪酬，但是在司法实践中，企业所依据雇用自主权作出的此类约定合法性常受争议，除非企业能提供充分证据证明调岗和降薪合理合法，否则双方需要按原劳动合同执行。

针对女员工进入"三期"，法律给予了特殊保护。除了《女职工劳动保护特别规定》第五条外，《妇女权益保障法》第四十八条第一款规定，用人

单位不得因结婚、怀孕、产假、哺乳等情形降低女职工工资和福利待遇、辞退或解除劳动（聘用）合同。法律明确对"三期"女员工实施特殊保护，企业不得在怀孕、产假、哺乳期间降低工资或解聘女员工。当然，在特定情况下，即使"三期"女员工不同意变更条款，企业也可行使单方变更权，如女员工无法胜任岗位，企业可调整其职位，或根据相关法规将她们从禁忌岗位调整到非禁忌岗位。

在其他情况下，单方调岗存在法律风险。比如，如果公司以女员工怀孕后不能胜任工作为由调岗降薪，但公司未出具相关考核规则和制度依据，且员工的岗位不在怀孕后禁忌工作范围内，此类决定违反法律规定。因此，法院判决公司应支付工资差额和生育津贴的决定是正确的。

三、在孕期，女员工根据法律规定享有何种"产检"权益

1. 孕期细说："产检"的定义与频率

所谓"产检"，又称为"产前检查"，是指为确保孕妇及胎儿的健康而按照卫生部门规定进行的孕前体检。一般来说，产前检查按以下三个阶段和次数安排：第一阶段是从怀孕开始至第 6 个月结束，每月进行一次检查；第二阶段是从第 7 个月初至第 8 个月结束，每月检查两次；第三阶段是最后一个月每周进行一次检查，特殊病例除外。

2. 产检待遇与法定依据

例如，根据《北京市企业职工生育保险规定》第十六条第一款规定，生育医疗费用包括女性职工怀孕、生育所需的医疗检查费、接生费、手术费、住院费和药品费。《天津市城镇职工生育保险条例》规定：生育保险基金支付以下费用：（1）产前检查费用；（2）生育医疗费用；（3）生育津贴；（4）计划生育手术费。依据《河北省城镇职工生育保险暂行办法》第十七条规定，女性职工生育所需的检查费、检验费、接生费、手术费、床位费、药品费等生育医疗费用，由生育保险基金支付（包括产前检查和检验费）。

对于产检次数，各地法规没有具体的限制性规定，也就是说，只要是

正常必要的产检,都应计入工作时间,不能以病假、事假、产假或旷工等方式对待。然而,在实践中,一些怀孕女员工可能存在过多产检的情况,企业难以确定其产检的真实性和必要性,通常会持一种"得过且过"的态度。如何解决此类问题,既能充分保护孕妇及胎儿的健康,又能限制女员工滥用产检待遇的现象,需要进一步研究讨论。

【合规指引】

企业可以通过规章制度加以明确,在产检的次数和请假手续方面入手,除常规的产检外,对请假频率过高的员工,可以采取提交医生证明的方式进行约束,如员工不能提交医院出具的相关证明,企业可以不批准或按事假处理。

与处于"三期"的试用期女员工解除劳动合同,需有女员工存在《劳动合同法》第三十九条情形之一的充分证据。

(三)员工未严格履行病假请假手续,公司能否以其严重违反规章制度为由解除劳动合同

案例 8-2:员工未履行请假手续,无正当理由拒绝上班,在企业催促及时返岗后,亦不到岗说明情况,企业可以员工严重违反公司规章制度为由解除劳动合同。

【基本案情】[①]

2014 年 12 月,曹某与某电机公司签订劳动合同。2018 年 9 月 11 日至 30 日,曹某分三次向公司申请病假及事假,公司同意曹某的休假申请。假期到期后曹某未到岗上班。同年 10 月 17 日,公司根据曹某劳动合同中约定的送达地址邮寄函件要求来司说明未上班的原因,该函件被退回。2019 年 1

[①] 《江苏法院 2020 年度劳动人事争议十大典型案例》,载江苏法院网,http://www.jsfy.gov.cn/article/91653.html,最后访问日期:2024 年 4 月 12 日。

月 4 日，公司通过《扬子晚报》向曹某发出通知要求其来司办理相应手续，并于 1 月 8 日通过微信发送给曹某。曹某仍未上班，亦未办理相应请假手续。2019 年 1 月 18 日，公司向曹某发出《关于与曹某解除劳动合同的证明》，载明曹某连续旷工属严重违反规章制度，公司依据《劳动合同法》第三十九条第二项规定与其解除劳动合同，并依法通知了工会。曹某申请劳动仲裁，请求裁令公司支付违法解除劳动合同赔偿金。仲裁委终结审理后，曹某诉至法院。审理中，曹某提供了某医院抑郁自评量表，该表载明参考诊断为有（轻度）抑郁症状，但未提供病假证明。

【裁判结果】

法院判决驳回曹某的诉讼请求。

【实务分析】

曹某病假到期后，在未能及时履行请假手续的情况下无正当理由未出勤上班，公司在多次催促通知无果后，以其旷工并严重违反规章制度为由解除劳动合同，具有事实依据。曹某主张其符合医疗期相关规定，但未能提供有效证据证明其确需停止工作治病休息，且曹某并未按照规定履行请假手续。

劳动法中所指的"医疗期"，其含义为员工因患病或者非因公负伤依法享有的治疗休息且企业不得解除或者终止劳动合同的期限。显然，医疗期的规定体现的是保护员工合法权益的立法理念，但因医疗期中员工不能到岗上班，涉及用人单位对工作的统筹安排，因此员工享有医疗期需要具备一定的条件：

首先，劳动者患病的病情状况或者非因工负伤的严重程度达到了需要治疗休息的客观要求，其判断标准一般以医疗机构出具的"病假单"为依据；其次，员工按照企业规章制度的要求履行请假手续。

本案中，员工在企业批准的假期届满后，继续主张享受医疗期待遇，却未能提供病假证明，也不按照企业规章制度要求履行请假手续，在企业多次催促后仍然无正当理由拒绝到岗上班，企业以其旷工并严重违反企业规章制度为由解除劳动合同,具有事实依据和法律依据。

本案通过驳回员工享受医疗期待遇的请求,引导员工遵守企业依法制定的规章制度,维护企业正常的生产秩序和管理秩序;教育员工不得滥用权利,否则将承担相应的法律后果。

【合规指引】

企业在日常经营管理过程中,遇到不履行病假手续,又以明示或以不回应的方式不返工的员工时,可以按劳动合同约定的送达地址催促员工返工,如遇到邮件拒收的,可以公告送达。经企业催促上班后,员工仍不到岗的,可以按照企业规章制度,以员工严重违反规章制度为由,解除劳动合同,但仍需要将解除劳动合同的通知送达员工,并通知工会。

(四)服务期内员工严重违反规章制度,公司与其解除劳动合同时是否可主张违反服务期违约金

根据《劳动合同法实施条例》第二十六条第二款第一项规定,劳动者严重违反用人单位的规章制度,用人单位与劳动者解除约定服务期的劳动合同的,劳动者应当按照劳动合同的约定向用人单位支付违约金。

服务期是指企业和员工在劳动合同签订之时或劳动合同履行的过程之中,企业为员工支付了特别培训费的前提下,员工同意为该企业工作一定期限的特别约定,是企业的投资回报期。服务期是企业与员工另行约定的服务期限,可独立于劳动合同期限而适用。

合同期与服务期性质是不同的,合同期是《劳动合同法》规定的劳动合同必备条款之一,具有鲜明的法定性,包括固定期限、无固定期限、以完成一定工作任务为期限,企业和员工应当选择劳动合同的期限。而服务期是当事人以劳动合同或者专门协议的形式特别约定的,带有任意性的特征。劳动合同期限的利益主要归属于员工,企业非法定理由不能随意解除劳动合同,而服务期的利益则完全归属于企业,员工在服务期内不能随意

解约。并不是在什么情况下企业都可与员工约定服务期，《劳动合同法》第二十二条第一款规定，用人单位为劳动者提供专项培训费用，对其进行专业技术培训的，可以与该劳动者订立协议，约定服务期。

企业应当区分劳动合同期限与服务期限，在劳动合同期限内，员工只要履行提前通知程序，就可解除劳动合同，劳动合同期限对员工并无实质的约束力。而在服务期内，员工不能随意解约，否则需承担违约责任。

案例 8-3：无证据证明员工培训费用的，员工不承担向公司支付违反服务期违约金义务。

【基本案情】①

张某龙于 2014 年 11 月 1 日入职公司，在公司下属机构微系统研究所工作。2016 年 4 月 15 日双方解除劳动关系。

2014 年 11 月 1 日张某龙与微系统研究所签订了服务期协议，协议约定："乙方（张某龙）在甲方的服务期限为五年……第五条 违约责任在服务期内，乙方不得因个人原因，单方提出调离或擅自离开甲方。否则在执行劳动（聘用）合同违约约定的基础上，乙方须承担以下违约责任：1. 交纳用于员工档案等日常管理工作支出费用 20000 元；2. 交纳在招聘和接收过程中发生的招聘费、入职培训费 5000 元；3. 返还自培训过程中发生的代培费、助研费、学杂费以及参照在职员工待遇发放的其他费用；4. 返还资助攻读学历学位费用；5. 返还公费出国境学习、培训、考察费用；6. 返还人才引进代交的违约金；7. 返还入职安家费；8. 因乙方违约离开，影响项目研制任务完成，造成甲方重大损失的，甲方有权要求乙方赔偿损失，其中，第 3—8 项违约金以财务核算的实际发生费用为准，第 1—5 项违约金额根据本协议服务期未履行月数按月核定，计算公式为：单项违约金额 = 单项费用实际支出额 × 本协议未履行月数 /（服务期月数）。"

---

① 详见（2018）京 0108 民初 152 号、（2018）京 01 民终 4574 号民事判决书。

公司主张该公司曾对张某龙进行了5次培训，包括入职培训和4次业务培训，其中入职培训费用150元，业务培训费用总计为4200元，均摊至张某龙个人费用为600元，需张某龙支付。

【裁判结果】

法院驳回公司的诉讼请求。

【实务分析】

《最高人民法院关于适用〈中华人民共和国民事诉讼法〉的解释》第九十条规定，当事人对自己提出的诉讼请求所依据的事实或者反驳对方诉讼请求所依据的事实，应当提供证据加以证明，但法律另有规定的除外。在作出判决前，当事人未能提供证据或者证据不足以证明其事实主张的，由负有举证证明责任的当事人承担不利的后果。

企业为员工提供专项培训费用，对其进行专业技术培训的，可以与该员工订立协议，约定服务期。员工违反服务期约定的，应当按照约定向企业支付违约金，违约金的数额不得超过企业提供的培训费用。因此，公司主张张某龙支付培训费用，应当举证证明其公司曾对张某龙进行了专项培训并支出了相应费用。但依据公司提交的证据无法证明其诉讼主张，故公司要求张某龙返还培训费的诉讼请求不能成立。

【合规指引】

1. 企业可与员工约定服务期的情形

按照国家有关规定，企业必须按照本企业工资总额的一定比例提取培训费用，用于对员工的职业培训，这部分培训费用的使用不能作为与员工约定服务期的条件。约定服务期必须是针对特定的员工，且企业为该员工提供了专项的培训费用进行专业技术培训。

2. 服务期的年限

《劳动合同法》未对员工的服务期的年限作出具体规定。服务期的长短可以由劳动合同双方当事人协议确定，企业在与员工协议确定服务期年限时要遵守两点：第一，要体现公平合理的原则，不得滥用权利。比如，企业为员工提供了 2000 元进行专业技术培训，但约定员工需为企业服务 10 年，这种约定显失公平。第二，企业与员工约定的服务期较长的，企业应当按照工资调整机制提高员工在服务期间的劳动报酬。

3. 员工违反服务期约定的责任

员工违反服务期约定的，在服务期内解除劳动合同，应当按照服务期协议向企业支付违约金。违约金的数额不得超过企业提供的培训费用。企业要求员工支付的违约金不得超过服务期尚未履行部分所应分摊的培训费用。

（五）在调岗中出现员工不服从调岗情形的，如何执行规章制度

在调岗后，如果员工以调岗不合理为由拒绝到新岗位报到，企业想要以"旷工"为由对员工进行纪律处分甚至以"严重违反规章制度"为由解除劳动合同的，需要两个基础：调岗本身具有合法合理性；员工的确不存在其他正当理由的缺勤情节。

案例 8-4：企业变更工作地点应具有正当性、合理性，否则员工因拒绝调岗被解除劳动合同属于违法。

【基本案情】[①]

2008 年 5 月 13 日，曾某某与某物管公司签订《劳动合同书》，约定某物管公司聘请曾某某为该公司物管员，工作地点为重庆市，某物管公司可以根据工作需要调整曾某某的工作地点等。合同期满后，曾某某与某物管公司两次续签劳动合同。曾某某的工作地、居住地均为重庆市渝北区。2018 年 7 月 25 日，某物管公司向曾某某出具《人员调整通知》，通知曾某某于

---

① 详见（2018）渝 0112 民初 23108 号、（2019）渝 01 民终 1859 号民事判决书。

2018年8月1日起到重庆奉节县工作。接到通知后，曾某某向某物管公司递交《情况说明》，以家有高龄患病老人需要赡养、自己年龄较大等理由请求某物管公司收回通知。后某物管公司再次通知曾某某到重庆市奉节县工作，曾某某认为某物管公司调岗不合理，仍到原工作单位上班。2018年8月17日，某物管公司以曾某某不服从安排和旷工为由解除了与曾某某的劳动合同。曾某某以某物管公司违法解除劳动合同为由申请仲裁，要求某物管公司支付违法解除劳动合同赔偿金。仲裁裁决作出后，某物管公司不服提起诉讼。

【裁判结果】

某物管公司向曾某某支付违法解除劳动合同赔偿金。

【实务分析】

虽然双方签订的《劳动合同书》约定了曾某某的工作地点为重庆市，且某物管公司有权对曾某某的工作地点进行调整，但不能因此认定某物管公司可以在重庆市范围内随意调整曾某某的工作地点，某物管公司调整曾某某工作地点，仍应具有正当性、合理性。曾某某入职某物管公司后一直在重庆市渝北区工作，其居住地亦在渝北区。某物管公司于2018年7月25日向曾某某出具《人员调整通知》，通知曾某某到重庆市奉节县工作。渝北区和奉节县虽均属于重庆市辖区域，但二者相距数百公里，某物管公司在渝北区的经营场所并未取消，且亦未举证证明将曾某某工作地点调整至奉节县系生产经营之必需，某物管公司调整曾某某工作地点的行为明显会对曾某某的工作、生活产生重大不利影响。因此，某物管公司的调岗行为不具有正当性、合理性，构成用工自主权的滥用。曾某某收到调岗通知后，及时向某物管公司出具了《情况说明》，并仍到原工作地点上班，不应认定为曾某某构成旷工，某物管公司以曾某某不服从安排和旷工为由解除与曾某某的劳动合同属违法。

【合规指引】

劳动合同虽约定企业有权调整员工的工作地点，但企业调整员工工作地点时仍应具有正当性、合理性。企业在原工作地点的经营场所并未取消，且不能举证证明调整员工工作地点系基于生产经营之必需的，司法实践中会认定企业的调岗行为不当。

案例 8-5：企业合理调岗，员工不得任性拒绝调岗。

【基本案情】[①]

原告李某于 2008 年 2 月到被告国某公司从事维修钳工工作。2014 年 3 月，原、被告双方签订了无固定期限劳动合同，合同约定李某从事操作工工作，国某公司根据工作需要，按照合理诚信原则，可依法变动李某的工作岗位。同年 10 月，李某参加了国某公司组织的 TPM2 人员培训。后国某公司通知李某到 TPM2 岗位工作，并告知李某拒绝到岗的相应后果，但李某予以拒绝。同月 21 日，国某公司再次征求李某意见并再次被李某拒绝。同日，国某公司向李某送达了岗位调动通知书，通知书载明了相关调岗情形以及不服从调岗的相关后果，李某未到岗。同月 23 日，国某公司人力资源部通知工会，告知李某的行为构成《员工手册》的丙类过失，将对李某给予解除合同的处理，国某公司工会盖章同意。同日，李某出具退工通知单载明：兹有李某由于非本人意愿解除劳动合同等，李某在通知单上签字。后李某申请仲裁，要求国某公司支付解除劳动合同的赔偿金，仲裁委对李某的请求不予支持。李某遂诉至人民法院，要求被告国某公司支付解除劳动合同的赔偿金。

【裁判结果】

法院驳回原告李某的诉讼请求。

【实务分析】

企业依法享有合理的用工自主权。企业因客观情况变化和生产经营需要，对人员岗位进行适当合理调整，属于用人单位的用工自主权。本案中，

[①] 详见（2015）通中民终字第 01572 号民事判决书。

劳动合同中约定企业根据工作需要可依法变动李某工作岗位的条款并不违反法律的禁止性规定，应属有效。李某作为维修钳工，对生产设备有一定的了解，新调岗位从事生产为主维修为辅的工作，国某公司亦给予员工自行选择原维修区域的生产岗位，故李某经过培训后应能胜任，且TPM2岗位工资待遇在原考核奖金的基础上另增加TPM2考核奖，工资待遇不低于李某原岗位。因李某不同意岗位调动，企业多次与其沟通并书面告知相应后果，李某均不服从岗位调整。在市场经济体制下，企业依法在合理范围内对员工进行岗位调整，且履行了相应的程序，员工无正当理由不服从企业管理，企业可根据单位规章制度、员工手册，依法解除劳动合同。

【合规指引】

一、什么是用工自主权

用工自主权是指企业根据内部规章制度自主订立、自主变更或自主解除劳动合同的权利。正确行使用工自主权，有助于企业规范对员工的管理，也有助于避免劳动争议的发生。

二、警惕用工自主权的滥用

现实中，企业对用工自主权的滥用主要体现在以下方面：

1. 违法设定用工"门槛"

（1）性别歧视。某些工作岗位本质上对性别并无特殊要求，但企业在招聘条件中设置"男性优先"或者"限招男性"等内容。有的企业招录女员工时毫无理由地提高标准，如限制年龄、要求未婚或提出形象气质要求等。

（2）对残疾人等特定群体设置与工作内容无关的限制条件。

2. 擅自修改劳动合同内容

（1）任意调整工作岗位。企业基于用工自主权，擅自对员工的工作岗位进行调整，将员工调配到非劳动合同约定的工作岗位，或在劳动合同中规定企业可以根据需求调整员工的岗位。

（2）擅自增加工作内容。安排员工从事超出劳动合同约定范围的工作内容，但不支付额外报酬。

（3）擅自改变员工工作地点。未经员工同意，将员工从劳动合同约定的工作地点调至其他地方工作。

（4）擅自降低员工薪酬待遇。

（5）擅自拒绝支付加班工资。

3. 非法解除劳动合同

（1）没有为员工提供相应的劳动条件和保障，员工不服从调度被企业解聘，属于非法解除劳动合同。

（2）跨区域调岗未提供便利条件，影响员工个人生活，员工因拒绝调岗而遭解聘，属于非法解除劳动合同。

（3）企业管理层对员工个人言行不满，将员工解聘，属于非法解除劳动合同。

（4）员工有轻微违规行为，企业对其罚款，员工拒绝缴纳罚款遭解聘，属于非法解除劳动合同。

（六）如何应对问题员工绑架其他员工群体利益的情况

在实践中，会遇到一些员工，为了实现自己的利益，挑唆其他员工一起闹事，挑唆公司与其他员工集体的利益产生冲突，暗中策划，甚至采取群发邮件、发传单、贴告示之类的方式来对抗公司。

例如，某个创新项目取消或失败，会涉及整个部门的员工全部被解除劳动合同，公司本意是愿意向员工支付 N+1 的经济补偿金，但是项目取消或失败，首先触动的利益就是项目负责人的利益，而且一般项目负责人会有很多"亲信"员工在这个拟取消或失败的项目里。所以这名项目负责人，散布流言，一会说公司与他商定的补偿方案为 N+4，一会儿又说公司不认可集团内员工流动的之前工龄。由于该名项目负责人在项目里有很大的影响力，其言论造成了项目员工的集体不稳定，导致多名员工散发传单，连续几天到总经理办公室表达诉求，给公司管理团队造成很大压力。

上述这一事件，混合了公司利益、员工群体利益、项目负责人个人利益三重利益，所以企业在处理同类的事件时，应尽可能做到：

1. 先处理员工群体利益

对于员工所关注的核心利益，如法定经济补偿金，工龄认定等合法性诉求，无论最终补偿方案是否已经确定，企业一定要明确表达出公司的基本立场，即尊重法律的规定。这样有利于稳定员工情绪，稳定局面。

注意一下这里的度，在表达立场时，仅仅是在表达立场，即尊重法律的规定，不会做违法的事情。但是，是否认同员工的诉求，是否愿意兑现员工的诉求，是另一个层面的事情。千万不可表达为认可员工的诉求。在必要时，如果觉察到员工发生了误解，也可以予以澄清以消除误解。

2. 表明问题员工个人利益与员工群体利益不同

如果锁定了问题员工，则可以在群体面前将该员工的个人利益与群体利益区分出来。比如，将项目中的项目负责人名字以及工资收入列出明细，与项目里同岗位其他员工的收入作个对比；提示如果冲突过于激烈，将会损害公司与项目群体员工的利益，导致员工无法获得公司额外的照顾利益。

总之，就是要通过各种方式，将该问题员工放在员工群体利益与公司利益的对立面，特别提醒其他员工：项目负责人与群体员工之间的利益冲突。

3. 向员工们表达出对损害稳定局面行为的愤怒与处理决心

在表明立场时，同样有必要表达出来，如果发生损害稳定局面损害群体利益的行为，公司在处理之时，绝不会手软或者妥协。

必要之时，也可以先把问题员工以严重违反规章制度为由解除劳动合同。当然要操作这类解除劳动合同之前，有必要先建立一个协商解除劳动合同的标准出来。这样就等于建立了两个极，是一种比较好的对余下员工两极分化的基础操作方式。

（七）打卡签到后随即离岗，严重违反单位规章制度的，企业有权与员工解除劳动合同

案例8-6：企业因员工严重违反规章制度解除劳动合同不承担经济补偿金支付责任。

【基本案情】[①]

2017年1月1日，林某与某生物科技公司签订书面劳动合同，约定工作岗位为设备工程部机电技术员，合同期限自2017年1月1日起至2019年12月31日止，工资按基本工资+岗位工资+全勤、绩效、奖金的形式支付。该公司制定的《员工奖惩条例》规定：员工在1个月内累计旷工3天以上，属严重违反规章制度。林某确认知晓《员工奖惩条例》等相关公司规章制度。工作期间，林某任设备工程部主管，月平均工资3963元。2017年4月10日，林某在生产车间调试机台时发生火灾事故，6月29日违章使用会产生火花的切割机。同年6月30日，某生物科技公司免去林某设备工程部主管职务，记大过一次，扣减绩效工资180元，7月26日以林某不能胜任工作为由调整其岗位为车间技工，月工资2800元。林某接到调岗通知起申请补休及请病假，假期届满后，于2017年8月4日上午到车间打卡签到后随即离岗，8月7日某生物科技公司再次通知要求林某到岗，8月8日林某仍是打卡签到后随即离岗，8月10日某生物科技公司认为林某已连续旷工3天以上，严重违反规章制度，决定解除双方劳动合同。林某提起劳动仲裁，请求某生物科技公司支付违法解除劳动合同经济补偿金4060元等。劳动仲裁机构驳回该诉求，林某不服提起诉讼。

[①] 详见（2017）闽0881民初1601号民事判决书。

【裁判结果】

法院判决驳回林某请求某生物科技公司支付经济补偿金的诉求。

【实务分析】

林某与某生物科技公司签订书面劳动合同，双方建立劳动关系，依法应当按照劳动合同的约定履行各自义务。林某对某生物科技公司调整的工作岗位，在2017年8月4日及8日两次到岗打卡签到后即离岗，至8月10日均未在岗上班。《员工奖惩条例》规定，员工在1个月内累计旷工达3天以上，属于严重违反用人单位规章制度。林某自2017年8月4日至10日已连续旷工3天以上，可以认定属于严重违反用人单位规章制度情形。依据《劳动合同法》第三十九条第二项规定，劳动者严重违反用人单位的规章制度的，用人单位可以解除劳动合同。某生物科技公司解除与林某的劳动合同关系，于法有据，并无须向林某支付经济补偿金，判决驳回林某的该诉求。

《劳动合同法》第二十九条规定，用人单位与劳动者应当按照劳动合同约定，全面履行各自义务。用人单位应当按照劳动合同约定岗位安排、管理劳动者进行劳动，支付劳动报酬；劳动者应当在用人单位的安排、管理下参加劳动，取得劳动报酬。在劳动合同履行过程中，用人单位依法享有用工管理自主权，对劳动者不能胜任工作时，可以单方变更工作岗位。依法变更后的劳动合同，对双方均有约束力。本案林某按照劳动合同约定担任设备工程部机电技术员岗位主管期间，发生火灾，违章操作切割机等，被公司免职记大过扣发绩效工资等，不能胜任此工作岗位显而易见，某生物科技公司决定调整其工作岗位，林某理应予以配合，正确履行劳动义务。但林某以无故旷工消极方式回应，或到岗签到后即离开或根本不到岗，属严重违反用人单位规章制度行为，被解除劳动合同，无法获得经济补偿金，最终损害的是自身利益。

【合规指引】

员工在提供劳动过程中，有违规违纪行为，确实符合严重违反规章制度标准的，企业解除劳动合同合法，无须支付补偿金。

专题九：
因严重违反规章制度而解除劳动合同实操流程

（一）变更解除劳动合同方式，预防风险

当员工实施了严重违反公司规章制度的行为，企业要解除与其之间的劳动合同，最直接的方式莫过于"开除""辞退"，这两种情形，充分体现了企业的用工管理权和自主权。而对于员工来讲，无论其是否存在一定的不当行为，因为面临着丢失工作和得不到任何经济补偿，员工被企业"开除"极易引起对抗心理，所以员工在被企业单方面解除劳动合同后，会有较大概率去申请劳动仲裁，以尽可能地为自己争取一定的利益。这部分利益有可能是经济方面的利益，也有可能是个人声誉方面的利益。而劳动争议一旦进入诉讼程序，因为诉讼中的一些不确定性因素，就会为企业带来法律上的风险。

第一，作为企业方应第一时间掌握员工严重违反规章制度的证据。证据可以是劳动者自己关于违纪行为写的检查、员工认可的处罚通知或者有关事实的录音、录像等，对相关违纪事实加以固定。

第二，因有特殊要求起草的法律文书，应根据具体情形设计具有针对性的内容。例如，公司的人力资源经理可以在协议的起草阶段，在协议中添加两点：一是"乙方提出解除劳动合同申请，经双方协商一致达成如下协议"这样的表述；二是在协议中增加员工有弄虚作假进行报销等事实的描述，这样在签订协商解除劳动合同协议后，员工再向企业主张经济补偿金，司法机关就不能轻易支持员工了。

第三，在沟通过程中进行释明，企业站在员工立场分析，为了照顾员工的个人名誉和职业声誉，可以不采取开除方式，而是由员工以个人原因进行辞职的方式解除劳动合同；同时向员工表示，如果以后员工入职新单位时，新的企业做背景调查，则可以给予一份较为良好的评价。之后，双方按员工个人原因辞职的方式办理劳动合同的解除手续。那么这种解除方式，因为系员工个人原因辞职，企业是没有支付经济补偿金的责任的，另外采取让员工辞职的方式解除劳动合同，一般企业与员工之间的矛盾尚未真正激化，所以发生劳动争议的风险也较小。

（二）企业内部各部门之间的协作

1. 企业的举证责任

大多数员工严重违反规章制度的行为，举证责任在企业。比如，员工与领导产生直接冲突、辱骂领导等，员工的行为本身，应由企业来证明。不过，由于现在企业的举证能力普遍有限，指导企业进行取证或者补充证据的辅助能力，就比较重要。

2. 企业内部部门的举证责任

（1）规章制度的"三性"的证明。民主制定、合法及公示公告，这"三性"的举证责任在企业人力资源或法务部门。

（2）严重违反规章制度的处理流程的举证。通知工会、合法送达，举证责任皆在企业人力资源或法务部门。

（3）一部分与企业管理相关的严重违反规章制度行为，举证责任在企业人力资源或法务部门。比如，员工违反请假流程休假、员工提供了虚假报销、员工旷工等相关行为的举证责任在企业员工所在业务部门。

3. 企业内部部门的审核责任

解除劳动合同的相关证据，是否充分，是否足够证明员工的行为构成了严重违反规章制度行为,应由企业部门承担审核和判断责任。

(1) 证据的"三性"审查责任。证据是否合法、是否真实、是否具有关联性,由企业的法务部门、人力部门及业务部门来审核判断。

(2) 证据的不确定性风险,由法务部门、人力部门及业务部门来审核控制。证人证言具有不确定性和反复性风险,这部分的审核控制由法务部门、人力部门及业务部门来操作。

(3) 反馈并补充取证、指导取证,由法务部门、人力部门及业务部门来承担责任。

(4) 相关证据是否可以确保严重违反公司规章制度的合规性,由法务部门、人力部门及业务部门来承担责任。

(三) 员工心理分析

1. 患得患失心理

一旦员工的行为,可能被认定为严重违反规章制度行为,员工很快就会产生两种顾虑:是否可以获得经济补偿金;是否会产生对公司的赔偿责任。

对于第一种心理,如员工半年之后合同即将到期,但是到期时,该员工在本企业的工龄也达十年时间。员工之所以如此坚持,不排除有可能是为了得到无固定期限劳动合同的待遇。

如果员工争取的方向是这样的方向,则对于公司来说,风险还是比较大的。毕竟从公司的角度来看,已经不再可能与该员工继续履行劳动合同了,当然公司更不愿意面对与该员工签订无固定期限劳动合同的局面。这时如果员工没有任何违纪行为,就需要向员工表明解除劳动合同的意思,可以提出经济补偿金方案。

2. 背景心理分析

做出真实严重违反规章制度行为的员工,一般对公司都会存在严重的对抗心理和抵触情绪。

无意中做出严重违反规章制度行为的员工，由于自保心理，也会对公司存在一定的抵触心理。

因为企业操作，导致员工行为被认定为严重违反规章制度的，往往对企业的操作手法，抱有强烈的质疑，进而产生对抗心理。

(四) 企业面谈员工技巧

1. 引导员工辞职技巧

对于严重违反规章制度的员工，企业可以向员工自己辞职的方向引导。严重违反规章制度的员工，一般情形下，会面临以下风险：

（1）公司以严重违反规章制度为由解除劳动合同，员工无经济补偿金。

（2）员工的行为给公司造成损失，员工会承担赔偿责任。

（3）解除劳动合同理由及离职证明，会给员工的职业发展带来极为负面的影响。

案例 9-1：离职证明中不应包含对员工不利事项。

【基本案情】[①]

姜某于 2016 年 4 月 1 日入职某房地产经纪公司，从事销售顾问工作，双方订立了为期 5 年的劳动合同。2018 年 6 月，受市场不景气等因素影响，某房地产经纪公司决定关闭部分门店，姜某所在门店是其中之一。当月，某房地产经纪公司两次向姜某发出《调整工作地点通知书》，告知将其工作地点调整至相邻城区的另一门店工作，岗位及薪资待遇等不变。姜某收到第二份《调整工作地点通知书》后在落款处签署"本人要求单位单方解除并支付经济补偿金"，并拒绝到该门店工作。某房地产经纪公司以姜某拒绝

---

① 《2019 年北京市劳动人事争议仲裁十大典型案例》，载北京市人力资源和社会保障局网，https://rsj.beijing.gov.cn/bm/ztzl/dxal/201912/t20191206_880144.html，最后访问日期：2024 年 4 月 12 日。

合理工作安排为由，向其发出两份《警告函》，后又发出《解除劳动合同通知书》。解除当日，某房地产经纪公司向姜某出具的《离职证明》中载明，双方解除劳动合同的原因系姜某严重违反规章制度。姜某认为某房地产经纪公司属于违法解除，要求支付赔偿金，并不同意《离职证明》中写明离职原因，要求重新出具《离职证明》。

【裁判结果】

对姜某要求某房地产经纪公司重新开具《离职证明》的请求予以支持。

【实务分析】

姜某与某房地产经纪公司在劳动合同中约定公司可以根据生产经营的需要合理调整姜某的工作地点，调整后的工作地点离原工作地点相距不远，对姜某的生活并无不利影响，且其工作岗位及薪资待遇并无不利的变化，某房地产经纪公司依据《员工手册》的相关规定与其解除劳动合同合法；某房地产经纪公司在《离职证明》中写明离职原因无相关依据，故对姜某要求重新开具《离职证明》的请求予以支持。

《劳动合同法实施条例》第二十四条规定："用人单位出具的解除、终止劳动合同的证明，应当写明劳动合同期限、解除或者终止劳动合同的日期、工作岗位、在本单位的工作年限。"从上述规定看，法律对离职证明应包含的事项作出了明确规定，并未包括解除劳动合同的原因或涉及员工能力、品行等情况的描述。如果允许离职证明中包含不利于劳动者的相关事项，显然不利于营造公平无歧视的就业环境。故从上述两个角度分析，姜某要求其重新开具离职证明的请求应予支持。

因此，在严重违反规章制度证据比较确凿的情形下，企业可以朝员工自己辞职的方向引导。

【合规指引】

离职证明有瑕疵劳动者有权要求重新开具。

2. 与员工谈判的开局策略

只要证据确凿，开局不可模糊，直接切入员工严重违反规章制度的主题上来。可以重点交流以下内容：

（1）拉模糊背景或大背景来支持自己。话术为"据公司相关部门调查，公司发现你在职期间存在以下行为……"

（2）出示相关证据，向员工展示收集到的员工严重违反规章制度的证据。

（3）征询员工意见，确认相关行为是否真实，是否有陈述和辩解。

（4）依照相应规章制度，该类行为的定性，已经构成了严重违反规章制度。

（5）注意全程录音录像保存谈话证据。

（五）企业单方解除劳动合同

1. 保证解除劳动合同通知送达员工，控制送达风险

（1）当面送达一定要进行录音，以防员工拒签。员工拒签率极高。

（2）快递送达一定要确保收件地址的具体、真实（需要有劳动合同中的送达条款支持）、快递单详情部分填写内容为"解除劳动合同通知书"。

（3）手机短信也可以作为一种送达方式，但也可能出现员工手机与实名不一致的情况，最好以劳动合同或其他员工确认的书面文件中记载的手机号码为准。

（4）微信、微博私信皆可以作为辅助性送达方式。

（5）登报送达一定要具备直接送达不成功、快递送达被退件的前提，才可以实施。

2. 制作解除劳动合同通知书

制作解除劳动合同通知书，尤其是严重违反规章制度解除劳动合同通知书，一定注意相应风险。因为此类解除发生仲裁、诉讼概率极高。

注意事项：

（1）事实方面的描述，要虚实结合，尽量简化。

（2）对事实部分尽量描述，尽可能不要进行定性。

（3）相关制度依据要模糊化处理。

3. 企业与员工沟通取证

如果相关证据，有赖于员工的认可，则在之前与员工的交流中，要进行录音或录像取证。

（六）企业与员工解除劳动合同的违法与合法案例

案例 9-2：企业无制度及法律依据解除劳动合同，应承担违法解除劳动合同的责任。

【基本案情】[①]

员工宋某于 2012 年 8 月 29 日入职某公司，双方签有劳动合同，每月 15 日公司以银行卡转账的形式发放上月整月工资，宋某正常工作至 2013 年 4 月 16 日。某公司主张因宋某自 2013 年 4 月 17 日起开始旷工，故于 2013 年 4 月 22 日以宋某旷工达到两天以上为由，依据员工手册规定将宋某开除。在审理过程中，某公司提交关于市场部对宋某的处理决定、公示照片打印件、员工手册为证，但均未显示有宋某签字。宋某对上述证据的真实性均不予认可，主张从来没有见过。

【裁判结果】

某公司应向宋某支付违法解除劳动关系赔偿金。

【实务分析】

在劳动争议案件中，如果企业单方解除与员工之间的劳动关系，法律

[①] 详见（2014）朝民初字第 04237 号民事判决书。

规定企业应对解除劳动关系的时间及原因进行举证，如果企业无法举证时，就会承担相应的不利责任。

某企业认为宋某存在旷工行为，进而以宋某旷工行为违反了企业员工手册的规定为由，解除了双方之间的劳动关系。可是法院最终为什么会判决某企业系违法解除劳动关系呢？经分析，主要原因应该有以下两方面：

首先，企业在作出解除劳动合同决定时，没有存在合法的法律依据或制度依据。在案件审理过程中，该企业虽然主张员工宋某的行为违反了员工手册的规定，但是该企业却无法举证证明宋某已经知道员工手册的内容，即企业缺失将员工手册公示给宋某的证据。

其次，企业在作出解除劳动合同决定后，虽主张将处理决定通过照片的方式予以送达给宋某，但却无法进一步举证证明宋某看到了其所公示的照片，即企业未能举证其已经将相应处理决定有效送达给员工。

综合以上两点，虽然企业主张员工的行为违反单位员工手册的规定，并已将处理决定通过照片公示送达，但当员工否认知晓员工手册的内容及收到处理决定时，作为企业一方仍具有进一步举证证明"已经送达"的责任。而当企业无法证明员工手册及处理决定已送达给员工时，那么企业就会被判决承担不利的法律后果，最终法院判决企业承担违法解除劳动合同的法律责任。

【合规指引】

详见案例6-6的合规指引和本专题"（五）企业单方解除劳动合同"第1点。

案例 9-3：企业未经与"三期"女员工协商一致即安排员工待岗，员工对该待岗安排不予接受。企业既未提供基本的劳动条件，亦未安排任何工作内容，以员工长时间脱岗为由视为旷工，并以此作出解除劳动合同的决定，系违法解除。

【基本案情】[①]

金某于2015年9月1日入职某科技公司，在美术部担任3D角色设计师，双方签订了期限为2015年9月1日至2018年8月31日的劳动合同。金某于2017年9月6日生育，产假于2017年12月27日结束。2018年1月2日起，某科技公司以金某所在部门解散为由，将其安排至公司二楼仓库待岗，并向金某提供纸质员工签到登记表手工考勤，无工作内容，无办公设备。金某除了在2楼纸质签到以外，也会在公司12楼打卡机前拍照签到，因2楼仓库没有空调，故上班期间在公司12楼的前台或办公区域的公共场所。2018年1月11日，某科技公司向金某出具解除劳动合同通知书，以其在待岗期间无故长时间脱岗，累计旷工达7天为由解除劳动合同。金某诉至法院要求公司支付违法解除劳动合同赔偿金。

【裁判结果】

公司应向金某支付违法解除劳动合同赔偿金。

【实务分析】

因企业作出的解除劳动合同等决定而发生的劳动争议，企业负举证责任。首先，2018年1月1日至11日，金某每日上下班在某科技公司提供的员工签到登记表上签字作为待岗期间的考勤，尽管金某认可其工作期间基本不在2楼仓库，但否认离开公司，而某科技公司也未就金某工作期间长时间离开公司办公区域进行充分举证。其次，某科技公司未与金某协商即将

[①]《上海市静安区人民法院2018年度劳动争议审判白皮书》，载上海高级人民法院网，https://www.hshfy.sh.cn/shfy/web/xxnr.jsp?pa=aaWQ9MjAxMjk5NzYmeGg9MSZsbWRtPWxtMTcxz，最后访问日期：2024年4月12日。

其安排至 2 楼仓库待岗，且公司亦自认金某对待岗安排并不接受，故金某在员工签到登记表上签字的行为，仅是反映了其出勤事实，无法认定金某认可公司的待岗安排。最后，根据法律规定，企业不得在女职工哺乳期解除劳动合同，除非企业有证据证明女员工严重违反规章制度和劳动纪律，或者严重失职给企业造成重大损害。金某尚处哺乳期，从其每日签到情况看，并不存在旷工的主观故意。且某科技公司安排金某在 2 楼仓库待岗，既未提供劳动条件，亦未安排工作内容。因此，某科技公司以金某长时间脱岗视为旷工，并以此作出解除劳动合同的决定，系违法解除。

【合规指引】

详见本专题"（五）企业单方解除劳动合同"第 3 点。

案例 9-4：企业合法解除怀孕女员工的劳动合同，无须支付经济补偿金或赔偿金。

【基本案情】[1]

温某原为某公司出纳，双方签订有期限自 2012 年 7 月 1 日至 2015 年 6 月 30 日的劳动合同书，温某认可在职期间收到了某公司的《员工手册》。

自 2013 年 11 月 5 日开始，温某在未向公司请假的前提下，无故不到岗长达 22 日之久。某公司分别于 2013 年 11 月 12 日、19 日两次以书面形式通知温某返岗，但温某一直没有任何形式的回复，并持续未到岗，某公司认为温某已严重违反了公司的规章制度。据此，某公司于 2013 年 11 月 26 日向温某发出书面《解除劳动合同通知书》，其中载明：温某在 2013 年 11 月 5 日的连续旷工 2 日的行为，严重违反了公司《员工手册》第六章第二条，连续 2 天或一年内累计 3 天旷工或视为旷工的，属于严重违反规章制度，可以解除劳动合同……自 2013 年 11 月 5 日起，公司将解除您的劳动合同。

该公司发出《解除劳动合同通知书》之后，温某主张因怀孕而向某公

---

[1] 详见（2014）海民初字第 15112 号民事判决书。

司请假且经过审批，其不存在旷工情形，于是向仲裁委提起劳动仲裁，仲裁委经审理裁定用人单位支付温某解除劳动合同经济补偿金。后该公司不服裁决，向人民法院起诉。

【裁判结果】

某公司无须支付温某解除劳动合同的经济补偿金。

【实务分析】

员工温某于2013年11月5日之后停止工作，在公司两次要求温某返岗或者提交请假手续无果后，该公司以温某旷工为由，于2013年11月26日向其寄送《解除劳动合同通知书》；温某虽主张因怀孕而向公司请假并获批故而于2013年11月5日之后不再出勤，但其未能提交任何请假记录、亦未能提交公司批准其请假的手续，且员工怀孕与请假之间并不存在必然联系。此时，法院认为温某于2013年11月5日之后不再出勤缺乏合理理由，构成旷工；而根据温某认可在职期间收到过的《员工手册》的规定，连续旷工2日的，属于严重违反规章制度，可以解除劳动合同。综上，该公司以温某旷工为由与其解除劳动合同事实充分、程序合法，故法院确认该公司无须支付温某解除劳动合同的经济补偿金。

【合规指引】

在本案例中，企业解除与温某之间的劳动关系，并获得法院的认可，可以说与该公司在解除劳动关系之前较为充分的准备存在着直接的关系，原因如下：

第一，企业在员工在职期间向其送达了《员工手册》，为处理劳动者的违纪行为铺垫好了制度依据。

《员工手册》一般应在员工入职时就由员工签收或者对员工进行培训，因为在入职之初员工签收一些制度和规定还是较为配合的，另外《员工手册》中的规定应当贯穿员工在企业的始终，包括员工试用期，所以《员工手册》应当在员工入职公司时就公示给员工，从而使《员工手册》自始至终都能约束员工。

第二，员工在违纪情形发生后，企业两次要求劳动者返岗或者提交请假手续，最终解除劳动合同时，在合理性方面增分不少，从侧面也证明员工在"要求劳动者返岗"期间未到岗工作的客观事实。

因为案中的员工正处于孕期内，我国劳动法对处于"三期"的女员工进行了特殊保护。在司法实践中，司法机关也均持侧重保护"三期"女员工的立场，所以在审理有关"三期"女员工的案件时，司法机关一般较为慎重（仲裁结果即是如此）。基于此，案中的企业并未在劳动者未到岗上班后立即就进行了开除处理，而是采取了"两次以书面形式通知劳动者返岗"，这为企业最终以"严重违反规章制度"处理员工奠定了事实基础。

第三，在用人单位两次催告均无果后，企业才作出解除劳动合同决定。因为企业已经发出书面通知，告知员工应返岗的情况下，员工却仍然置之不理，也一直没有任何形式的回复，可以说员工拒不回复企业的合理性要求，且员工行为本身也已经严重违反了企业的《员工手册》，即使该员工处于"三期"内，但企业的合法权利，司法机关也会予以保护，所以企业依据《员工手册》的规定对女员工进行处理，符合事实及法律的规定。

第四，在诉讼过程中，员工没有对未能到岗工作作出合理解释和举证，也没能举证证明请假获得批准，即员工未能说明和举证其未到公司工作的合理性和客观性。

综合以上四点，即使案中的女员工处于"三期"内，但是法院最终仍然支持了企业单方解除劳动合同的决定。

案例9-5：员工在企业等级或绩效考核中居于末位等次，不等同于"不能胜任工作"，不符合单方解除劳动合同的法定条件，企业不能据此单方解除劳动合同。

【基本案情】[①]

2005年7月，被告王某进入原告中某通讯（杭州）有限责任公司（以

[①] 《指导案例18号：中某通讯（杭州）有限责任公司诉王某劳动合同纠纷案》，载最高人民法院网，https://www.court.gov.cn/shenpan/xiangqing/6002.html，最后访问日期：2024年4月12日。

下简称中某通讯）工作，劳动合同约定王某从事销售工作，基本工资为每月3840元。该公司的《员工绩效管理办法》规定：员工半年、年度绩效考核分别为S、A、C1、C2四个等级，分别代表优秀、良好、价值观不符、业绩待改进；S、A、C（C1、C2）等级的比例分别为20%、70%、10%；不胜任工作原则上考核为C2。王某原在该公司分销科从事销售工作，2009年1月后因分销科解散等原因，转岗至华东区从事销售工作。2008年下半年、2009年上半年及2010年下半年，王某的考核结果均为C2。中某通讯认为，王某不能胜任工作，经转岗后，仍不能胜任工作，故在支付了部分经济补偿金的情况下解除了劳动合同。

2011年7月27日，王某提起劳动仲裁。同年10月8日，仲裁委作出裁决：中某通讯支付王某违法解除劳动合同的赔偿金余额36596.28元。中某通讯认为其不存在违法解除劳动合同的行为，故于同年11月1日诉至法院，请求判令不予支付解除劳动合同赔偿金余额。

【裁判结果】

判决原告中某通讯（杭州）有限责任公司于本判决生效之日起15日内一次性支付被告王某违法解除劳动合同的赔偿金余额36596.28元。

【实务分析】

劳动者在用人单位等级考核中居于末位等次，不等同于"不能胜任工作"，不符合单方解除劳动合同的法定条件，用人单位不能据此单方解除劳动合同。

为了保护员工的合法权益，构建和发展和谐稳定的劳动关系，劳动法、劳动合同法对企业单方解除劳动合同的条件进行了明确限定。原告中某通讯以被告王某不胜任工作，经转岗后仍不胜任工作为由，解除劳动合同，对此应负举证责任。根据《员工绩效管理办法》的规定，"C（C1、C2）考核等级的比例为10%"，虽然王某曾经考核结果为C2，但是C2等级并不完全等同于"不能胜任工作"，中某通讯仅凭该限定考核等级比例的考核结果，不能证明劳动者不能胜任工作，不符合据此单方解除劳动合同的法定条件。虽然 2009 年 1 月王某从分销科转岗，但是转岗前后均从事销售工作，并存在分销科解散导致王某转岗这一根本原因，故不能证明王某系因不能胜任工作而转岗。因此，中某通讯主张王某不胜任工作，经转岗后仍然不胜任工作的依据不足，存在违法解除劳动合同的情形，应当依法向王某支付经济补偿标准二倍的赔偿金。

【合规指引】

1. 遵循该指导案例时需谨记的事项

在处理末位淘汰类具体案件时，需要从多个方面进行详细分析，包括考核制度的合法性、解除劳动合同的条件、不能胜任工作的证明以及对末位员工采取的不同处理形式等。根据《劳动合同法》第四十二条的规定，在法定情形下，企业不得依照第四十条和第四十一条的规定解除劳动合同。然而，在不解除劳动合同的前提下，企业可以根据合法的规章制度或者劳动合同，对考核居于末位的劳动者进行待岗培训、调整工作岗位等处理。因此，在参考适用该指导案例时，需要注意案件的具体情况，依法作出妥当的判决。

2. 在进行考核时，需要明确区分员工能否胜任工作

对于那些能够胜任工作但处于末位的员工，企业应当根据规章制度或劳动合同的规定，作出待岗培训、调整工作岗位等适当处理，而不是单方解除劳动合同。对于那些不能胜任工作而处于末位的员工，企业应首先进行培训或调整工作岗位，只有在经过一定期限仍不能胜任工作的情况下，才能依法解除劳动合同。

要实现上述区分，关键在于制定科学合理的考核指标。首先，企业需要建立明确的目标管理制度和清晰的岗位职责，以及科学合理的考核标准和程序。这意味着将员工的工作职责和岗位要求细化、量化，明确不能胜任工作的具体标准和指标。其次，企业应当根据实际情况，在与员工或其代表民主协商的基础上，将考核指标在企业规章制度或劳动合同中明确并公示告知，同时确保不违反法律法规的规定。

案例 9-6：竞业限制，是指企业在劳动合同中限制员工自由选择职业的权利以及特定专长的充分施展，从而获得对某种技术秘密以及信息资源的垄断，进而获得商业利益。劳动合同中的竞业限制条款必须是双务、有偿的，员工遵守竞业限制条款必须有相应的对价作为补偿，如员工只负有义务却不享受权利，则这种竞业限制条款应为无效。

【基本案情】①

杨某在人民法院起诉及辩称，2004年11月16日，我进入北京北某某正电子有限公司（以下简称北某某正公司）工作，双方于12月3日签订了期限为2004年11月16日至2007年12月31日的劳动合同，约定我担任技术岗位工作。同时，双方还签订了保密协议书作为劳动合同的附件，约定了竞业限制的内容。此后，我依约积极履行了劳动合同和保密协议书约定的义务。2007年1月17日，我收到北某某正公司单方解除劳动合同的通知单。该公司以我工作业绩未达到公司要求为由，突然提出解除劳动合同，并将我的工资支付至2007年2月17日。对此，我不予认可，要求北某某正公司支付合同期内的应付工资，承担违约赔偿责任并支付限制竞业补偿费。现我因不服仲裁裁决，故诉至法院，请求判令：1. 确认北某某正公司解除与我的劳动合同之行为违法；2. 北某某正公司支付我自2007年2月17日至2007年12月31日共10个月应得的工资68000元及25%的经济补偿金17000元；3. 北某某正公司一次性支付我2年的竞业限制补偿费81600元；4. 本案诉讼费由北某某正公司承担。

北某某正公司在北京市海淀区人民法院辩称及诉称，2004年12月3日，杨某与我公司签订了2004年11月16日生效至2007年12月31日终止的劳动合同。同时，还签订了保密协议书，约定乙方（杨某）在离开甲方（北某某正公司）两年内，不得在生产同类产品或者经营同类业务具有竞争

---

① 详见（2007）海民初字第13985号；（2007）一中民终字第11683号民事判决书。

关系或者其他利害关系的其他单位任职,或自己生产、经营与甲方有竞争关系的同类产品或业务。此后,因杨某在 2006 年度工作能力表现欠佳,完全不能胜任工作,我公司与杨某于 2007 年 2 月 17 日协商解除了劳动合同。我公司从未对杨某离职后的就业进行任何限制或提出任何要求,且保密协议书没有对竞业限制的补偿问题进行约定,该条款应属无效,杨某在其离职后不负有就业方面的限制。同时,杨某也没有承担任何竞业限制的义务。因此,我公司无须向杨某支付任何补偿费。现我公司亦不服仲裁裁决,故诉至法院,请求判令:保密协议书涉及的竞业限制条款无效;我公司无须向杨某支付竞业限制补偿费 40800 元;本案诉讼费由杨某承担。

【裁判结果】

法院判决:1. 杨某与北某某正公司签订的保密协议书第二十六条无效。2. 北某某正公司于本判决生效后 7 日内向杨某支付竞业限制补偿费 31053 元。

【实务分析】

本案中,双方争议的核心问题在于劳动关系何时终止,以及竞业限制条款是否具备合法效力。

一、关于双方劳动合同何时终止

在确定双方劳动合同何时终止之前,必须首先明晰劳动合同终止的相关规定。

1. 劳动合同相关法律规定

《劳动合同法》第三十六条规定:"用人单位与劳动者协商一致,可以解除劳动合同。"双方协商终止劳动合同即指劳动合同依法有效成立后,在未完全履行之前,用人单位与劳动者双方通过协商终止劳动合同,使合同效力消失。协商终止劳动合同是采用书面形式还是口头形式,劳动合同法并未作出规定。

《劳动合同法》第三十九条至第四十一条规定,用人单位单方终止劳动合同可分为过失性终止、非过失性终止和经济性终止三种情形。过失性终止指用人单位无须事先通知即可单方终止劳动合同。非过失性终止是指非因劳动者过失，但基于劳动者本人健康状况、工作能力以及订立劳动合同时的情况变化而导致劳动合同无法履行或不宜继续履行，用人单位终止合同的情形。经济性终止是指用人单位因法定情形导致劳动力过剩时，依法单方终止部分劳动者的劳动合同。

2. 双方协议解除还是单方解除

在劳动关系解除中，是双方协议解除还是用人单位单方解除一直是劳动争议中的热点问题。本案中，杨某于2004年11月16日到北某某正公司工作，并于2004年12月3日与公司签订了一份期限为2004年11月16日至2007年12月31日的劳动合同。然而，2007年1月17日，北某某正公司以杨某的工作业绩未达到公司要求为由，向杨某送达了终止/解除劳动合同通知单，并通知杨某于2007年2月17日解除劳动合同。杨某在公司实际在岗工作至2007年2月17日。

根据《最高人民法院关于审理劳动争议案件适用法律问题的解释（一）》第四十四条的规定，因用人单位作出的解除劳动合同等决定而发生的劳动争议，用人单位负举证责任。因此，北某某正公司有举证责任证明杨某不胜任工作，不能达到公司的业绩要求。然而，在法庭审理中，尽管北某某正公司提交了职位说明书、公司领导间的电子邮件等证据，但杨某对这些证据的真实性表示质疑。因此，北某某正公司提供的证据不足以支持其单方解除劳动合同的行为合法。

在劳动关系解除的过程中，双方均表示不愿继续存续劳动关系，且公司已按杨某在该公司的工作年限向其支付了解除劳动合同的经济补偿金，杨某亦领取了该补偿金。因此，应认为双方的行为符合协议解除劳动合同的条件，故应视为双方协商一致于2007年2月17日解除劳动合同关系。

鉴于双方系协商一致解除劳动合同，对于杨某要求确认北某某正公司解除与其劳动合同之行为违法的诉讼请求，法院不应支持。同时，杨某要求北某某正公司支付其2007年2月17日至2007年12月31日工资的诉讼请求，缺乏事实及法律依据，亦不应支持。

总的来说，本案中双方的行为更符合协商一致解除劳动合同的情形，而不是公司单方解除，因此，法院应当依法判决双方劳动关系于 2007 年 2 月 17 日解除。

二、本案中竞业限制的约定效力

根据《劳动合同法》第二十三条第二款的规定，对负有保密义务的劳动者，用人单位可以在劳动合同或者保密协议中约定竞业限制条款，并约定在解除或者终止劳动合同后，在竞业限制期限内按月给予劳动者经济补偿。然而在实际中，一些用人单位在劳动合同中仅约定了劳动者的保密及竞业限制义务，但并未约定劳动者应享有的相应权利。本案即为这种情形。

对劳动者来说，仅有义务却无权利的竞业限制条款应为无效。根据竞业限制条款的规定，劳动者在解除或终止劳动关系的竞业限制期间将无法利用自己的从业技术进行劳动，从而获得相应的劳动报酬。这种对劳动权能的限制，必将导致劳动者竞业限制期间收入的降低，以及生活质量的下降。为了保障劳动者竞业限制期间的生活质量，应当遵守公平原则，进行必要的合理性限制。

因此，用人单位应当向遵守竞业限制条款的劳动者支付在竞业限制期间的经济补偿金，并在约定竞业限制条款时，对竞业限制的主体范围和保密事项范围、竞业限制的地域范围和竞业限制年限进行合理的限定，同时明确约定竞业限制的对价——经济补偿金。如果用人单位不约定竞业限制经济补偿金或不支付该经济补偿金，则竞业限制约定条款对劳动者无效。

【合规指引】

企业应当向遵守竞业限制条款的员工支付在竞业限制期间的经济补偿金，并在与员工约定竞业限制条款时，对竞业限制的主体范围和保密事项范围、竞业限制的地域范围和竞业限制年限进行合理的限定，同时明确约定竞业限制的对价——经济补偿金。企业不约定竞业限制经济补偿金或不支付该经济补偿金的，则竞业限制约定条款对员工无效。

（七）示范文本

1. 员工违纪通知书（示范文本）

员工违纪通知书

员工姓名		部门	
员工工号		职位	
入职日期		违纪日期	
上述员工因违反以下规定，故需记录备案：			
（1）处分类别			
□口头警告	□书面警告	□最后警告	□解除合同
（2）根据员工手册相关规定，所违反的条款是属于			
一般违纪行为中的第____条规定_____次			
较重违纪行为中的第____条规定_____次			
严重违反规章制度行为中的第____条规定_____次			
详述发生的事故（经过）：			
员工确认签字：			
见证人签名（如遇员工拒签）：			
直接主管签发：			
部门经理/总监	人力资源总监	财务总监/总稽核	总经理

2. 员工违纪处罚书（示范文本）

员工违纪处罚书

姓名		部门		职务		部门经理	
违纪行为详述		该员工自_____入职至今，累计旷工____天。					
以上违纪行为描述_____（请填写是否属实） 员工签字/日期：							
处罚依据							
处罚结果							
依据《员工手册》规定应给予以下处罚： 　　经济：罚款____元；扣奖金____元 　　行政：□口头警告　□书面警告　□解除劳动合同							
部门经理签字：　　　　　　　　　　　人力资源签字：							
本人收到以上处罚结果，并将认真履行离职交接等相关手续。 员工签字/日期：							

3. 警示函（示范文本）

警示函

_____先生/女士（身份证号码：_____）：

您好，根据系统显示您自_____年____月____日起未到公司上班。

您的行为已经违反请假流程的规定，请您在接到本函后____日内向公司书面说明情况。

如果您未能在上述期限内到公司作出解释或解释未被公司接受，公司有权按照相关制度规定予以进一步处理。

_____公司人力资源部

_____年____月____日

4. 解除劳动合同通知书（示范文本）

解除劳动合同通知书

_____先生/女士（身份证号码：_____）：

因下列第_____项原因，_____年____月____签订的劳动合同于_____年____月____解除，劳动关系同时解除。

一、在试用期被证明不符合录用条件的；

二、严重违反公司的规章制度的；

三、严重失职，营私舞弊，给公司造成重大损害的；

四、同时与其他用人单位建立劳动关系，对完成本公司的工作任务造成严重影响，或者经公司提出，拒不改正的；

五、因《劳动合同法》第二十六条第一款第一项规定的情形致使劳动合同无效的；

六、被依法追究刑事责任的。

请您于_____年____月____日之前根据我司规章制度的规定办理各项离职交接手续。

特此通知！

公司（盖章）

_____年____月____日

5. 解除劳动合同协议书（示范文本）

解除劳动合同协议书

甲方：_____

乙方：_____ 身份证号：_____

乙方因个人原因申请自愿解除劳动关系，甲方同意乙方申请，双方就劳动关系解除事宜达成如下协议，以兹共同遵守：

一、甲乙双方一致同意双方劳动关系于_____年___月___日解除。

二、甲方一次性支付乙方人民币____元（该金额包括但不限于双方劳动关系存续期间内全部经济补偿及各项费用等）。

上述费用由甲方在本协议签订后_____向乙方支付，支付方式_____。

三、甲乙双方共同确认：甲方完全履行本协议约定义务后，因双方劳动关系所产生的所有未结清款项甲方已全部支付，因双方劳动关系所产生的所有义务甲方均已全部履行。乙方承诺自本协议履行完毕后，甲乙双方再无除本协议外的其他未了纠纷，乙方承诺不得以任何理由向甲方主张任何权利（包括但不限于提起劳动仲裁、提起诉讼或任何其他控告投诉等）。

四、如果乙方于双方劳动关系解除后，再与甲方发生劳动争议，乙方应当返还上述费用并按同期银行贷款利率支付利息。

五、本协议一式两份，甲乙双方各一份，具有同等法律效力。

六、本协议自甲方盖章、乙方签字后生效。

甲方：　　　　　　　　　　乙方：

签订日期：　　　　　　　　签订日期：

第三编

经济性裁员合规指引与案例精解

专题十：
经济性裁员前的准备

（一）经济性裁员类型

经济性裁员共两种：硬经济性裁员与软经济性裁员，具体的联系与区别如下表：

分类	条件	程序	解除方式	补偿结果	社会影响
硬经济性裁员	严格按照法定条件操作	提前30日告知工会，并申请劳动局备案	公司单方解除	N+1，严格法定标准	多发罢工、聚众、游行事件
软经济性裁员	以解除劳动合同相关背景为操作基础	不走法定程序	协商解除	一般都会高于N+1，多少不等	有抗争过程，结果很少见持续抗争者

对于企业来讲，进行经济性裁员，是采取硬经济性裁员还是软经济性裁员的手法，关键在于执行经济性裁员的企业团队能力。企业协商技能较强，则推荐软经济性裁员；企业协商技能较弱，则推荐硬经济性裁员。

（二）经济性裁员合规性问题

经济性裁员主要的法律依据为《劳动合同法》第四十一条："有下列情形之一，需要裁减人员二十人以上或者裁减不足二十人但占企业职工总数百分之十以上的，用人单位提前三十日向工会或者全体职工说明情况，听取工会或者职工的意见后，裁减人员方案经向劳动行政部门报告，可以裁减人员：（一）依照企业破产法规定进行重整的；（二）生产经营发生严重困难的；（三）企业转产、重大技术革新或者经营方式调整，经变更劳动合同后，仍需裁减人员的；（四）其他因劳动合同订立时所依据的客观经济情况发生重大变化，致使劳动合同无法履行的。裁减人员时，应当优先留用下列人员：（一）与本单位订立较长期限的固定期限劳动合同的；（二）与本单位订立无固定期限劳动合同的；（三）家庭无其他就业人员，有需要扶养的老人或者未成年人的。用人单位依照本条第一款规定裁减人员，在六个月内重新招用人员的，应当通知被裁减的人员，并在同等条件下优先招用被裁减的人员。"

虽然法律规定了四种情形下可以经济性裁员，但是事实上，一般适用的经济性裁员情形为两种：一是生产经营发生严重困难；二是企业转产、重大技术革新或者经营方式调整，经变更劳动合同后，仍需裁减人员的。

案例 10-1：因政策导致部门迁移属于客观情况发生重大变化，企业可以经济性裁员。

【基本案情】[①]

唐某于 2012 年 8 月 1 日入职某电子企业担任电焊工，工作地点位于北京市某郊区，双方订立了 5 年期限的劳动合同。2018 年 1 月，根据北京市疏解整治促提升计划和该区具体实施政策要求，某电子企业决定将生产部门全部迁移至河北省某市。当月，公司向生产部门全体员工发出《生产部门搬迁员工意向调查表》征询意见。唐某表示愿意随公司迁往新的工作地点，并提出工资待遇上浮 40%，安排住宿补贴等要求，某电子企业则表示可在两地安排班车接送上下班，工资待遇可上涨 10%。此后，双方就搬迁、解除等事宜进行多次协商，但均未能达成一致。2018 年 3 月 12 日，某电子企业向唐某发出解除劳动合同通知书，以客观情况发生重大变化、双方未

[①] 《2019 年北京市劳动人事争议仲裁十大典型案例》，载北京市人力资源和社会保障局网，https://rsj.beijing.gov.cn/bm/ztzl/dxal/201912/t20191206_880144.html，最后访问日期：2024 年 4 月 12 日。

能就变更劳动合同达成一致为由，与唐某解除劳动合同，并向其支付了解除劳动合同经济补偿。随后，唐某提出仲裁申请，要求某电子企业支付违法解除劳动合同赔偿金（差额）。

【裁判结果】

仲裁委裁决驳回了唐某的仲裁请求。

【实务分析】

对于何谓"劳动合同订立时所依据的客观情况发生重大变化"，《关于〈中华人民共和国劳动法〉若干条文的说明》第二十六条第四款作出了解释，即本条中的"客观情况"是指：发生不可抗力或出现致使劳动合同全部或部分条款无法履行的其他情况，如企业迁移、被兼并、企业资产转移等，并且排除本法第二十七条所列的客观情况。本案中，某电子企业的生产部门发生迁移，确因政府政策变化所致，是其在订立劳动合同时无法预见的客观情况，故在双方不能就变更劳动合同达成一致时，某电子企业可行使单方解除权。

【合规指引】

企业因政策原因发生迁移，不能就变更劳动合同与员工达成一致时，企业可行使单方解除权，仅支付经济补偿金。

案例 10-2：项目亏损终止不属于客观情况发生重大变化，企业不可以经济性裁员。

【基本案情】[1]

傅某系甲公司员工，双方于 2012 年 7 月 30 日签订无固定期限劳动合同。傅某正式入职甲公司之后，先是参与了"全国集中 MSS 系统建设项目"，随后又参与了"老龄委医疗项目"。由于其所在的"老龄委医疗项目"严重亏损，甲公司决定终止该项目并解散了傅某所在的工作团队，由此引

---

[1] 详见（2015）朝民初字第 64432 号民事判决书。

发了本次劳动争议纠纷。

2014年11月14日，甲公司以业务调整导致傅某工作岗位被取消为由，向傅某发出《解除劳动合同通知书》，通知其双方签订的劳动合同将要解除，傅某在甲公司的最后工作日为2014年11月14日，在此之前傅某需办结离职手续。傅某认为，甲公司的行为已经构成违法解除劳动合同，遂于2014年12月10日向仲裁委提出仲裁申请，请求撤销甲公司作出的解除劳动合同的决定，裁决双方继续履行劳动合同并恢复其工作岗位。同时，傅某还请求甲公司支付"全国集中MSS系统建设项目"的奖金及未支付工资。

仲裁委作出裁决之后，双方均对此裁决不服，分别于2015年12月3日及2015年12月11日向人民法院提起诉讼。

【裁判结果】

甲公司与傅某继续履行双方签订的无固定期限劳动合同；甲公司向傅某支付未付工资69385.94元。

【实务分析】

本案在诉讼过程中，甲公司提交了新的证据，内容涉及与"老龄委医疗项目"相关的亏损情况以及该项目终止后相关人员的安置情况，向傅某推荐了两个关联公司的职位，旨在证明由于项目严重亏损导致解散，傅某的工作岗位也因业务调整而被取消，从而导致劳动合同基于变化的客观情况无法履行，且履行了与其协商变更劳动合同的义务。

法院审理中的焦点在于公司解除劳动合同是否符合法律规定，需要由甲公司提供证据。甲公司的证据仅表明由于项目亏损导致终止，但这并不符合"客观情况发生重大变化"的法定情形。其次，在"老龄委医疗项目"终止后，甲公司可以在内部调整傅某的工作岗位，但只提供其他关联公司的职位机会，未与其就变更劳动合同内容进行协商。因此，法院支持傅某撤销《解除劳动合同通知书》并继续执行劳动合同的诉求。此外，根据证据，甲公司应赔偿傅某69385.94元的工资金额；对于傅某应获得"全国集中MSS系统建设项目"奖金的诉求，因未举证证明，法院不予支持。

【合规指引】

当企业确实遇到项目大量亏损，需要裁员时，应依法合规，与员工协商，在达成一致同意的情况下协商解除劳动合同。如员工始终不同意解除劳动合同，可与员工协商一致，安排员工至公司其他项目的同一职位。

案例 10-3：企业改变内部组织架构这种情形不属于劳动法规定的"劳动合同订立时所依据的客观情况发生重大变化"，在协商不成解除劳动合同时，企业应当向员工支付赔偿金。

【基本案情】[①]

邱某红于 2006 年 8 月入职参某公司，职务为东北大区销售经理，工资结构由基本工资 21612 元和奖金、加班费、交通车险补贴等其他应发组成。2014 年 9 月 25 日，邱某红与参某公司签订了无固定期限劳动合同。2014 年下半年开始，参某公司根据某咨询公司作出的方案对公司进行组织架构调整，撤销了邱某红任职的东北大区经理岗位，成立了双北大区，经理由原西北大区负责人担任。邱某红的职务由东北大区经理变更为总经理办公室项目协调经理，工作地点由长春市变更至上海市，职务等级和工资待遇保持不变。2015 年 4 月 28 日至 5 月 5 日，邱某红与参某公司双方多次邮件往来，就劳动合同的变更与劳动关系的解除进行商谈，但没有达成一致。参某公司于 2015 年 5 月 8 日发出解除劳动合同通知，以订立劳动合同时所依据的客观情况发生重大变化为由与邱某红解除了劳动关系，并且向邱某红支付了经济补偿 116019 元。邱某红于 2015 年向吉林省长春市朝阳区仲裁委提出了仲裁申请，请求参某公司向邱某红支付违法解除劳动关系经济赔偿金 175707 元。该委于 2015 年 11 月 3 日裁决对邱某红的仲裁请求不予支持。邱某红提起诉讼，请求判令：1. 参某公司向邱某红支付赔偿金 116019 元；2. 诉讼费用由参某公司负担。

---

① 详见（2015）朝民初字第 3894 号、（2016）吉 01 民终 2740 号、（2017）吉民申 1511 号、（2017）吉民再 296 号民事判决书。

【裁判结果】

法院判决参某公司向邱某红支付赔偿金 116019 元。

【实务分析】

参某公司进行内部结构调整，决定合并东北大区和西北大区。在这次调整中，公司选择了西北大区的负责人来接替邱某红的职位。尽管公司提供了相关证据表明邱某红未完成工作任务，但这些证据并不足以让人信服，也没有充分证据证明邱某红无法胜任原职位。因此，公司单方面修改劳动合同中的工作地点和职位，违反了劳动合同法的规定，不能算作客观情况发生重大变化。由此可以认定公司解除邱某红的劳动关系是违法的，应支持邱某红的诉讼请求。

在劳动争议中，判断企业是否非法解除与员工的劳动合同一直是一个难题。《劳动法》第二十六条规定了几种情形下，用人单位可以解除劳动合同，但要提前三十天书面通知员工本人。

第一，《劳动法》第二十六条第三项和《劳动合同法》第四十条第三项的规定源自民法中的情势变更原则。这意味着当劳动合同生效后，因双方当事人无法归责的原因导致劳动合同基础动摇或丧失，继续履行劳动合同将显得不公平，法律允许主体变更合同内容或解除合同。这一原则能有效解决企业用工中的僵局问题，也是对企业合法权益的保护。然而，如同其他民事案件一样，应慎重应用情势变更原则，特别是在涉及劳动者合法权益的劳动争议案件中更需要谨慎，不能随意扩大适用范围。

第二，劳动法和劳动合同法规定了出现客观情况发生重大变化时，企业可以依法解除劳动合同，仅需向员工支付经济补偿而无须支付赔偿金。然而，劳动法的立法宗旨在于更好地保护员工合法权益，因此在法律适用时需要在员工和企业利益之间权衡，尽可能保护相对弱势的员工。原劳动部办公厅 1994 年 9 月 5 日印发的《关于〈劳动法〉若干条文的说明》（以下简称《条文说明》）第二十六条第四款规定："本条中的'客观情况'指：发生不可抗力或出现致使劳动合同全部或部分条款无法履行的其他情况,如企业迁移、被兼并、企业资产转移等,并且排除本法第二十七条所列的客观情况。"通过《条文说明》所列举的一系列客观情形,如"不可抗力""企业迁移、被兼并、企业资产转移"等,我们可以看出这些情况确实超出了用人单位的控制范围,解除劳动合同也是无奈之举。

本案中,参某公司的经营状况并没有出现《条文说明》第二十六条第四款所提及的"发生不可抗力或出现致使劳动合同全部或部分条款无法履行的其他情况"。相反,其组织结构调整完全是出于参某公司自身的利益需要,旨在提高公司运营效率,能够成为行业龙头,属于企业根据自身经营状况选择的自主经营性调整。参某公司解除劳动合同的原因并非发生了与《条文说明》中的"不可抗力"及"企业迁移、被兼并,企业资产转移"在同一层次上的重大客观事实,因此不能认定参某公司进行结构调整属于《条文说明》第二十六条中的"客观情况发生重大变化"。参某公司违反劳动法和劳动合同法的规定解除邱某红的劳动合同,根据《劳动合同法》第四十八条的规定,应当向邱某红支付赔偿金。

【合规指引】

当企业确需改变公司的组织架构,需要裁员时,应依法合规,与员工协商,在达成一致同意的情况下协商解除劳动合同。如员工始终不同意解除劳动合同,可与员工协商一致,安排员工至公司最类似的职位。

(三) 经济性裁员时间把控

经济性裁员的结果,具有很大的弹性。这个弹性,一方面与企业的经济性裁员目标定位有关;另一方面也与企业的经济性裁员操作方法有关,而经济性裁员操作方法中,裁员时间节点的控制,十分重要。

一个经济性裁员事件,一般情形下,具体时间安排可以细分为两种:一种是准备阶段;另一种是面谈阶段。

在准备阶段,时间可以相对较长,这个时长一般是两周。主要工作是裁员理由口径的统一、各个部门之间职责的明确以及配合、话术的培训等内容。

在面谈阶段，时长一般为一周。这个时间不宜于过长。过长的时间，一来会增加经济性裁员的成本，二来也会产生很多的变化，同时会增加员工观望的心理期望。

（四）经济性裁员过程中的紧急事件预案

经济性裁员过程中会发生很多意外情形，这些情形可能会给企业带来特别大的压力，如威胁电话、划轮胎等事件时有发生，网上流言更是常见。

经济性裁员的结果，与解除劳动合同的手法关系密切。作为企业，在启动经济性裁员之前，就应该将解除劳动合同的节奏考虑进来，设定出对意外情况的应对措施，这样才可以在某种程度上，确保解除劳动合同的顺利进行。

在经济性裁员过程中，难免会遇到一些员工不同意补偿，要求继续履行合同的情况。这种员工此类诉求的基础，不外乎为下述几种：

（1）因为家庭原因，存在客观困难，再找工作不现实，所以希望继续履行。此时，继续履行合同实际上是该员工家庭生存的基本需要。

（2）希望以此种方式，得到更多的补偿。

无论原因是上述的哪一种，员工的这种诉求，将会拖延经济性裁员的进程，所以对此类员工的诉求，不宜于在经济性裁员进程中进行实际的处理。对此类员工，作为特殊员工进行对待，实行冷处理。待整个经济性裁员项目结束之后，再考虑员工实际的诉求基础，进行处理。

（五）经济性裁员事项准备

1. 员工分类

（1）确定拟解除劳动合同范围及人员

解除劳动合同过程中，可能是裁掉一个部门或几个部门；也可能是跟某个业务相关联的所有人员，企业首先需要确定解除劳动合同的大致范围及人员。根据法律规定，经济性裁员需要向劳动行政部门进行备案。但在实践中，备案成功的概率并不大，所以还是建议企业内部进行软性经济性裁员。

（2）统计拟被解除劳动合同员工的基本信息

员工的基本信息包括：姓名、年龄、岗位、薪资、合同期限、合同签订次数、工作地点、有无特殊情形等。

（3）将拟被解除劳动合同员工进行分类

企业在经济性裁员过程中，势必会遇到来自员工多方面的疑问或压力，员工自身会因解除劳动合同有不同程度的反应，有的比较冷静，能够理解企业的现状，在后期面谈时能够较顺利与企业达成一致意见；有的可能比较激动、偏激，问题多，需耗费企业较多的时间去处理。为了后续解除劳动合同的顺利进行，企业可以结合员工工龄、工作表现、工作岗位等标准对员工进行分类，由易至难，渐渐推进。

2. 经济性裁员补偿方案

（1）基础补偿方案

企业在解除劳动合同过程中的补偿方案，最低标准也是法定标准，就是我们通常所说的 N+1，但大部分企业会选择高于法定标准的补偿方案。

（2）额外奖励方案

为了能够激励被解除劳动合同的员工能接受企业的补偿方案，企业通常会设置一些额外奖励条款，如在指定日期前与企业签署解除劳动合同协议书的，可以额外再获得几个月的工资奖励；或者在企业员工普遍工资较低的情况下，用社平工资作为补偿基数；或者对于高薪员工将不再进行三倍封顶。

3. 经济性裁员预算

初步确定了补偿方案后，企业要对经济性裁员过程中产生的费用做计算，评估解除劳动合同成本，并可以根据核算，适当调整补偿方案。

4. 特殊员工的应对

经济性裁员名单中总会有一些特殊的员工，如还有一些未结工作的重要员工。这些员工，往往是解除劳动合同过程中很特殊的员工。一般情形下，企业要么在解除劳动合同之初即想办法先解决这些员工，要么是在解除劳动合同过程中先不要动这些员工，待整个解除劳动合同工作结束之后，再来面对这些员工。

（六）经济性裁员流程

在整个经济性裁员流程中，最为关键的地方在于经济性裁员方案。

在经济性裁员方案中要对员工进行分类，对每一类员工的补偿政策都进行统一化。一般情形下，第一稿的经济性裁员方案，即决定了整个解除劳动合同的基本方向与策略。其中60%的内容，在后面的演化过程中，会得到保留。

1. 员工分析

统计被解除劳动合同员工的基本信息，将员工进行分类。为了后续解除劳动合同的顺利进行，企业可以结合员工工龄、工作表现、工作岗位等标准对员工进行分类，由易至难，渐渐推进。

2. 补偿预算方案的确定

测评是否超出企业预算。

3. 通知

如果不是全体裁员的话，一般通过向被解除劳动合同员工发送邮件，更具有私密性，能够最大程度地做到对被解除劳动合同员工的尊重。

4. 问答

在经济性裁员大会上，留给员工一定的时间进行提问。

5. 谈判

经济性裁员大会结束后，企业再通知被解除劳动合同员工进行面谈，每个人的时间大概半个小时。

6. 出具及签署法律文件

谈判后，企业立即根据面谈情况，当场出具对应的解除劳动合同协议书，和员工当场签署协议书。

（七）经济性裁员的外援

解除劳动合同的方式不仅包括《劳动合同法》第四十一条规定的经济性裁员，还包括：（1）用人单位与劳动者协商解除一致解除劳动合同；（2）用人单位根据《劳动合同法》第四十条第三项的情势变更条件与劳动者解除劳动合同；（3）其他法定解除劳动合同的方式。

不论准备以何种方式落实解聘目标，企业都应提前与当地人社局联系沟通相关情况。一方面，如有经济性裁员之虞，可为与人社局的进一步沟通打好基础；另一方面，即使企业拟以协商解除等方式达到解聘目标，在万一发生群体性事件时也会需要人社部门的配合和支持。同时，获取行政司法机关积累的一些经济性裁员操作经验，对经济性裁员操作有很好的指导意义。

1. 接受企业咨询的政府部门

人社局接受企业咨询解聘的部门一般为劳动关系处。

2. 人社部门对解聘原因的了解态度

一般来说，出现严重经营困难是导致经济性裁员的常见原因。在未最终确定需采取经济性裁员方式时，人社局在初步沟通中尚不会深究企业经营困难发生的原因、客观证据等。

3. 法定经济性裁员程序的要求

企业需要注意《劳动合同法》第四十一条（经济性裁员程序）、第四十二条（经济性裁员的排除人员）的内容，此外，经济性裁员方案需提前30日向本单位工会或全体职工进行解释说明，并向人社部门报告。

需要注意的是：虽然《劳动合同法》第四十一条规定的是解聘方案需向工会说明后向人社部门报告（而非批准），但在实践中，企业若按照第四十一条规定进行经济性裁员，部分地区的人社部门会要求企业先将经济性裁员方案交其进行审核，待其核查无违反法律规定之处后，企业再向工会或全体职工说明。

经济性裁员中报人社部门审核的材料一般包括：（1）企业资产及盈亏情况说明；（2）企业裁减人员方案；（3）被裁减员工名单及状况分析表等。

劳动行政部门在经济性裁员事件的角色定位是：控制企业经济性裁员中的违法风险，消减劳资群体性纠纷，对经济性裁员企业行使监督权，是企业方与员工方冲突的缓冲和减震带。

4. 需注意的纠纷风险问题

（1）拟裁减员工的构成

拟裁减员工如存在《劳动合同法》第四十二条规定的情形，不可对其进行经济性裁员、不得以情势变更情形原因为由解除劳动合同。企业在协商解除过程中需对该类员工进行特别照顾。

（2）企业在日常的员工管理中是否符合法律要求，是否存在拖欠加班费、未缴社保等情形

这类问题可包括：加班费是否按时给付，社保操作是否存在漏洞、各类企业承诺的补贴是否已经支付。

一般来说，在经济性裁员过程中，企业的工作重心是在即将落实的经济补偿方案上。对于人力资源管理方面可能存在的历史性漏洞，关注较少，在经济性裁员情势仓促的背景下也容易被忽视。对于员工提出的此类诉求，如果企业怠于应对或敷衍了事，会导致员工产生不受重视的逆反情绪。

5. 经济性裁员经济补偿方案的操作注意要点

人社局在经济性裁员经济补偿方面的态度比较简单：在符合法定标准的前提下，企业可自主进行高位补偿。同时，需要提示企业注意：

（1）作为法定经济补偿计算基数的工资数目最好能得到员工的书面确认（如各月工资条上的领取签字），如没有的，可在经济性裁员过程中获得该确认。

（2）法定经济补偿的年限计算也需符合法律规定。

（3）企业对员工进行经济性裁员经济补偿方案的说明，需实事求是、符合法律规定，绝对不可欺骗员工，以免造成群体性纠纷。

专题十一：
如何组织经济性裁员说明沟通会

（一）经济性裁员说明沟通会概述

很多经济性裁员事件中会有一个经济性裁员说明沟通会或经济性裁员大会，主要是公司向员工说明经济性裁员的原因、范围、补偿条件、日程安排等事宜。

经济性裁员会议召开的前提是，公司的各项解聘工作已经基本准备完毕。尤其是其中的补偿条件，已经基本完备。即使作出调整，调整的内容也十分有限。在这种情形下，召开经济性裁员说明沟通会，是十分有必要的。如果准备还不充分，如对员工的分类、补偿条件还没有最终成形，召开此类会议，则是比较危险的。

此外，裁员大会适用的情况是：解聘对象是确定的，解聘公开、统一进行。

这种说明会，目的在于向员工全貌呈现解聘的整个安排，通过一种公开公平的环境，提高员工对解聘安排的接受程度，当然，公司也要做好在这种会议上，接受员工质疑的各种准备。

（二）企业参与人员及分工

参与人：律师、企业负责人、人力资源负责人。

1. 对于经济性裁员的原因，由企业的负责人来宣讲

经济性裁员沟通会上，要由企业领导先向员工解释，这一次经济性裁员的原因是什么。多数经济性裁员，是由于业务发展不畅造成的，对这一点的体会更深的是企业，所以由他们来宣讲，更为具体、真实和更为可信。

这个解释，要有诚意，要符合基本的事实和现状。要表达出适当的歉意。要有对员工的肯定和认可，要表达出对经济性裁员结果的遗憾。这个表达十分重要，它是奠定整个经济性裁员氛围的最重要的一环。

作宣讲的企业领导，在员工群体里，要有一定的威信，有一定的权威度，而且与员工之间关系比较融洽。其与员工之间的关系，不能过于尖锐，否则极易造成现场受到员工责问，导致现场气氛转向。

2. 对于补偿政策，宜由人力资源负责人来宣讲

由于补偿政策的设计，本质上来说，是属于人力资源负责人的工作职责。如果没有人力资源负责人，则宜由律师来宣讲。

3. 对于员工提出问题的回复，涉及业务层面的，由业务部门负责人来回复；涉及补偿方案的，由律师来回复

员工的现场疑问，往往带有个人色彩，一般很少有可行性。整体的补偿方案，带有类别色彩，所以宣讲由业务部门负责人来做；但是员工针对补偿政策提出的具体疑问，会带有个人色彩，由律师来回应更好一些。

4. 对于过激言辞，宜由律师回应

经济性裁员宣讲大会中，一部分员工会因为对经济性裁员的整体不满，提出一些尖锐的问题，或者以问题来表达情绪，对于这些疑问，宜由律师来回应。

（三）经济性裁员大会的时长及解除劳动合同通知发放时间的衔接

经济性裁员沟通会的时间，要有总的长度控制，最好不要超过两个小时。

尤其是对于员工提问环节，要注意控制：一是时间不宜过长，一般最多半小时；二是对重复性问题，要有一定的提醒，注意不要反对或者指摘重复性问题，而是要在回复和响应的同时，提醒该问题已经有所重复了，之后需要注意尽可能避免再发生此重复的情形。

在经济性裁员进程中，有很多事情是交错同步进行的。企业在经济性裁员大会确定之前，即需要做好后续事情的衔接，要拟好通知性邮件，在裁员大会召开之前，即可以设定定时发送，在经济性裁员大会即将结束时，发送到员工邮箱里，通知员工面谈的时间与地点。

（四）从员工提问判断经济性裁员走向

在经济性裁员宣布大会上，从员工的问题中可以判断裁员是否顺利。例如，一家外资公司被裁的员工有 20 名左右。在经济性裁员大会上，员工共问到了五个问题：

1. 经济性裁员什么时间结束？
2. 在离职前，业务提成还会不会给？
3. 如果有一些未休年假，如何处理？
4. 手里客户比较多，如果交接比较复杂，怎么办？
5. 公司具体打算什么时间退出中国？

问题 1、问题 5 涉及公司业务调整及解聘的日程安排问题；问题 2、问题 3 涉及解除劳动合同过程中的一些利益问题，但是这些利益，都是属于常规性利益，并不属于冲突性利益分歧；问题 4 是属于同意解除劳动合同后的一些工作交接问题，这个问题的方向，本身即可以体现出来，员工对被解聘的抵触心理并不大。

同时，通过大会中的这些问题，基本还可以得出以下分析方向：

1. 这一次解聘，员工接受程度高，可能会比较顺利。
2. 员工所有的问题，没有一个是关于经济补偿的，所以基本可以得出结论，员工对公司的经济补偿政策，接受度很高。

在经济性裁员大会现场，除了要对员工的问题进行回应之外，还一定要做好员工问题的记录。对于记录的员工问题，要进行分析衡量。每一个问题，都会体现出员工的心理倾向。这些问题的分析，对于之后的解聘操作，会有很大的帮助。

（五）经济性裁员大会中常遇到的问题

在问题分析过程中，对于典型性问题，一定要统一回复的口径。在经济性裁员大会现场，一般会遇到以下几种问题：

1. 经济性裁员的原因

这一类的问题，在以上两种经济性裁员中，量都比较少。其实当经济性裁员已经提上日程时，很少有员工会关注经济性裁员的原因是什么了，大多数员工都只关注自己的具体利益。

如果有人关注这一块，或者有人专门提出这一块的话，该员工一般与公司之间的关系比较紧张，而且容易抓住这一点不放。员工的这种追问，表达出员工对解聘的不满，对补偿条件的不满，意图争取到更多的补偿待遇。

这种提问者极容易引发现场其他员工的响应，造成极为紧张的现场气氛，具有挑衅性和煽动性，要特别加以注意。

2. 具体的补偿方案

年终奖、年休假、加班等问题，以及纳税问题、经济补偿金的基数、构成等，都会成为经济性裁员大会中的焦点问题。大多数员工尤为关注这一块。但是关注方法会有一些小区分。有的关注具体的算法，有的关注基数构成，有的关注工龄，有的关注个税，有的关注额外性补偿，还有的会对比本公司与别的公司的补偿差别。

3. 关于解聘进程

很多解聘的进程会比较快,所以有一些员工会在大会现场,表达出对工作交接的疑虑。这里涉及最后工作日、社保截止日、工作交接、提成结算等一些事务性问题。这一类的问题,占比不过 10% 左右。

4. 情绪型问题

多是一些老员工,会发泄一些情绪。比如,自己一辈子都给公司了,现在被公司给抛弃了之类的话。这些问题,需要加以适当抚慰。

专题十二：
如何加速推进经济性裁员流程

（一）加速推进经济性裁员流程概述

经济性裁员中最为重要的一点，是快速推进。是否进行解聘，确定解聘名单，对被解聘员工进行分类，确定补偿方案等这些准备工作，只要解聘信息还没有散布出去，多么慢都是可以的。但是一旦启动了经济性裁员，解聘信息已经被员工所知悉，则一定要尽快推进解聘进程。

解聘进程中，不管预先安排多么完美，总会遇到很多意外的事情，这些意外的事情，会耽误解聘的进度。如果解聘操作者因为这些意外的事情而不时地暂停处理，很多情形下，解聘将无法进展，最终不了了之，导致经济性裁员失败。

（二）经济性裁员局面分化

经济性裁员过程中，常常会出现以下几类人：

1. 造谣挑唆的员工

特定员工为阻碍解聘进程，可能有如下表现：一是在最初与企业沟通时，夸大解聘难度，拖延经济性裁员进程；二是向企业经济性裁员律师传递虚假信息；三是在经济性裁员员工沟通会上，造谣生事，挑唆矛盾，意图造成企业和拟被解聘员工的对立。

2. 推卸责任、各自为政的员工

企业管理人员在员工诉求决策问题上，容易犯过于管理化的错误。

在经济性裁员过程中，员工对于自己的法定利益（如补贴的发放），很多情况下都会十分地理直气壮。如果对这一块利益，企业管理人员作了否定性回复，员工很容易就会情绪激动。这种群体性的激动情绪，会严重破坏解聘的协商效果。

使情况更为复杂的是，由于经济性裁员涉及各个部门之间的利益，所以各个部门之间努力的方向，并不一致。而作为主导者，该决策时不决策，或者过于优柔寡断，往往会贻误经济性裁员的良机。

3. 突发状况

（1）解聘补偿方案，与员工协商不一致

一般来说，解聘方案，偏重协商一致，所以有一些地方，对员工利益是有一些倾斜的，如最初给员工设计补偿时，愿意给员工一个月的工资，作为额外奖励性补偿；企业的补偿方案，偏重管理色彩，在员工利益上，比较重视法定标准。这一点在经济性裁员项目启动之初，甚至在整个经济性裁员项目的推进过程中，需要双方的反复沟通，才有可能达成基本的一致性意见。

（2）解聘名单也会发生变化

例如，当我们把劳务派遣人员、公司直聘人员都已经解除劳动合同之后，企业提出，项目现有人员，可能需要留用一部分。遂花了半天的时间，在总经理办公会上进行了人员讨论，最终决定留用了其中的一部分人。

（三）经济性裁员的目标设定

1. 追求沟通结果

在经济性裁员进程中，每一次沟通，都不能仅仅停留在沟通的层面上。

必须让每一次沟通,都有一个结果或者成果出来。没有结果的沟通,是没有价值的。

对于一些在解聘中无法统一的事项,一定要尽可能追求一个折中的处理方法。不能因为资料不全或者对项目负责人过于依赖,导致进程停滞下来。

2. 提供决断方案进行参考

决策者无力时,企业人力资源负责人或律师一定要为决策者提供可行性决断方案,以便其决策,不能等待决策者自己作出决断。

3. 必要的时候需对员工恩威并施

对于挑事的员工,不能妥协,要立即展示处理和应对方案,以体现公司的立场与决心。在解释过法律规定、分析过员工诉求合理性、表达过公司立场之后,员工仍然坚持自己诉求的,一定要及时出具待岗通知、换岗培训通知或单方解除劳动合同通知,现场进行送达。

4. 现场兑现员工的补偿方案

对于员工的经济补偿,尽可能现场即时兑现。签字之后,直接领钱,这对员工离职,是有很好的促进和引导作用的。

(四)解聘员工分类

在经济性裁员过程中需要对员工进行分类,以便针对不同类别的员工作出适宜的补偿方案。比如,对于"三期"女员工,补偿标准就区别于一般员工。但是在分类的时候需要注意以下几点:(1)同一类员工补偿方案要统一;(2)确定不同类员工的解聘顺序;(3)各类员工之间的补偿政策区别具有合理性,不能失衡。

1. 一般的分类法

可以分为:一般员工、"三期"女员工(可以作进一步细分,孕、产、哺乳三阶段）、工伤员工、距退休 5 年内员工、高管。

2. 特殊的分类法

针对难于管理员工、企业有特殊要求的员工进行的分类。

经济性裁员过程中，对员工的分类，不要过于局限，不要只做一次。员工的分类工作，会一直贯穿整个经济性裁员过程。

比如，一次经济性裁员会上，一开始企业分为三类：劳务派遣员工、公司直聘员工、因项目原因从原企业转移到本企业的员工（涉及工龄累计事项）。但是当劳务派遣员工与公司直聘员工都已经被解除劳动合同之后，涉及工龄累计事项员工又被细分为三类：一般员工、索要二倍工资的员工（4 人）、离职后返回索要二倍工资员工（2 人），一般员工又分为三类：原工龄 5 年以内的、5 年到 8 年之间的、8 年以上的。

（五）经济性裁员中的惊喜设计

例如，一家外资公司在经济性裁员时，公司的年假政策是要求员工在离职前休完自己所有的年假，包括法定+福利年假两种假期。这就出现了有的员工年假天数高达 40 多天，一般员工的年假也多在 20 天左右。当员工知道自己在离职竟然有这么多年假天数要休时，也是颇为惊喜的。

再比如，年假，预先准备的方案，是有关于年假未休满的员工有一些现金补偿的。但是整个解聘操作过程中，没有一个员工提出过年假的诉求，这样年假未休满的员工会多得到一些补偿。

虽然一般认为现在的员工，对劳动法的理解已经比较到位，对自己的权利认知已经比较充分，但是在解聘过程中，员工对自身的劳动法权利仍然是处于一知半解的程度。员工对一项补偿，没有预期，忽然多出来一块利益，还是会有惊喜感的。

在经济性裁员中，如果适当让员工获得一些意外惊喜，是十分有利于解聘顺利进行的。解聘的整体操作，也会比较流畅，员工在解聘过程中不会失去对公司的信赖感，矛盾也不会过于尖锐。

（六）企业整体解聘中，如何处理员工的年终奖

经济性裁员中，有时候会遇到一些员工，工作时间超过了半年，但是不到一年，如11月底被解聘。这些员工因为距12月31日仅有一个月的时间被解聘，所以这些员工容易提出年终奖的问题。同时，公司年终奖制度中，又存在"未工作到12月31日，不能享受当年度年终奖"的规定。

在做解聘方案设计时，要考虑到这种情节出现的可能性，要事先做好方向选择。

在现实中，对这种情形，一般有以下两种处理方式：

1. 按照11/12的比例向员工折算年终奖进行支付

这种做法的好处在于可以提高此类员工的接受程度，而且相对来说，对员工也比较公平。选取这种方案可以避免硬性冲突，保障解聘顺利进展。

2. 不向员工支付年终奖

这种处理的好处有：

（1）如果采用第一种做法，固然有避免冲突的好处，但是弊端也十分明显，即给了员工们一个印象：公司可以突破制度规定作出让步。

这种印象容易促使员工提出更高的诉求，而且给到员工过高期望。无形中这种心理的形成，会增大解聘的难度，并且进一步提高公司的解聘成本。

相反，如果公司坚持不给年终奖，则容易使员工认识到，公司是特别尊重和坚持原则的，这种形象的树立，对解聘中的公司是特别有益的。

（2）保持小冲突，对解聘的进展有利无害。解聘就是一个大局，在这个大局里，必然会有各种各样的冲突。作为解聘的设计者，一定要意识到，无论公司作出多大的让步，冲突的发生都是必然的，有一些小的冲突也并不妨碍大局。

（七）人力资源部门推进经济性裁员中的作用和职责

1. 做好员工基础信息收集工作

员工的入职时间、工龄、平均工资、月工资、工作岗位、有无调岗、有无违纪等多种个性化信息，这一块应由人力资源部来支持企业负责人。人力资源部可以提前做好员工信息表，在现场为企业负责人提供出来，包括补偿方案也应如此。

2. 传达经济性裁员中人性化的政策细节

比如，企业为员工办理了北京户口之类的这种具体员工享受到的特殊福利，这种福利不宜于是一种统一的福利，而应是某一具体员工身上的特殊福利，才更有效果。

（八）律师在经济性裁员中的作用

1. 烘托出企业合规性的氛围

律师的职业特点，决定了律师在某种程度上代表着合规，所以企业在经济性裁员中，有律师出现，有利于增强公司合规的立场色彩。

2. 解答员工法律疑问

在现场交流时，有一些事项，即使是合规的，员工心理上也比较难以接受。比如，工作到11月的员工，因为公司制度中有规定"未工作到12月31日的员工，不能享受当年的年终奖"，所以造成即使结束劳动合同仍不能得到年终奖的后果。员工对于这种后果的理解，往往较为复杂，感情上难以接受。在这种情况下，就需要由律师站出来给出清晰的法律答案。

3. 控制突发性事件，缓和企业和员工的矛盾

经济性裁员突发事项万分复杂，即使公司在面谈之前准备无限充分，

也难以避免员工在面谈现场提出新的要求。对于这些新的要求，如果公司在之前没有作任何准备，那么由律师运用自身专业技巧来现场回复，可以给到公司更多的回旋余地和更大的利益空间。

一旦发生员工与企业负责人之间的语言冲突，律师即可以运用自己的语言技巧与第三人的立场，柔化双方之间冲突，减少矛盾激化。

4. 与员工达成谈判结果

面谈的进行，最少需要两个人来交替进行。有时候一天的面谈人数会有十几人甚至几十个人。这种工作如果完全由企业负责人一个人来进行的话，是不可能做到的。所以由律师现场做些辅助，在话题转换之间或者过渡之际由律师来切入新的话题，分担一部分面谈的压力，对面谈的顺利进行、达成谈判结果是十分有益的。

当员工出现抗拒解除劳动合同的意思表示时，如员工问到"如果我不接受解除劳动合同的协议，公司会怎么办"这种问题，如果由企业负责人直面回复，往往难以回旋。而由律师站在一个专业的角度上承担回复的职能，相对来说，会增强这些后果的合规性，提高施压效果，亦能避免矛盾激化。

5. 紧急制作法律文书

在面谈中，公司持有的协议文本，往往是事先准备好的。但是有一些面谈，会出现新的协议内容，甚至出现对原来协议中所确定的文本的内容调整。对于这些调整，是否合规需要由律师给出意见，同时一旦这些调整得以确定，也需要由律师来即时调整协议内容。

6. 律师团队智库合作紧密，有助于经济性裁员尽快达成目标

律师团队最好由 4 人以上的资深律师组成。一般而言，具体分工应如下：

（1）面谈律师为 2 人以上。这两人应是资深律师，最好男女来搭配。原则上来说，执业 3 年以内的律师，不建议作面谈者。男性律师要十分理

性,最好40岁以上。丰富的社会经验,使他具有较强的控场能力。女性律师要30岁以上,最好较为感性一些。女性的感性,会具有一定的渲染力。

(2) 法律文书制作律师1人以上。在经济性裁员过程中,会制作很多表格。所以原则上来说,需要制表者1人。当然,制表者要具有很强的文档处理能力。除了一般性补偿表格之外,制表者还要具有较强的法律文书制作能力。

(3) 沟通律师1人以上。经济性裁员过程中,需要多角度沟通。需要与公司管理方沟通,需要与人社局沟通,需要企业内部沟通。与公司管理方沟通,一般由面谈者中的男性律师来负责;与人社局沟通,一般由制表者负责;内部沟通,由男性律师来主负责。

(4) 辅助律师助理1人以上。解聘现场人数较多时,也可以有一名辅助者。辅助者一般会做一些支持与辅助的工作,主要为开车、陪同、维持现场等工作。

综上,经济性裁员律师小组,最少要有2人,一般应为4人以上为妥。比较成熟的律师团队,3人足够;需要培养梯队的,则4人以上最佳。

(九) 企业负责人在经济性裁员中的作为与不作为

在经济性裁员面谈过程中,会涉及很多公司立场的疑问,如年终奖金、福利年假等问题。对于这些问题,由企业负责人现场给出回复,其效果更为直接,而且在解释的同时,作合理性说明,更容易在现场即获得员工认同。这一种效果,只有企业负责人可以做到。

经济性裁员说明沟通大会中,一部分员工会因为对解聘的整体不满,提出一些尖锐的问题,或者以问题来表达情绪,可能会有一些小冲突的发生。对于这些冲突,企业负责人需要具备一些基本的冲突控制技巧。比如,员工可能会质疑为什么解聘没有提前一个月宣布,对于这种质疑,企业负责人一般不应直接回复。

企业负责人可以将这种问题作个定性，即回复员工说，这种疑问，涉及解聘合规性的问题，所以会由现场律师来回复员工。律师回答可以运用自己的语言技巧与第三人的立场，柔化双方之间冲突，减少激化。

例如，一个外资公司的经济性裁员大会现场，企业负责人的讲话值得借鉴。如果企业负责人是职业经理人的话，解聘将是一件十分考验人的事情。当解聘无可避免时，首当其冲的人，即职业经理人。这个外资公司的职业经理人提出，如果他将整个经济性裁员的事情推给律师，他不面对的话，董事会会对他提出严重的质疑。所以他基本上参与主导了解聘的整个过程。包括前期决定解聘名单，决定解聘政策（决策了解聘中的各项政策中立场的选择），主导解聘大会，全程参与主导解聘面谈。也恰是因为这一点，整个解聘过程，还是比较愉快的，没有发生任何过激的事件，基本没有任何过激的言论。这位职业经理人的具体做法是：

1. 开展经济性裁员大会

这个职业经理人作了十页PPT，在大会上向所有被裁的员工进行说明，本次为什么公司会作出经济性裁员这个沉痛的决定。同时，他安排了两位董事会成员，在他发言之后，进行补充意见，并安排律师就员工合规问题作出回复，进行法律支持。

事实上，在经济性裁员大会上，员工只提出了五个问题，而这五个问题，基本没有涉及合规或者补偿细节问题。所以这五个问题，全是由其一人独自面对，现场作出回复的。

2. 现场面谈

在经济性裁员大会的第二天，这位职业经理人、律师、人力资源人员与每一位拟被解聘的员工进行面谈，解释协议的内容，解释经济补偿条件与离职日期。这种面谈并不如所预期的那样，后面的人选会更快一些，其实是所有的工作，需要一遍遍地认真各走一遍。因为时间紧凑，很多时候后面的员工，并没有受到前面员工的太多影响。所以仍然难以避免每个人都会有一些自己专有的问题。这种面谈特别考验耐心。

3. 表达职业经理人对经济性裁员的态度与立场

他代表公司说抱歉，效果更佳，也尤为沉痛，更容易获得员工的理解。所以多数员工情绪低落的原因，并不是因为补偿，而是因为原来所坚持的梦想破碎了。这种氛围，大大减少了员工对经济利益的过重关注。

专题十三：

经济性裁员合规过程中的常见问题及解决方案

（一）员工对经济补偿金三倍封顶数限制的接受程度

在经济性裁员过程中，一般情形下，还是建议公司坚持采取经济补偿金三倍封顶的做法。虽然不采用经济补偿金三倍封顶的做法也许员工的接受程度更高一些，但也容易产生以下风险：

1. 不采取经济补偿金三倍封顶的方案，说明公司的立场是可以改变的，会进一步激发员工要求更高的经济补偿金的欲望。这样就脱离了企业合规的基本立场。

2. 企业裁员过程中，补偿金基数超过经济补偿金三倍数的员工极少。如果对这部分人员的补偿基数不作经济补偿金三倍封顶，则容易引发基层员工或者低收入员工极大的不满感，促使这些员工提出过高诉求。

现实中，对经济补偿金三倍封顶数的做法，员工的接受程度是多少呢？

1. 劳动合同法生效至今，已经有 16 年了，该法对员工与企业的影响越来越大，同时也越来越深入。目前已经有很多员工，在观念上接受了企业这种合规做法。

2. 中层员工，多数月收入在 3 万元以下，与经济补偿金三倍封顶数，差距并不特别明显，所以这个群体对经济补偿金三倍封顶的做法，心理上也更容易接受。

3. 如果公司在其他方面对员工的利益有所倾斜，如将福利年假也给员工，或者在除了 N+1 之外，还给员工一些额外补偿，则更容易提升员工对这一块的接受程度。

4. 工资在 5 万元以上的高管，对经济补偿金三倍封顶的做法，比较难接受；对公司作出过重大贡献的高管，由于存在补偿心理，对经济补偿金三倍封顶的做法很难接受。

案例 13-1：企业高管依劳动关系主张权利被驳回。

【基本案情】①

2018 年 2 月，许某与恒某公司签订劳动合同，约定许某从事分公司总经理的岗位工作，合同期限为 2018 年 2 月 1 日至 2021 年 1 月 31 日，月基本工资为 6 万元。合同签订后，许某主要负责恒某公司苏州分公司筹建工作。2018 年 3 月，苏州分公司成立，许某与苏州分公司签订劳动合同。合同约定：许某从事总经理岗位工作，合同期限为 2018 年 2 月 1 日至 2021 年 1 月 31 日，其中试用期自 2018 年 2 月 1 日至 2018 年 7 月 31 日；月基本工资为 6 万元。2018 年 8 月 13 日，恒某公司口头通知许某解除劳动合同，苏州分公司亦向许某出具解聘通知。2018 年 8 月 15 日，许某与苏州分公司签订解除劳动关系协议书。该协议书约定，双方于当日协商解除劳动合同，公司给予许某经济补偿金等合计 5 万余元。协议签订后，恒某公司协助许某办理了失业金领取手续。此后，许某以苏州分公司违法解除劳动合同为由，要求恒某公司及苏州分公司连带给付经济补偿金等 80 万元。

【裁判结果】

法院驳回许某的诉讼请求。

【实务分析】

许某与恒某公司、苏州分公司的合同均明确许某的工作岗位是分公司的负责人，基本月薪为 6 万元。许某的身份符合公司法规定的高级管理人员的特征和范畴。双方在解除合同时已经达成了协议，现该协议既不存在无

---

① 详见（2019）苏 06 民终 2653 号、（2019）苏 06 民终 2653 号民事判决书。

效事由也未经撤销，许某无权抛开协议依据劳动关系另行主张权利。遂判决驳回其诉讼请求。一审判决后，许某不服，提起上诉。中级人民法院二审判决驳回上诉，维持原判。

【合规指引】

公司高级管理人员聘用合同的解除，不适用《劳动法》《劳动合同法》有关经济补偿金、违法解除赔偿金的规定，但相对方自愿补偿的除外。本案的典型意义在于，明确了具有高薪和管理权的分公司负责人属于《公司法》意义上的高级管理人员，其与公司之间的用工关系不属于劳动关系，不受《劳动法》和《劳动合同法》的调整。

（二）解除劳务派遣员工劳动合同时的金钱支付

1. 经济补偿金的设计

（1）企业应坚持 N+1 的补偿标准，如果开了多给的口子，一来很难约束在 N+1 这个点上，二来也会给后期正式员工的裁减，带来很大的负面影响。

（2）补偿基数的标准要尽可能取高一些。比如，员工入职第一个月不足一个月的工资，一定要减掉，其月数与工资数都不计入平均基数；需要包含加班费；需要包含社保的个人缴纳部分、工资要取税前数等。当然，这些也是法定的计算方法。

2. +1 代通知金的金额设计

法定的+1，为代通知金，以员工上个月正常工资为标准。这个金额一般是不包含加班费的。而且在实务中，进行裁员时，如果在解除劳动合同之前有一定的停工时间，可能也会造成这些员工上个月的工资收入会比较低。所以实务中，一般建议企业采用员工前 12 个月的平均工资为+1 代通知金的补偿标准。

3. 最后一个月工资的支付

最后一个月的工资，与经济补偿金+1个月的代通知金合计，列出总数。

4. 协商好的经济补偿金等即时支付

在解除劳动合同过程中，一定要在员工接受签字当日，即兑现上述金额，现场结算支付，这样可以强化金钱对员工的刺激心理，可以提高当场签约率，完成裁员效果。

5. 必要时设计现场签约奖励

必要时可以给予员工现场签约奖励金1000元。

解除劳务派遣员工的劳动合同过程中，一定要追求现场签约率高于90%这个结果。现场签约，现场结算支付钱款。如果顺利的话，解决的不单单是劳务派遣员工，也会给后面的正式员工的裁减，建立榜样与标准，起到很大的助力与促进效果。

案例13-2：劳务派遣中三方法律关系协议之间的效力冲突及解决方案从有益于员工的角度解决。

【基本案情】[1]

张某于2006年5月与上海中某人力资源咨询有限公司（中某事务公司前身，以下简称中某资源公司）签署劳动合同，约定：中某资源公司派遣原告至格某可企业形象设计咨询（上海）有限公司（以下简称格某可上海公司）工作，期限自2006年5月20日至2007年5月19日；同时约定：合同期满前，格某可上海公司未提出终止合同，有效期自动顺延一年。2007年12月，张某与中某事务公司签署劳动合同，约定：中某事务公司派遣原告至格某可上海公司工作，期限自2007年12月1日至2009年11月30日，原告任用工单位的副总经理，月工资4800元；同时约定：甲方（指中某事

---

[1] 详见（2012）黄浦民一（民）初字第835号、（2012）沪二中民三（民）终字第1032号民事判决书。

务公司）委托用工单位支付的费用超出此标准，超出部分作为用工单位的福利费用，与甲方无关……后张某与中某事务公司再续约，期限至2011年11月30日，约定的岗位、工资等内容同前。2011年10月28日，中某事务公司向原告发出终止劳动合同通知书，载明：你自2006年5月20日被我司派遣至格某可上海公司工作，从事副总经理，现实际用工单位要求合同于2011年11月30日终止。根据合同约定，我司与你终止劳动合同。合同期满，不再续签。该合同届满后，张某离开格某可上海公司，并与中某事务公司终止劳动合同。

2006年6月至12月，张某月工资及奖金19000元；2007年1月、2月，张某月工资及奖金14789元；2007年3月至2008年3月，张某月工资及奖金14790元；2008年4月至12月张某月工资及奖金12700元；2009年1月至3月，张某月基本工资8676元；2009年4月至2010年1月，张某月基本工资9876元；2010年2月至6月，系张某产假期间；2010年7月，张某工资11709元（基本工资11215元+住房补贴），8月工资11791元（基本工资11215元+住房补贴）；2010年9月至2011年6月，张某月收入11750元（月基本工资11215元+住房补贴）；2011年7月至11月，张某月基本工资11215元。张某于2010年3月3日生育一子，2月16日至6月张某休产假，期间，格某可上海公司分别向张某支付工资：7321.96元、3300元/月×4个月。同时，社保基金向张某支付4.5个月的生育津贴计14850元（按3300元/月计）。

被告格某可上海公司每月向张某支付工资的同时，另每月向原告张某支付房租费：2007年1月至2008年3月，4210元/月；2008年4月至12月，6300元/月；2009年1月至3月，7350元/月；同年4月至12月，7000元/月；2010年1月至3月，8500元/月；2010年4月至2011年3月，8925元/月；2011年7月至9月，3785元/月。2009年3月，格某可上海公司给付原告张某报销费21084元；2009年10月，格某可上海公司给付原告张某6个月的交通费17484元（按2914元/月计）。

2011年9月29日，原告张某与格某可上海公司负责人进行对话，询问工资变更事宜，负责人称这是根据公司的要求进行改变的，原告的工资11000余元，房贴3785元，其余是公司的额外福利，已经取消了。庭审中，原告张某提供的录用通知书记载：格某可上海公司决定录用张某为公司员工，2006年4月1日起上班，地点格某可上海，试用期3个月；月工资、津贴19000元，第一年奖金39000元。

原告张某诉称：其与中某事务公司签订的劳动合同中所约定的月工资4800元实际是作为缴纳社保费的基数，并非其实际收入。2006年4月至2008年12月，被告格某可上海公司均按19000元/月支付工资，2009年1月起至2011年6月，工资均为20140元/月。2007年起，格某可上海公司为避税，部分工资打入银行卡，还有部分工资以报销形式支付，而原告每月实际到手的金额均未改变。2011年7月，格某可上海公司自行调整原告工资为15000元/月（其中3785元/月作为房贴支付），为此双方产生分歧，双方就此未能达成一致。原告曾于2011年12月1日向上海市黄浦区仲裁委申请仲裁，要求两被告支付2011年10月、11月工资差额17850元等请求。该委裁决对原告的请求不予支持。原告对裁决不服，诉至法院，请求判令被告格某可上海公司支付2011年10月、11月的工资差额17850元，被告中某事务公司对此承担连带责任。

被告格某可上海公司辩称：对原告所述的工作经历及签订合同等事实予以确认。原告的劳动合同约定原告月工资4800元，实际向原告支付的工资19000元或20140元中，包括工资及福利待遇。2011年10月，公司调整的是原告的福利待遇，不存在对原告降薪。

被告中某事务公司辩称，原告于2007年1月与其签订劳动合同，由其派遣原告至格某可上海公司工作，约定原告月工资4800元，后续约，约定的岗位、工资等内容都不变。合同同时约定，员工单位给付原告的费用超出合同约定的金额，则是用工单位给予原告的福利待遇。公司已经足额支付原告的工资，不存在工资差额。故不同意原告要求公司承担连带责任的诉请。

【裁判结果】

法院判决格某可上海公司于判决生效之日起 7 日内给付张某 2011 年 10 月、11 月工资差额人民币 17850 元。

【实务分析】

本案的主要争议点集中在格某可上海公司每月支付给原告的 19000 元（或 20140 元）到底是指工资总额还是工资与福利待遇的总和？原告张某的月工资究竟是 4800 元，还是 19000 元（或 20140 元）？尽管原告张某与中某事务公司签订的劳动合同规定其月工资为 4800 元，但这一约定仅仅代表原告张某与用人单位就工资达成的一致意见，并不构成原告与用工单位格某可上海公司之间关于劳动报酬的约定依据。该约定也不能算作格某可上海公司支付原告工资的依据。至于原告与中某事务公司的合同中约定超出 4800 元部分作为用工单位的福利费用，这只是中某事务公司为明确自己的责任而与原告张某进行的约定，它并不能左右原告与格某可上海公司之间的约定。

若格某可上海公司按照原告劳动合同约定的金额履行给付工资的义务，那么，该劳动合同关于工资的约定可以视作原告张某与用工单位之间的报酬约定。然而，格某可上海公司向原告张某实际支付的劳动报酬远高于该合同约定的金额。虽然格某可上海公司与原告张某从未就工资金额进行书面的约定，但在原告张某任职的 5 年多时间里，格某可上海公司一直按照 19000 元/月（或 20140 元/月）的标准向原告支付劳动报酬。尽管报酬项目及金额在不断变化，但原告每月获得的总收入始终没有改变。因此，格某可上海公司每月向原告张某支付的 19000 元或 20140 元，是该公司与原告张某就劳动报酬作出的约定。

格某可上海公司声称原告月工资仅为 4800 元，但并未提供任何证据予以证实，因此，法院对此不予采信。另外，格某可上海公司自 2011 年 7 月起调整原告张某的工资收入，但此举缺乏法律依据，应向原告张某予以补偿。至于原告张某万余元的工资，并非中某事务公司与原告张某约定的工资，因此，中某事务公司无须就此承担连带责任。

【合规指引】

劳务派遣实践中，除涉及劳动合同、劳务派遣协议外，劳动者还往往与用工单位就劳动用工、报酬等另行约定有聘用协议。当三个协议（合同）内容约定不一致时，即发生效力冲突问题。劳动合同法虽对劳动者与用工单位之间是否可以约定以及如何约定未作规定，但不能因此而否定该约定的存在及其法律效力。当三个协议（合同）之间发生效力冲突时，应当从分析三个协议的约定主体、约定内容、约定目的等方面入手，从尊重私法自治、切实维护劳动者利益的角度，正确分析、处理协议之间的效力冲突问题。

协商解除劳动合同协议书（劳务派遣人员）（示范文本）

甲方：（用工单位）

乙方：

（身份证号：　　　　　　　　）

丙方：（用人单位）

根据甲乙双方签署的《劳务派遣协议书》、乙丙双方签署的《劳动合同书》，丙方自＿＿＿＿年＿＿月＿＿日起派遣乙方到甲方工作。现乙丙三方经友好协商，就解除甲丙双方的派遣用工关系、乙丙双方的劳动合同相关事宜达成如下协议：

第一条　用工关系的解除

1.1 出于乙方职业发展需要及甲方生产状况，经甲方与乙方协商一致，双方同意：自＿＿＿＿年＿＿月＿＿日起，由甲方将乙方退回到丙方，甲乙双方的用工关系自该日起解除，丙方知晓并同意本协商退工处理。

1.2 乙丙双方确认：乙丙双方自＿＿＿＿年＿＿月＿＿日起解除劳动合同。

1.3 签订本协议书之前各方已经对解除派遣关系的合法性、其必要程序或手续、经济补偿或条件作了充分的沟通并确认各方对此不存在任何实质性或程序方面的争议。

第二条　劳动报酬和社会保险

2.1 乙方在甲方的最后工作日为＿＿＿＿年＿＿月＿＿日，工资结算截止到最后工作日，社保截止到＿＿＿＿年＿＿月。

2.2 乙方确认：至本协议生效之日止，甲、丙方已按照《劳动合同书》约定足额向乙方支付工资（包括正常工作时间工资、加班工资等）及其他应发福利。

乙方承诺：最后工作日前，在职期间的各种福利待遇已经享受完毕。

第三条 经济补偿金的支付

3.1 甲乙丙三方确认，由甲方向乙方按照如下方式支付解除劳动合同的经济补偿金：

（1）根据乙方在甲方处的工作年限，甲方向乙方支付经济补偿金及一个月的代通知金（N+1）_____元；

（2）_____年____月工资_____元；

（3）其他补偿_____元；

以上合计_____元。

3.2 以上经济补偿金的支付时间为_____年____月____日，以银行汇款形式支付到乙方提供的银行账号里。

乙方提供账号：

开户行：

3.3 甲乙丙三方共同确认：甲方完全履行本协议约定义务后，因甲乙双方劳务派遣关系所产生的所有未结清款项甲方已全部支付，因甲乙双方劳务派遣关系所产生的所有义务甲方均已全部履行。乙方承诺自本协议履行完毕后，甲丙三方再无除本协议外的其他未了纠纷，乙方承诺不得以任何理由向甲方及丙方主张任何权利（包括但不限于提起劳动仲裁、提起诉讼或任何其他控告投诉等）。

3.4 如果乙方与甲方劳务派遣关系、丙方劳动关系解除后，再与甲方或丙方发生劳动争议，乙方应当向甲方返还上述费用并按同期银行贷款利率支付利息。

第四条 协议的生效

本协议自乙方签字之日起生效，甲丙双方盖章确认真实性。三方各执一份，具有同等法律效力。

甲方：　　　　　　　　乙方：　　　　　　　　丙方：

授权代表：　　　　　　身份证号：　　　　　　授权代表：

日期：_____年____月____日

附：劳务派遣员工退回通知书（示范文本）

_____公司：

_____，身份证号码_____，于_____年____月____日由你单位派遣到我公司工作。现该员工与我单位协商一致，双方同意：自_____年____月____日起，该员工退回到你单位。该员工工资自_____年____月起停止发放，各项保险（住房公积金）从_____年____月起停止缴纳。请予以接洽并为其办理相关必要手续。

特此通知。

用工单位：　　　　　　　公司

日期：

（三）与有未结工作的特殊员工解除劳动合同

如某次经济性裁员过程中，有一个拟被解聘员工要负责企业后期几百万元的回款工作。这个员工对公司后期利益的影响还是比较大的。所以企业采取的方法为：

1. 相比一般员工，给出额外 4 个月的工资作为经济补偿金。

这个额外的经济补偿金跟回款的进度是相关的，而且分为三个阶段。第一阶段为回款一半后即可享 2 个月的额外工资，之后按照比例计算回款。

2. 延长这个员工的离职日期，将离职日期定为回款的最晚期限的后 1 个月。

3. 在员工离职之前，支付全额薪资。这一方面给员工提供了较好的工资待遇，有利于回款；另一方面也使员工更容易接受解除劳动合同的安排。

(四) 裁员过程中，企业未安排从事职业病危害作业的员工进行离岗前健康检查系违法

案例 13-3：从事职业病危害作业的员工，企业在解除劳动合同之前未安排该员工进行离职前的健康检查系违法行为。

【基本案情】[1]

2010 年 9 月 26 日，李某入职某服饰公司担任胶印部门负责人，双方签订的最后一份劳动合同的期限从 2013 年 11 月 26 日至 2018 年 11 月 25 日。在职期间，服饰公司每年安排李某进行职业健康检查。经查，李某职业健康检查表中显示，"接害工龄 5 年，毒害种类和名称：苯、甲苯、二甲苯类"。2016 年 12 月 8 日，服饰公司以经济性裁员为由与李某解除了劳动合同。李某遂以服饰公司违法解除劳动合同为由申请劳动仲裁，要求服饰公司支付违法解除劳动合同赔偿金差额等。

【裁判结果】

服饰公司应支付李某违法解除劳动合同赔偿金差额 6 万余元。

【实务分析】

李某负责管理的车间属于胶印部门，是一个与有毒有害物质接触的岗位。尽管李某是部门主管，但他在履行职责时需要进入车间。公司每年也会安排李某进行职业健康检查，因此可以认定李某是从事接触职业病危害作业的劳动者。

根据《职业病防治法》的规定，对未进行离岗前职业健康检查的劳动者不得解除或者终止与其订立的劳动合同。《劳动合同法》也规定，对从事接触职业病危害作业的劳动者未进行离岗前职业健康检查的，用人单位不

---

[1] 详见 (2017) 沪 0116 民初 9466 号民事判决书。

得依照该法第四十条、第四十一条的规定解除劳动合同。因此，可明显看出用人单位安排从事接触职业病危害作业的员工进行离岗前职业健康检查是法定义务，这项义务即使在裁员情况下也不能例外。

服饰公司没有安排李某进行职业健康检查，却以经济性裁员为理由解除了双方的劳动合同，这种解聘行为实际上是违法的。公司应当向李某支付违法解除劳动合同赔偿金。

【合规指引】

为接触职业病危害的劳动者安排离岗前职业健康检查是企业的一项法定义务，不因经济性裁员而免除，企业在对待这类员工时应依法合规履行离岗前职业健康检查的义务。

（五）员工在裁员过程中的过高诉求，如何谈判

在解聘面谈中，有时有些员工会提出一些过高诉求。

比如，一位试用期的员工，企业可以在试用期内解聘他，但是为了保持公平，未行使试用期解除劳动合同的权利，而是进行了统一的解聘补偿。但是这位员工提出来，说现在已经四月末了，已经过了年底找工作的最好时机，进而要求企业额外再给补偿。

对于这种过高的诉求，企业如何拒绝？对员工过高诉求的拒绝，要有一定的策略，表述也要有一定的层次感，最少应作如下五个方面的说明：

1. 解聘政策合规性说明

在解聘过程中，对于补偿政策的合规性，始终是解决问题的基本出发点。员工的这个过高诉求，本身属于一种情理诉求，对于情理诉求的拒绝，首先应当向其解释清楚，公司目前的补偿政策已经充分合规了。对于这点的解释工作，最好由律师现场负责解释。

2. 解聘政策合理性说明

情理诉求，隐含了员工一些合理性的要求。如果对员工诉求中的合理性不作关注，则容易引起员工心理上的抵触。所以，企业还要做好政策的合理说明。这个工作，一般由企业人力资源部门现场负责比较好。

3. 解聘政策公平性说明

正如前述案例，这位员工本来是在试用期内的，公司本可以以试用期不符合录用条件提前解除劳动合同，员工将无法获得任何补偿。但是为了公平和补偿政策的统一，公司没有行使这个权利，而是给予了该员工统一的解聘补偿。在这种情形之下，员工又基于过了四月末为由，提出更高的诉求，两相对比，两者的立场与对问题处理的出发点，截然不同，如果公司迁就这位员工的这个意见，不但对公司是不公平的，而且对其他所有员工，都是不公平的。这一点由人力资源部门或者企业来说都可以。

4. 补偿政策已涵盖员工所有合法利益

公司目前的补偿政策，在经济利益上，已经远超员工法定补偿，涵盖了员工所有的合法利益。

5. 指出员工过高诉求的不合理性

员工的诉求过高，其实很多情况下，员工内心也是知道的，只是其对于补偿利益还没有到一个绝对的满意度，还希望有所争取。像这位员工的这个诉求一样，企业在拒绝时，可以指出，如果公司接受了，势必要调整统一的补偿政策，对于公司来说，涉及的补偿成本，不仅仅是在个体上有所增加，而是在整体上都会有所上调。在公司已经付出了超出法定标准之上的补偿的基础上，再去承受这一点，对于公司来说，是不公平的。

总之，现场对员工诉求的拒绝，要讲究一定的技巧，要使公司站在道义的一边，要委婉但是同时又立场坚定，不具有任何妥协性，不要让员工感到是可商议的。

(六) 员工的合理诉求，如何谈判

例如，员工在 11 月被解聘，导致员工不能工作到 12 月底，因此失去了年终奖获取的资格，从法律上来说，员工的这种诉求，具有充分的合理性。在实际的解除劳动合同过程中，员工对于这种诉求，也比较容易坚持。

对于这种诉求，如何拒绝？

1. 解聘政策合规性说明

如果员工接受了本次解聘补偿，签订了解聘补偿协议，在解聘补偿远高于法定补偿的基础上，员工再去诉年终奖，肯定是要败诉的。所以，对公司不支付年终奖的这个立场，要从附加前提的基础上，解释合规性。

员工接受了目前的解聘补偿，签订了解除协议；员工对当时的年终奖政策签字认可，代表员工认可了其中丧失的条件，所以未工作到 12 月底这一现象，导致不能享受年终奖，符合年终奖政策的规定。

在合规性得以说明的基础上，员工才可能接受这种立场。

2. 解聘政策合理性说明

公司给员工的补偿条件是 N+1+1，从计算方式上来说，总的补偿金额，已经超过了员工所有的合法利益。也就是说，即使员工的年终奖计算进来，也不会超过 N+1+1 的目前补偿待遇。

这其实是一种偷换概念的做法。通过总数对比，将员工对年终奖的关注点，偷换到了对总数的关注点上。其实 N+1+1 中的最后一个 1，是一种额外性奖励，是提高员工对解聘补偿的接受度。

3. 解聘政策公平性说明

合法合理即代表了一定的公平。公司在愿意给出高额度补偿的基础上，往往会在公平性占有一定优势。

4. 企业年终奖约定的客观性

在这个说明中，可以通过问询方式，来追问员工是否签订过年终奖规定。通过问询，可以引导员工的思维方向，并给员工造成一定的压迫感。由于员工客观上确实签订过年终奖规定，同时也知悉该丧失条款，所以这种问询的压迫感，员工内心会产生认同感。固然有的员工在现场并不会明确表态认同公司的这种做法，但是内心认同感的产生，是不由自主的。

5. 补偿政策已经包含员工所有合法利益，而且超出了法定补偿标准

只要补偿总数超过了员工所有的法定利益，即可以明确告知员工，回绝员工所有诉求。在现场可以通过算数的方式，来让员工明白，目前的补偿，虽然不能算是尽善尽美的，但是已经充满了诚意，而且从结果上包含了员工所有的合法利益之和。采用这种方式，会让公司在面谈现场，占尽优势。

最后，对员工合理诉求的拒绝，要想获得员工的认同，需要给员工一定的时间。员工对这种拒绝的接受，一般不会当场表态。但是给以半天到三天的时间，员工最终还是会接受。

（七）解聘过程中员工的特别诉求，如何谈判

例如，在一次裁员合规专项中，遇到四位员工，向企业主张未签订书面劳动合同的二倍工资诉求。

员工入职时间是 2022 年 6 月，一直没有签订书面劳动合同。到 2022 年 12 月时，公司新领导与员工签订了书面劳动合同，并且在合同上，将合同起始日期填写为 2022 年 6 月。企业在 2023 年 1 月启动了裁员项目，这四位员工认为公司在签订合同之后的一个月之内，启动解聘程序，是故意欺诈行为，所以情绪十分激动。

律师在介入之后，在与这四位员工面谈时，员工们开始也是着重谈了签订劳动合同的过程，并且明确表达了自己的感受。但是律师在面谈时发现这四位员工在表达意愿时，偏于对受骗感受的表达，并没有明确表达出自己的诉求。每个人都知道，如果公司未与员工签订书面劳动合同，员工可以向公司主张二倍工资。为什么这四位员工，在与公司交流时，只表达受骗感受，而未表达二倍工资诉求呢？

对员工的这种表现，如果只是表达感受的话，是无法分析并解决掉这个问题的。

员工的行为表现为：

1. 表达出被欺骗的感受，情绪十分激动。

2. 连续 4 天去总经理办公室表达情绪。

3. 明明可以明确提出二倍工资诉求，但是并没有明确地表达出来。

4. 在律师明确询问员工们诉求到底是什么时，十分犹豫、迟疑，只是反问："您作为律师，认为我们享有什么权利呢？"

在员工的这些行为表现之下，经过分析，形成以下判断：

1. 员工被欺骗的主观感受，是真实和客观的，这一点应该得到尊重。

2. 员工对二倍工资的诉求，有一些感性认识，但是认识比较复杂，一方面认为自己也许可以主张这一法定权利；另一方面，对该部分权利是否可以主张得到，也不十分确信，同时，在道德上，也有一些疑惑。

在这种判断的基础上，解决这四位员工的问题，就相对来说比较容易了，基本操作方法如下：

1. 对员工的感受，表达出理解，因为时间先后的紧凑感，同时客观上又确实存在倒签合同的事实，员工有这些心理感受，是可以理解的。律师作为实际操作者，更是比较容易感知到。

2. 虽然倒签合同与解除劳动合同之间，只间隔了一个月，但是公司并不是故意欺骗员工倒签合同的。一方面双方之间确实有签订劳动合同的意愿（这一点一直都有，最初之所以没有签下来，也是因为一些异地社保问题没有解决）；另一方面在12月倒签合同之时，公司并没有解除劳动合同的意向。

3. 按照法律规定，倒签劳动合同，是不需要向员工支付二倍工资的。这一点，律师出示了相关的法律条文规定。

4. 从法律规定上看，公司无义务向员工支付二倍工资；从情理上来说，公司也无义务支付二倍工资。所以公司的基本立场是不同意员工的这部分诉求的，而且这一立场，不具有任何商议性。

这个答复意见给到员工之后，四位员工还是比较情绪化的，做出了一些过激行为，包括去公司总部要求见工会，对公司副厂长明确表达出，要抱领导跳楼等。但是在第二天，这四位员工即找到律师，表达出放弃二倍工资的诉求，但是希望公司能够体恤一下，员工被欺骗心理感受的客观性，适当照顾。

（八）解除劳动合同过程中的谈判技巧——连续工龄的计算

正如在前文中提到的解聘专项中的四位员工，向公司主张未签订书面劳动合同的二倍工资诉求。有一段时间这批员工闹得很凶，多次前往总经理办公室，并且挑唆其他被解除劳动合同员工一起聚众闹事。律师在和这些员工对话时，采用了如下的谈判技巧。

1. 员工胜诉率分析

这些员工的情形，属于倒签劳动合同，这种情形有明确的规定，因倒签劳动合同主张未签劳动合同二倍工资的诉求，是不被司法机关所支持的。

2. 企业需要有道义上的优势

给出员工明确的法律依据，并加以解释，还远远不够。员工并不会因此就放弃自己的诉求。员工仍然有可能通过各种方式来主张自己的诉求，迫使企业做出妥协。在向员工表达拒绝立场时，一定要占有一定的道义优势。只有这样，才有可能使员工丧失心理优势。

获得道义优势有两种方式：一是侧面对比。比如，对于另外一批从前一企业签转过来的被解聘员工，他们要求工龄连续计算诉求，公司感情上是可以理解和接受的，但是这种要二倍工资的行为，则是企业无法理解和接受的。二是将员工具有敲诈勒索的目的明确化。当时倒签劳动合同时，是公司及员工双方的心理意愿，现在员工抓住劳动合同上公司没有盖章这个小细节，进而提出自己的二倍工资诉求。客观上公司与员工都是有签订劳动合同意愿，而且进行了签订劳动合同的行为，只是这个行为，因为各种各样的原因，没有最终完成。也许没有最终完成的环节，企业有一定的过错，但是作为员工，借机提出二倍诉求，在企业看来，实在是一种类似于敲诈与勒索行为。企业是绝不可能向这种行为妥协的。

3. 直接施压

如果有停产行为和矛盾剧烈尖锐现象，双方之间不具有任何调解余地，可以直接通知员工进行待岗。这种待岗在正式答复员工的同时，现场作出，现场送达。一方面是直接向这批员工施压；另一方面也是在向可能有类似想法的其他员工表明公司的基本立场，同时也是对其他要求连续计算工龄的员工，表达公司对员工不当行为采取不妥协立场。

案例 13-4：企业随意安排劳动者待岗，应当按原定工资标准支付待岗期间工资。

【基本案情】[①]

申请人王某在 A 公司销售部从事单证员工作，双方签订的最后一期劳动合同期限为 2015 年 11 月 1 日至 2018 年 10 月 31 日，约定月工资标准为 4400 元。2017 年 8 月 1 日，A 公司以订单暂时减少，人员暂时富余为由，对销售部门人员进行资源整合，并将申请人退还给人力资源部统一调配，

---

① 详见（2017）浙 0212 民初 1469 号、（2017）浙 02 民终 3491 号民事判决书。

保留申请人原单证岗位，该岗位对应的相关工作暂时由各销售主管完成。2017年8月10日，人力资源部与申请人进行面谈，协商新岗位事宜，申请人提出意向岗位为财务部。2017年8月15日，人力资源部与财务部协商申请人的岗位事宜，财务部认为申请人专业不符合，不同意接收。2017年8月30日，被申请人通知申请人回家待岗。

A公司共有员工300余人，申请人所在销售部共20人，此次仅通知申请人等3人回家待岗。2017年8月1日至11月30日申请人未提供劳动。A公司认为上述期间销售部生产骤减，处于部分停工停产状态，申请人亦未正常出勤，故按最低工资标准发放申请人工资。申请人则表示公司并非正常停工停产，应当按合同约定的工资标准发放。2018年1月5日，申请人向法院提起诉讼，请求判决被申请人按原定工资标准补足2017年8月至11月工资合计10160元（4400元/月×4个月－1860元/月×4个月）。

【裁判结果】

A公司按合同约定标准补足申请人2017年8月至11月的工资合计10160元。

【实务分析】

该案件的争议焦点在于，被申请人所面临的情况是否适用停工停产的规定。根据1994年颁布的《工资支付暂行规定》第十二条的规定，"非因劳动者原因造成单位停工、停产"需要满足三个基本条件：一是用人单位无法正常提供工作岗位；二是劳动者未提供劳动；三是造成用人单位无法正常提供工作岗位和劳动者未提供劳动的原因不在劳动者自身。

首先要考虑A公司是否属于部分停工停产的情形。A公司并不符合部分停工停产的情形。停工停产一般是指企业因自身生产任务不足、自然灾害、法规政策影响等原因，导致企业无法安排员工进行有效生产，企业单方面决定暂时中止为员工提供劳动条件，员工不能继续提供劳动的情形。但A公司所在销售部依然正常运作，申请人所在岗位并未取消，申请人相应工作由其所在部门完成。从停工涉及的范围及影响来看，A公司对申请人的停工不构成部分停产停业。

其次需对申请人待岗期间的工资标准进行确认。企业与员工应当按照劳动合同的约定，全面履行各自的义务。2017年8月1日至11月30日，企业依然正常经营而非停产停业，上述期间员工未正常提供劳动，并非由其自身原因造成，而是因企业安排其回家待岗。故A公司应当按照劳动合同约定的标准支付员工工资。

《工资支付暂行条例》第十二条规定，非因劳动者原因造成单位停工、停产在一个工资支付周期内，用人单位应按劳动合同规定的标准支付劳动者工资。超过一个工资支付周期的，若劳动者提供了正常劳动，则支付给劳动者的劳动报酬不得低于当地的最低工资标准；若劳动者没有提供正常劳动，应按国家有关规定办理。

【合规指引】

企业在发生本案中类似情形时，与员工积极协商，采取变更劳动合同等其他有效途径，而不应为了逃避支付经济补偿，简单套用停工停产规定。

4. 向员工指明法律解决路径

企业向员工明确表达：现在的待岗通知，是为员工的二倍工资诉求，指出了一条解决争议的路径——劳动仲裁。

5. 解聘过程中协商补偿金额的方法

企业并购过程中，产生工龄合并计算的问题如何解决？如员工原系A公司员工，后因B公司收购A公司某部门，员工进入B公司工作。劳动合同解除之后，员工要求B公司确认A公司工作期间的工龄，希望获得该部分补偿。员工在A公司工龄是8年多，而在B公司只工作了不足1年时间。如果B公司认可A公司工龄的话，对B公司来说，将是一个十分大的负担。

拒绝的方式为：

（1）过程性拒绝技巧

首次接触员工，不要表态拒绝，而应以查清事实为切入点，先搭建起沟通渠道。

（2）拉背景支持企业的观点

向员工说明：拒绝的决定，并不是草率作出，而是公司做了很多调研，罗列了很多种情形之后，得出不认可的结论的，这个结论是专家委员会的决定。

（3）从认可出发走到公平性

认可员工在 A 公司工龄的意义与现在的心情，在此基础上，要点出员工确实只在 B 公司工作了不足 1 年的时间。如果这部分责任，完全由 B 公司承担的话，对于员工来说，当然是最好的了。但是对于 B 公司来说，确实是不那么公平的。

（4）道明真正的责任人

对员工之前工龄负有责任的，从根本上来说，并不是 B 公司，而是 A 公司。

（5）给员工的救济渠道

如果员工不接受公司的观点，可以去申请劳动仲裁或诉讼，这是一个方向。

由于项目停产，公司也可以先按照待岗待遇来安排。

当然，如果员工愿意协商，公司也可以对 A 公司工龄，考虑到员工实际工龄的长度，给出 0 到 2 个月的适当补偿。

当企业表达了协商的意愿，并且限定了协商的范围，即在 0 到 2 个月之间协商之后，员工接受了协商的方式，表达要回头再议一下，第一天的协商暂告一段落。

第二天，员工回来之后表达，愿意在近 10 年工龄的基础上，让出 2 年的工龄这一愿意。双方之间的差距，仍然有 6 年的距离。在这种情形下，如何快速确定补偿方案？

（1）关于好的方向

员工带着期望回来，摆出愿意放弃 2 个月工龄补偿的协商条件，这一点，基本上可以确定，员工已经不愿意再继续留在公司，也不愿意去申请劳动仲裁或者诉讼了。这是一个特别利好的方向。所以在听到这个消息之后，一定要立刻肯定员工的协商友好意愿，在方向上，使员工无意退回到劳动仲裁或者诉讼的起点上。

（2）指出存在的差距

一定要表示为难，点明差距，企业这边是 0 到 2 个月经济补偿金，员工是在 10 年 10 个月经济补偿金的基础上，放弃 2 个月的经济补偿金，这样双方的差距是 6 个月，这个差距，还是非常大的。

（3）说明 B 公司不担责的合理性

点明前一企业工龄的实际责任人是 A 公司，在这一块，一定要全面说明。即先说明工龄对于员工的意义，确实是意义非凡的，与实际的利益相关；对于 B 公司来说，员工确实只是工作不到 1 年，B 公司对这部分工龄的承担，绝对是没有真正责任的，只是法律上的一个要求而已，情理上是不应该放在 B 公司的；对于 A 公司来说，他们才是真正的应该承担责任者。

（4）点明差距的意义，开始孤立分化

10 年工龄，只是几十个人里的 4 到 5 个人，其实大部分人的工龄只有很少的几年。比如，5 年工龄以下者，就有十几个人，这十几个人如果按照 0 到 2 个月经济补偿金来确定的话，其实丧失利益并不大。

如预期，在企业指出这点时，那几个十年工龄者，立刻开始撇清自己。这样一来，就不会出现 10 年工龄者来绑架 5 年工龄以下者，相反，倒会出现 10 年工龄者，愿意为 5 年工龄以下者牺牲自己的利益。

（5）关于授权的问题

人力资源部门可以这样表达："上次所说的 0 到 2 个月经济补偿金，不是不可以突破 2 个月经济补偿金，而是即使突破，也十分有限。毕竟我只是来这里解决问题的人，钱实际上并不由我来支付，所以不可能给我完全的授权。就现在来说，8 个月的经济补偿金，是不可能实现的，即使我去争取，也是不可能实现的。"

上面这里包含了以下几个信息：一是人力资源部门授权有限；二是可

以适当突破，给员工一些希望；三是对 8 个月经济补偿金的明确拒绝。

话说到在这里，员工明确表示，由人力资源部门去申请。

于是人力资源部门在这里，给出了 3 个月经济补偿金的基本划线。员工在明确之后，只是表示，工龄在 9 年以上者，能否再加 1 个月的意愿。对此企业表示同意，于是关于工龄连续计算双方达成一致意见。最终这批工龄连续计算的员工按解聘进程顺利完成解除协议签订。

6. 企业如何制作解聘问答

在准备阶段，一定要设计一下问答，预估员工可能提出的问题，同时准备一个统一的答案作为回复。一般情形下，解聘工作中的问答包括以下几个部分：

（1）解聘的原因

如：A 直问解聘的原因是什么？甚至要求公司出示相关的依据性文件。

B 作出解聘决定的公司机构是什么，是董事会、总经理办公会等哪个机构。

C 解聘的具体人数，或者具体的哪些人员，或者哪个部分员工被裁，是一次性还是连续性的解聘等。

D 公司未来的方向，本次解聘的持续时间，手中的一些未结工作如何处理等事务性的问题。

（2）合规性问题

如：会不会提前一个月通知，有没有告诉工会，要不要向劳动局备案等。

（3）利益性问题

A 经济补偿政策。

B 代通知金。

C 有没有三倍封顶问题。

D 纳税问题。

E 年假问题。

F 年终奖问题。

G 除了经济补偿之外，还有其他的利益吗？

H 如果不接受解聘，会如何安排？

（4）合理性问题

A 自身有特殊情况，能否不被解聘？

B 自身有特殊情况，能否获得更高补偿？

C 我是老员工，为什么要裁掉我？

D 为什么补偿没有 B 公司的高？

（九）解聘过程中员工要求开收入证明怎么办

员工在解聘协商过程中，提出开收入证明的要求，是一件特别敏感的事情。

在一次解聘过程中，即遇到一位员工，在协商已经达成一致性意见的情形下，提出了这一要求。对于解除劳动合同过程中发生的突发性事件，一定要特别关注，倍加小心。

这名员工提出的是因为购房，所以需要开具此类证明。这个理由似乎是一个合理理由，但是在具体开具时，一定尽可能把握以下几点：

（1）不要在员工带来的收入证明文件上，简单填写盖章。即不要使用员工带来的格式文本，而要自己制作相关文本。

（2）如实填写员工实际收入。

如果员工带来的文件中，对员工的实际收入，有多项内容，如月薪、年薪等表述，一般情形下，我们建议企业在制作文本时，去掉年薪，直接填写员工月薪即可。因为年薪有偶然收入因素（一般包含年终奖或者十三薪，而这两项收入，皆具有偶然性），容易给公司带来风险。

（3）在相应文件中，务必清晰注明文件的专用用途。例如，需注明本文件仅限员工向某银行申请房贷之用，其他任何用途均为无效。这种说明不仅包含了文件的具体用途——申请房贷,也指明了文件的接收方——某银行。这种如此严格的限制范围有助于有效地规范员工行为。

(4) 要一式两份,员工与公司各执一份。公司保留这一份,上面一定要有员工亲笔签名。

(5) 要注明实际日期,不要倒开时间。

(十) 企业改制过程中的解聘处理

案例 13-5:政府主导及企业自主改制,均不改变企业与员工之间确认劳动关系纠纷的民事争议属性,属于法院民事诉讼受案范围。

【基本案情】[①]

1985 年 11 月,原告谭某生被招录为原石某县轻工制品厂(后更名为石某土家族自治县制鞋厂,以下简称石某县制鞋厂)合同工,至 1996 年 5 月 6 日,谭某生与石某县制鞋厂结算后离厂。1998 年 8 月 4 日,石某县制鞋厂改制为重庆明某鞋业股份合作公司(以下简称明某公司)。2015 年 7 月 8 日,谭某生向石某土家族自治县仲裁委申请确认谭某生与明某公司自 1985 年 11 月起至 2011 年 2 月 21 日止存在劳动关系,该仲裁委以谭某生的申请超过仲裁时效为由不予受理。谭某生不服,于 2015 年 7 月 17 日向法院起诉,请求确认谭某生与被告明某公司、石某县制鞋厂自 1985 年 11 月起至今存在劳动关系。

一审法院认为,本案属于政府主导企业改制引发的纠纷,不属于人民法院受理民事诉讼的范围,遂裁定驳回谭某生的起诉。谭某生不服,提起上诉。

二审法院认为:其一,无论是政府及其所属主管部门主导的企业改制,

[①] 详见(2015)渝四中法民终字第 01466 号、(2016)渝 0240 民初 976 号民事判决书。

还是企业自主改制，均不改变作为用人单位的改制企业与劳动者之间的确认劳动关系纠纷，是发生在平等主体之间的民事争议，是可依法提起民事诉讼的争议；而且，确认劳动关系纠纷诉讼，系确认之诉，不涉及具体的劳动权利和劳动义务内容，即使企业改制导致工作时间、劳动报酬、保险福利、休息休假、劳动安全卫生等具体劳动权利义务内容变更，也不改变确认劳动关系纠纷之诉的实体审理结果，更不可能改变当事人可就这类纠纷依法向人民法院提起民事诉讼的程序规定。因此，无论是政府及其所属主管部门主导的企业改制，还是企业自主改制，均不改变发生在改制企业与劳动者之间的确认劳动关系纠纷的民事争议属性，也不可能改变这类纠纷的民事可诉性，即这类纠纷属于人民法院民事诉讼案件的主管范围。在本案中，发生的争议是谭某生与明某公司、石某县制鞋厂之间是否存在劳动关系，应否确认自1985年11月至今双方存在劳动关系，该争议系发生在改制企业与劳动者之间的确认劳动关系纠纷，属于人民法院受理民事诉讼的范围。

其二，谭某生于2015年7月8日申请仲裁，在收到仲裁委不予受理的通知后，于2015年7月17日提起本案诉讼，故其起诉符合劳动争议仲裁前置程序的规定。

【裁判结果】

本案属于人民法院民事诉讼受案范围，且符合受理的其他条件，一审法院应当立案审理。遂裁定撤销一审民事裁定，指令一审人民法院审理。

【实务分析】

在处理改制企业与劳动者之间确认劳动关系纠纷时，这类案件属于人民法院民事诉讼的范围。

其一，改制企业作为用人单位与员工间就劳动关系存续、解除、终止等问题发生的纠纷，即是双方因签订、解除、终止劳动合同而发生的争议。更准确地说，这些争议涉及劳动争议中的劳动合同纠纷，乃是平等主体之间的民事争议。因此，发生在改制企业与劳动者之间的确认劳动关系纠纷，实质上属于民事争议。

其二，改制不会改变涉及改制企业与劳动者之间确认劳动关系纠纷的民事争议属性。首先，政府或主管部门主导的企业改制并非促成企业与员工建立、解除或终止劳动关系的民事法律行为，不会导致改制企业与员工之间的劳动关系产生法律后果的变更。其次，在企业自主改制过程中，不论是劳动争议抑或其他类型的争议，都属于在平等主体之间的民事权利和义务关系上的争议。因此，即使企业自主改制导致企业与劳动者之间发生确认劳动关系的纠纷，也并不改变纠纷本身是民事争议的性质。

其三，在改制企业与劳动者之间出现的确认劳动关系纠纷属于具有民事可诉性的争议。不管是企业自主改制还是政府及其所属主管部门主导的企业改制，都不能改变这一事实。根据相关规定，此类纠纷应被视为平等主体之间的民事争议，可以按照民事诉讼程序处理。《最高人民法院关于审理劳动争议案件适用法律问题的解释》也明确规定，发生在企业自主改制过程中的纠纷应被人民法院受理。对于政府主导的企业改制可能引发的纠纷，一是在国有资产调整、划转过程中产生的行政性纠纷，应该进行行政诉讼；二是包括企业职工下岗、工资拖欠等问题，这些属于政府与利害关系人之间的行政争议，应当提起行政诉讼解决。因此，无论是哪种情况，这些劳动关系纠纷都不会被排除在人民法院民事诉讼受案范围之外，因而具有民事可诉性。

综上所述，企业改制与发生在企业与劳动者之间的确认劳动关系纠纷并无法律上的因果关系，也不会影响或改变这类纠纷的民事可诉性。

【合规指引】

发生在改制企业与劳动者之间的确认劳动关系纠纷，与非改制企业与劳动者之间的确认劳动关系纠纷一样，是平等主体之间的民事争议，具有民事可诉性；且无论是政府及其所属主管部门主导的企业改制还是企业自主改制，均不改变其民事争议属性，也不改变其民事可诉性，故对改制企业或者劳动者依法提起的确认劳动关系纠纷之诉，人民法院应当立案审理。

(十一)企业停产解散情形下不签订无固定期限劳动合同的责任

案例 13-6：劳动者连续两次签订固定期限劳动合同并符合法定条件的，有权要求用人单位续签无固定期限劳动合同，但此时用人单位生产经营发生严重困难不具有用工事实的，可以拒绝签订无固定期限劳动合同，但要向劳动者支付相应的经济补偿金。

【基本案情】[①]

原告吴某玲于 1979 年 12 月到江某无线电厂工作，后衢州国某集团同时兼并江某无线电厂和江山市印刷厂，更名为江山市国光印刷有限公司。吴某玲遂被安排到该公司即本案被告处工作。2002 年 4 月企业改制并对职工身份进行置换，公司名称不变，按照规定向原告发放了相应的经济补偿金、安置金。改制后，原告在被告处工作。双方于 2008 年 4 月 1 日和 2009 年 4 月 1 日连续两次分别签订了为期一年和半年的合同，最后一次劳动合同于 2009 年 9 月 30 日到期。原告主张继续签订无固定期限的劳动合同遭到拒绝，遂向仲裁委申请仲裁。2009 年 12 月 4 日，劳动争议仲裁机构作出仲裁裁决书，裁决驳回申请人的申请请求。吴某玲不服，诉至法院，要求被告与原告签订无固定期限的劳动合同，并支付自 2009 年 10 月 1 日起至被告与原告签订无固定期限劳动合同之日止的工资，按每月 1799 元的二倍计算。另查明，被告企业因发生严重经营困难，于 2009 年 9 月 30 日全面停产，2010 年 4 月 2 日已进入清算阶段。

【裁判结果】

双方当事人达成调解协议：1. 被申请人原江山市国光印刷有限公司资

[①] 详见（2010）衢江民初字第 3 号、（2010）浙衢民终字第 367 号、（2011）浙衢民再字第 7 号民事判决书。

产清算小组支付申请再审人吴某玲 33000 元，于 2011 年 10 月 1 日前付清。
2. 双方之间纠纷互不追究。

【实务分析】

本案经历了仲裁、一审、二审和再审，最终以调解结案。本案的特殊性在于劳动者提出签订无固定期限劳动合同时，用人单位已经处于停产状态。

第一，需要明确的是，员工在连续订立两次固定期限劳动合同后，根据《劳动合同法》第十四条第二款第三项规定，具备两个条件并且提出续签无固定期限劳动合同，就有权要求签订无固定期限劳动合同。无论是劳动者提出续订还是用人单位和劳动者双方同意续订，只要员工满足法定条件并提出续签无固定期限劳动合同，企业就有与其签订无固定期限劳动合同的法定义务，而没有终止合同的权利。

第二，在员工要求签订无固定期限劳动合同时，如果企业出现全面停产的情况，就意味着企业并不具备用工能力。关于企业是否应与劳动者签订无固定期限劳动合同的问题，劳动合同法并没有明确规定，需要结合劳动法规的立法精神和相关条款进行理解。根据《劳动合同法》第四十四条第五项的规定，企业决定提前解散是劳动合同终止的情形之一；而《劳动合同法实施条例》第十九条也规定了十四种用人单位可与劳动者解除无固定期限劳动合同的情形，其中包括生产经营发生严重困难的情况。因此，要求用人单位签订无固定期限劳动合同，必须以用人单位存在用工事实为前提，否则用人单位履行无固定期限劳动合同就变得不现实。

在用人单位无法与劳动者签订无固定期限合同的情况下，劳动者是否有权要求支付二倍工资呢？根据《劳动合同法》第八十二条的规定，用人单位自用工之日起超过一个月不满一年未与劳动者订立书面劳动合同的，应当向劳动者每月支付二倍的工资。如果用人单位违反规定不与劳动者签订无固定期限劳动合同的，也应当向劳动者每月支付二倍的工资。然而，支付二倍工资的前提是用人单位具有用工的事实。在本案中，由于企业在最后一次固定期限劳动合同期满后已不具备用工事实,因此员工要求支付二倍工资的诉求无法得到支持。

【合规指引】

因企业破产清算,客观上不能与员工签订无固定期限合同,过错方在企业,应比照《劳动合同法》第四十六条的规定,给予劳动者一定的经济补偿。

(十二)劳动债权的范围及执行限制

案例 13-7:执行已停产、歇业、破产企业时,如果企业仍欠付员工债务,可参照有关法律规定赋予劳动债权相对于已设定担保的债权的优先性;应依据员工与企业之间的劳动关系确定劳动债权的具体类别;为维护市场交易诚信体系及担保权人利益,应就劳动债权的优先性做时间上、人员上、数额上以及类别上的限制,以确保执行公正。

【基本案情】[①]

扬州某行与某石公司、某来公司、某辉公司、某灵公司、钱某平、吴某华、徐某华、金某英借款合同纠纷一案,扬州市中级人民法院于2009年9月28日作出民事判决书,判决:1. 某石公司偿付原告扬州某行借款本金22445461.45元;2. 某来公司、某辉公司、某灵公司、钱某平、吴某华、徐某华、金某英对某石公司的债务承担各自相应的担保责任。

判决生效后,某石公司、某来公司、某辉公司、某灵公司、钱某平、吴某华、徐某华、金某英均未履行判决支付义务,扬州某行向扬州市中级人民法院申请强制执行。

人民法院在执行过程中,经查明被执行人某石公司已经停产歇业无力

---

① 详见(2010)扬执字第0043号民事判决书。

偿还债务，遂将某石公司抵押给扬州某行的厂房、土地使用权和机器设备委托扬州弘瑞资产评估有限公司进行评估，评估价为 16952300 元。法院委托扬州市龙川拍卖有限公司等 5 家拍卖机构联合拍卖，自然人刘某以 2610 万元最高应价，竞买了某石公司房屋产权及其土地使用权和全部机器设备。本院拍卖被执行人某石公司固定资产得款项 2610 万元。扣划担保人钱某平、吴某华银行存款 12 万元；扣划担保人徐某华、金某英银行存款 11.3 万元。本院合计执行得款为 2633.3 万元。某来公司、某辉公司、某灵公司均无可供执行的资产。

被执行人某石公司于 2007 年歇业，其法定代表人钱某平因经济犯罪被判刑，某石公司职工近 200 人下岗失业。企业自歇业后就未缴纳职工社会保险费用，且拖欠职工工资、无力清退集资款等费用。某石公司职工因无法办理失业保障或退休手续，一直向扬州市政府信访部门上访。法院在执行该案件过程中，职工代表多次来本院信访要求法院优先支付职工社保费用和工资、集资款等费用。某石公司的辖区政府扬州市邗江区经济开发区管委会委托扬州佳诚会计师事务所对某石公司的财务资料进行了审计，对某石公司欠缴的社保费用、职工工资、留守人员费用等进行了审计。为维护社会稳定，保障职工的基本生存权，对职工社保费用、职工工资、企业职工集资等特殊债权，比照相关法律规定应当优先支付。

【裁判结果】

法院从执行款 2633.3 万元中优先支付下列费用：1. 支付扬州职工社保中心某石公司拖欠社保费用 6181508.68 元；2. 支付拖欠职工工资 507453.75 元；3. 支付向职工个人借款 129 万元；4. 支付 16 名职工的协保补偿费用 8 万元；5. 支付职工个人已代垫社保资金 155844.80 元；6. 支付留守人员代垫费用 43000 元；7. 支付应退还职工集资款 356.4 万元（不包括钱某平、徐某华集资款。因钱某平、徐某华在本案中承担担保责任，其应退集资款抵充还扬州某行借款）。以上合计 11821807.23 元（除社保费用直接支付给扬州职工社保中心外，其余费用 5640298.55 元法院支付给扬州市邗江区经济开发区管委会，由其发放给某石公司职工）。

因某石公司的资产被江阴市法院、扬州市广陵区法院、邗江区法院等法院相继查封，法院为解除查封协助买受人办理过户手续，分别支付给江阴市法院、扬州市广陵区法院、邗江区法院6件执行案件标的款计1437783元。审计费用16万元，本案执行费89999.49元。法院执行款在扣除以上费用后，余款12823410.28元。扬州某行借款本金22445461.45元，利息11023554.37元（截至2012年3月22日）。法院将执行标的款12823410.28元支付给扬州某行。因本案当事人无其他资产可供执行，本案于2012年3月22日依法终结执行。

【实务分析】

一、劳动债权的定义和范围

劳动债权是指员工基于劳动关系对雇主享有的各种请求权的综合体，通常包括企业所欠员工的工资、社会保险费用，以及法律规定应支付的补偿金等。此外，还可能包括员工安置和再就业安置费用等其他费用。

至于劳动债权的范围，则涵盖工资、社会保险费用、经济补偿金、职工集资款和生活费。

二、劳动债务的执行优先权和限制情况

（一）劳动债务的优先权

在执行劳动债务时所遇到的限制是相对于劳动债务优先权而言的。关于劳动债务是否享有优先权以及是否可以在人民法院查封、扣押或冻结财产后申请参与分配程序，主张比担保物权等其他债务类别优先受偿的观点一直存在争议。根据当前的司法实践，劳动债务具有一定的优先性受限情况。

1. 维护社会稳定的现实需要。在市场经济运行中，企业由于决策失误、市场环境变化等原因陷入经营困境，不得不停产、歇业甚至破产，从而导致依靠企业就业的大量员工也面临困境。法院积极履行司法职责，确保失业员工情绪稳定，维护他们的切身利益显得尤为重要。

2. 参考现有法律规定。虽然相关执行法律法规并未明确规定劳动债务优先受偿的法律准则，但《企业破产法》第一百三十二条对劳动债务的优先权作了限制性规定。因此，在民事强制执行过程中，可以参照该条款赋予部分劳动债务一定优先权。

（二）劳动债权优先权的限制情况

1. 时间限制

根据《企业破产法》第一百三十二条的规定，对劳动债权的保护期限被明确规定为"本法施行后，破产人在本法公布之日前"。换句话说，破产人在"本法公布之日后"出现的劳动债务将不再享有优先权，这显示了立法者倾向于否定劳动债权的优先性。这种宏观的时间限制需要在民事强制执行程序中具体考量实际情况，确定哪个时间段的劳动债权可以优先受偿。例如，在本案中，劳动债权发生的时间是2007年至2011年，晚于企业破产法公布的日期（该法于2006年8月27日公布）。此外，对于各项劳动债权，应根据劳动者实际提供劳动但未领取报酬的时间来计算欠付工资，不应计算停产和歇业期间的工资。社会保险费用的计算应限于公司法人存在或劳动合同期限内。

2. 人员限制

企业职工包括一般员工和中高级管理人员，他们都应被视为劳动债权的权利主体。此外，破产企业拖欠非正式员工（如劳务派遣等）的劳动报酬也构成劳动债权。因此，非正式员工也被纳入劳动债权的受益范围。劳动合同法实施后，所有企业劳动者必须与企业签订劳动合同，不再区分正式和非正式员工。对于劳务派遣员工，其报酬应向派遣单位主张。

3. 数额限制

在劳动债权数额方面，首先应对企业高级管理人员和技术人员等的工资进行限制。高级管理人员因工资高、劳动补偿较大，未经限制将严重影响破产债权人的获偿机会。根据《企业破产法》第一百一十三条规定，将高管的工资优先权限定为"该企业职工的平均工资"。本案在审计中对用人单位高管和高级技术人员的工资进行了核减。其次，劳动债权的总额也需要受限制,以免损害担保债权人的利益。

4. 类别限制

并非所有类别的劳动债权都能优先获得清偿,需要综合考量劳动债权的性质、重要程度以及可执行财产的份额比例等确定受偿类别。在本案中,销售人员的销售提成和风险金并未纳入最终偿付范围,原因在于企业已停产并设置担保。员工的工资清偿应限于基本工资,额外奖励不予支持。基本工资、社会保险费和集资款已纳入优先受偿范围,总额达到变卖财产的45%,因此未清偿员工在停产期间的基本生活费等。

三、劳动债权的执行流程

在执行劳动债权程序时,首要步骤是确认劳动债权。职工须主动申报并及时提交劳动合同、企业借条、代垫社保费证明等相关文件,以便初步确定债权范围和数额。随后,企业留守人员应根据财务记录进行核实,为确保核实的公正性,其他债权人尤其是享有担保物权的债权人有权参与确认程序,并拥有知情权。为详细认定劳动债权数额,法院可组织代表、企业和其他债权人将文件交由审计机关审计。法院应监督和指导整个债权确认过程,并审查债权清单。

在确认劳动债权过程中,若劳动者对清单中的债权有异议,企业留守人员应及时答复,审计部门也应解释。若仍不满意,可按照破产法规定一定期限内提起诉讼确认款项。若争议属于劳动范畴,则无须经过仲裁,异议人可直接向执行法院提出诉讼。当用人单位其他债权人对清单提出异议时,需由用人单位审核,如异议仍存在,可向执行法院提起诉讼。

确认劳动债权清偿类别和数额后,进入最终偿付阶段。首先对被执行财产进行评估和变卖,部分款项可统一拨付给职工,部分可划转给社保机构,剩余部分分配给担保权人。

【合规指引】

企业破产过程中,企业已被企业破产管理人接管,企业可以积极向破产管理人提供员工的信息情况,以协助破产管理人合法处理好剩余的劳动关系问题，给员工公平合理的补偿和赔偿。

（十三）企业如何制作解除协议

解除劳动合同的协议书，与一般性的解决协议书是有所不同的，所以作为企业，如果照搬一般的解除劳动合同协议书，一旦发生文字理解冲突进而酿成语言或情绪冲突，将会不利于解除劳动合同的顺利进行。制作一份专用的解除劳动合同协议，是十分有必要的。

在制作解除劳动合同的文本时，企业应注意以下几点：

（1）背景说明

很多解除协议书，在背景说明中，喜欢用协商一致解除的表述，实际上这种做法忽略了解聘的背景。这种做法，在一对一解除操作时，比较有价值，也不容易引起员工的坚持或者不适。但是在整体解聘操作中，这种做法，则容易引起员工的不适和质疑。

所以一般情形下，我们是建议企业在制作此类文书时，一定要对背景作出客观的表述。

（2）离职前的约束条款

有的情况下，员工的离职日期是有延后的，极可能会涉及员工的未结工作或者重要事项的交接问题。这就会产生如何约束员工不至于提前离职的问题。

笔者见过一些企业在制作此类条款时，会界定员工提前离职的行为属于旷工，不能再享受经济补偿等。旷工是一个特别敏感的表述，极其容易引发员工不适和诱发冲突。对于这种做法，笔者一般不建议。

即使要设定不能再享受补偿这种后果，也一定要增强合理性表述，提高员工的心理接受程度。

（3）附件中奖励性条款

如果有额外性补偿的话，则会涉及制作相应条款的问题。我们一般是建议此类额外性补偿，应当界定为奖励性质的，一般会附加一些支付条件，如如期签约、工作交接等内容。

（4）无争议的条款

无争议条款的效力，越来越差，但是其可以在员工心理上建立一种契约式的无形约束力。所以制作此类条款，仍然有其必要性。而在制作时，如何表述，才能够更具法律效力，则是企业需要认真考虑的一个问题。

（5）不能撤销条款

从签订协议到员工真正离职，如果之间存在员工怀孕或者员工生病甚至故意生病的情形，会引发悔约事件发生的可能。如何约定此类悔约行为发生的可能性，是企业需要考虑的问题。

后 记

感谢您选择阅读《企业解聘员工合规指引与案例精解》这本书。在这本书的编写过程中，笔者深入探讨了企业在解聘员工时需要遵循的合规原则，涵盖了法律、道德和企业内部政策等多个方面。通过对各种解聘案例的分析，笔者尝试为企业提供一些建议和指引，帮助企业在处理员工解聘事务时更加慎重和规范。笔者不仅仅是简单地总结了书中所提供的法律条文和操作指引，更是深刻思考了企业人力资源管理中的人道关怀和社会责任。在这个信息爆炸的时代，企业和员工之间的关系变得更加复杂与微妙，而解聘员工作为一个敏感的议题，更需要企业以诚信和善意来处理。

在整个写作过程中，笔者深刻感受到了企业解聘员工这一议题的复杂性和敏感性。不当的解聘行为可能导致法律诉讼、舆论负面影响甚至员工情绪动荡，因此，企业在解聘员工时务必慎重对待，遵循相关法律法规，尊重员工权益，保障双方的合法权益。本书可以让企业管理层了解如何在法律允许的范围内，用合情合理的方式解聘员工，避免造成不必要的法律风险和人际矛盾。通过案例分析，笔者发现每个解聘背后都有其独特的情境与挑战，没有一成不变的标准答案，笔者希望读者能够更好地理解问题的本质，总结他人成功或失败的经验教训，为自身的决策提供参考。

在撰写这本指引的过程中，笔者力求客观公正地分析各类解聘案例，总结经验教训，为读者提供实用价值。笔者希望这本书能够成为企业管理者、人力资源从业者、法律工作者以及广大员工的参考工具，帮助他们更好地理解和应对企业解聘员工这一重要问题，有效降低风险，维护企业形象，同时尽可能减少员工的负面影响。

最后，笔者要感谢所有支持本书出版的朋友和同事，感谢所有提供案例和意见的朋友们。也感谢所有阅读本书的读者，希望本书能给您带来启发和帮助。让我们共同努力，建设一个更加公平、和谐的劳动关系，推动企业的稳健发展，实现员工和企业之间的双赢局面。

图书在版编目（CIP）数据

企业解聘员工合规指引与案例精解/涂琳芳著．—北京：中国法制出版社，2024.6

ISBN 978-7-5216-4382-4

Ⅰ.①企… Ⅱ.①涂… Ⅲ.①劳动法—研究—中国 Ⅳ.①922.504

中国国家版本馆 CIP 数据核字（2024）第 058187 号

责任编辑：李宏伟　　　　　　　　　　　　　　封面设计：杨泽江

企业解聘员工合规指引与案例精解
QIYE JIEPIN YUANGONG HEGUI ZHIYIN YU ANLI JINGJIE

著者/涂琳芳
经销/新华书店
印刷/三河市华润印刷有限公司
开本/710 毫米×1000 毫米　16 开　　　　　印张/ 18.75　字数/ 206 千
版次/2024 年 6 月第 1 版　　　　　　　　　2024 年 6 月第 1 次印刷

中国法制出版社出版
书号 ISBN 978-7-5216-4382-4　　　　　　　　　　　　　定价：75.00 元

北京市西城区西便门西里甲 16 号西便门办公区
邮政编码：100053　　　　　　　　　　　　　传真：010-63141600
网址：http://www.zgfzs.com　　　　　　　　编辑部电话：010-63141804
市场营销部电话：010-63141612　　　　　　印务部电话：010-63141606

（如有印装质量问题，请与本社印务部联系。）